AF742811

LE TAO DE L'ÉCONOMIE

Collection « L'esprit économique »

fondée par Sophie Boutillier et Dimitri Uzunidis en 1996
dirigée par Sophie Boutillier, Blandine Laperche, Dimitri Uzunidis

Si l'apparence des choses se confondait avec leur réalité, toute réflexion, toute Science, toute recherche serait superflue. La collection « L'esprit économique » soulève le débat, textes et images à l'appui, sur la face cachée économique des faits sociaux : rapports de pouvoir, de production et d'échange, innovations organisationnelles, technologiques et financières, espaces globaux et microéconomiques de valorisation et de profit, pensées critiques et novatrices sur le monde en mouvement...
Ces ouvrages s'adressent aux étudiants, aux enseignants, aux chercheurs en sciences économiques, politiques, sociales, juridiques et de gestion, ainsi qu'aux experts d'entreprise et d'administration des institutions.

La collection est divisée en six séries :

Dans la série *Economie et Innovation* sont publiés des ouvrages d'économie industrielle, financière et du travail et de sociologie économique qui mettent l'accent sur les transformations économiques et sociales suite à l'introduction de nouvelles techniques et méthodes de production. L'innovation se confond avec la nouveauté marchande et touche le cœur même des rapports sociaux et de leurs représentations institutionnelles.

La série *Economie formelle* a pour objectif de promouvoir l'analyse des faits économiques contemporains en s'appuyant sur les approches critiques de l'économie telle qu'elle est enseignée et normalisée mondialement. Elle comprend des livres qui s'interrogent sur les choix des acteurs économiques dans une perspective macroéconomique, historique et prospective.

Dans la série *Le Monde en Question* sont publiés des ouvrages d'économie politique traitant des problèmes internationaux. Les économies nationales, le développement, les espaces élargis, ainsi que l'étude des ressorts fondamentaux de l'économie mondiale sont les sujets de prédilection dans le choix des publications.

La série *Krisis* a été créée pour faciliter la lecture historique des problèmes économiques et sociaux d'aujourd'hui liés aux métamorphoses de l'organisation industrielle et du travail. Elle comprend la réédition d'ouvrages anciens, de compilations de textes autour des mêmes questions et des ouvrages d'histoire de la pensée et des faits économiques.

La série *Clichés* a été créée pour fixer les impressions du monde économique. Les ouvrages contiennent photos et texte pour faire ressortir les caractéristiques d'une situation donnée. Le premier thème directeur est : mémoire et actualité du travail et de l'industrie ; le second : histoire et impacts économiques et sociaux des innovations.

La série *Cours Principaux* comprend des ouvrages simples, fondamentaux et/ou spécialisés qui s'adressent aux étudiants en licence et en master en économie, sociologie, droit, et gestion. Son principe de base est l'application du vieil adage chinois : « le plus long voyage commence par le premier pas ».

Marc Rameaux

Le Tao de l'économie

Du bon usage de l'économie de marché

L'Harmattan

© L'HARMATTAN, 2020
5-7, rue de l'École-Polytechnique ; 75005 Paris

http://www.editions-harmattan.fr/

ISBN : 978-2-343-19459-2
EAN : 9782343194592

A ma Véronique,
Image véridique de qui je suis.

Porteuse de la victoire.

Table des matières

Introduction

Critiques lapidaires de l'économie de marché ou défenseurs élogieux, les hommes écrivant sur le capitalisme font rarement la part des choses.

Les opposants à l'économie de marché s'enfoncent trop souvent dans une sorte de régression infantile ignorante de toute réalité économique, au lieu d'en construire une critique salutaire.

A l'opposé, ses laudateurs pensent lui rendre service, mais en donnent une vision caricaturale, *in fine* tout aussi dogmatique que celle de ses opposants.

Ce livre soutient deux thèses.

La première est une défense de l'économie de marché, mais selon un mode privilégiant le réalisme. L'économie de marché, comme la démocratie, doit être présentée comme le pire des systèmes à l'exception de tous les autres.

Les ennemis les plus néfastes du libéralisme ne sont pas ses adversaires acharnés - dont les modèles économiques se disqualifient d'eux-mêmes - mais ses dévots qui en font une présentation si angélique qu'elle tient de la survente malhonnête et engendre une légitime méfiance.

Un tel dogmatisme empêche de trouver des parades efficaces contre les périls inévitables de l'économie, transformant des effets négatifs supportables en catastrophes humaines, politiques et économiques. Si les tremblements de terre sont inévitables et difficilement prédictibles, rien ne doit nous empêcher de construire des bâtiments antisismiques.

L'on donne une image fidèle de l'économie de marché en la décrivant comme un paysage contrasté et dangereux, parsemé de falaises et de gouffres.

Ce paysage est celui de l'ensemble de ses fonctionnements. Seuls 10 % de ses modes opératoires sont bénéfiques et efficaces, les 90 % restants étant des modes dégradés, précipitant hommes, pays et entreprises dans la précarité. Ajoutons aussitôt que les autres systèmes économiques voulant s'affranchir du marché - c'est-à-dire de formes d'actions libres et auto-organisées - garantissent quant à eux l'échec à 100 % …

Défendre l'économie de marché nécessite ce réalisme. Il faut également avoir en tête que le libre jeu des forces de marché ne garantit nullement d'atterrir sur les 10 % bénéfiques. Il faut distinguer la conviction que des formes auto-organisées sont indispensables, caractéristique du libéralisme véritable, de la croyance selon laquelle elles garantissent infailliblement le meilleur résultat, sorte de pensée magique d'auteurs se disant libéraux, en réalité attachés à une forme d'obscurantisme.

La notion d'interventionnisme est complexe : il ne faut pas agir sur le déroulement d'un processus auto-organisé en cours de route, mais il est souvent nécessaire de le faire sur son résultat final. D'autre part, rien n'interdit de préparer au mieux ses conditions de départ. Nous pratiquons aujourd'hui le libéralisme à contresens comme une sorte de fatalisme, contraire à l'esprit de responsabilité qui est à son origine.

La seconde thèse, reliée à la première, montre que tous les principes économiques importants sont paradoxaux, dans le sens où leur application engendre immédiatement son effet inverse. Quatre principes sont analysés, montrant comment ils produisent l'exact opposé de leur intention initiale s'ils ne sont pas utilisés avec certaines précautions :

- La mise en concurrence ouverte.
- La mesure de la performance pour le pilotage d'une politique économique ou d'une entreprise.
- Les politiques de réduction de coûts et d'austérité.
- La recherche de vitesse dans la production d'un bien ou d'un service.

Ces principes relèvent toujours de bonnes intentions initiales. Mais l'on sait à quel point les enfers en sont pavés, particulièrement les enfers économiques. Cela ne signifie pas qu'il n'existe aucun principe fiable ni qu'il faille se limiter à un empirisme très prudent. Il faut être conscient que chacune de nos actions devra affronter de très nombreuses façons d'être pervertie de son but initial. Toute action économique efficace doit intégrer un principe directeur et les dizaines de détournements qui peuvent en être faits.

Naviguer au milieu de ces notions mouvantes est un exercice de haute technicité. Il nécessite de comprendre véritablement comment fonctionnent la mise en concurrence, la mesure de la performance, les notions de gains en coûts et en vitesse. Leur mode de fonctionnement nous fera rencontrer, à l'instar de la biologie et du monde du vivant, des notions de seuil activant et désactivant, d'effet boomerang, d'arbitrage entre le court et le long terme : l'économie fourmille de tels mécanismes, comme ceux qui siègent au sein d'un corps biologique.

L'application simpliste et univoque de principes économiques provoque, pour cette raison, de considérables catastrophes. Elle est le fait de la nuée de ceux qui parlent d'économie sans n'avoir jamais pratiqué le monde de l'entreprise.

Un paradigme nous accompagnera tout au long de ce livre : celui de la cohésion profonde entre micro-économie et macro-économie, entre pratiques entrepreneuriales et résultats globaux à l'échelle d'un pays.

La macro-économie a trop souvent prospéré sur l'hypothèse fausse d'une indépendance complète entre ces deux niveaux, entretenant le plaisir de manœuvrer des leviers globaux, abstraits et dépourvus de sens.

Un bon décideur de la politique économique comme un bon capitaine d'industrie est celui qui se frotte à l'épreuve et à la connaissance du terrain, rentrant dans la fournaise du fonctionnement des entreprises pour le macro-économiste, court-circuitant les intermédiaires hiérarchiques pour le capitaine d'industrie.

L'économie ne se fait pas en gants blancs, mais avec ceux du chirurgien. Celui qui se dit économiste, mais n'a pas été acteur de l'entreprise pendant de nombreuses années est similaire à un médecin qui n'aurait jamais pratiqué de dissection, un militaire qui n'aurait jamais subi l'épreuve du feu. Une nuée d'« experts », restés ad vitam aeternam sur les bancs de l'université, dans des institutions censées réguler les équilibres économiques ou prodiguant des conseils « stratégiques » encombrent ainsi le paysage. Une partie du travail consiste à les écarter pour y voir clair.

Ce livre est issu de plus de vingt années d'expérience, de mes pairs comme de moi-même, acquises principalement au sein d'une grande entreprise industrielle et par la confrontation aux nombreux partenaires industriels ou tertiaires que la vie des projets m'a fait rencontrer.

Nous sentons que le retour à des fondamentaux de la pensée économique est nécessaire. Les modèles prêts à l'usage appliqués depuis quatre décennies montrent de plus en plus leurs insuffisances. Ils précipitent une majorité croissante de personnes dans la précarité et sont pilotés par une « élite » se distinguant plus par sa superficialité et son irresponsabilité que par des qualités de véritable décisionnaire.

La concurrence entre les hommes pour les postes à responsabilité ne mène pas aujourd'hui à une sélection des excellences, mais à une anti-sélection amenant des médiocres aux postes clés. Ce phénomène est observé depuis longtemps - bien avant ce livre - depuis les « Snakes in Suits » de Paul Babiak et Robert D. Hare, « La fin du management » de Gary Hamel ou « La Médiocratie » d'Alain Deneault. Ceci n'est pas l'un des moindres paradoxes de la concurrence. Schumpeter en fit déjà l'observation dans les grands groupes, amenant l'économiste viennois à distinguer les « managers » des véritables entrepreneurs, avec une connotation péjorative pour les premiers.

Les habituelles recettes de baisses de charge, réduction des coûts du travail, flexibilité de l'emploi ne mènent pas à une sortie de crise, mais à un nivellement par le bas et à un simple partage de la précarité. Elles sont la solution de facilité, le stéréotype d'« élites » paresseuses.

Cet état de fait permet à des forces populistes et autoritaristes d'émerger politiquement, sacrifiant au passage les fondamentaux de nos libertés civiques et économiques. Les dirigeants superficiels se contentent de condamner les forces populistes, sans admettre une seule seconde que c'est leur seule irresponsabilité qui est la cause de leur émergence.

Il est temps que l'économie réelle reprenne la place qui aurait toujours dû être la sienne, celle des forces actives de la société, de celles qui imaginent, conçoivent et réalisent en suivant fidèlement le retour intransigeant du terrain. De nombreux exemples concrets parsèment ce livre, aussi bien pour mettre en garde contre les pièges les plus courants du management, que pour proposer des voies de sortie repensant radicalement le monde du travail.

Nous vivons dans un règne de démagogues comme rarement l'histoire en a connu, aussi bien de la part de ceux qui prétendent incarner la modernité et le progrès que de ceux qui les combattent en accaparant la vox populi. Si ce livre permet d'éviter ces deux écueils et contribue à ce que se poursuive l'odyssée des hommes libres et des hommes d'action, nous aurons ajouté une petite pierre à ce que le monde comporte encore de civilisé.

1 De quelques paradoxes économiques

L'erreur la plus fréquente en économie est de penser que l'on peut appliquer un principe de façon univoque. Toute action en économie engendre un effet secondaire, opposé ou inattendu vis-à-vis de l'action engagée. L'économie est en cela beaucoup plus semblable aux sciences du vivant qu'aux sciences physiques : elle renferme en elle-même les effets secondaires de toute action que l'on entreprend de mener sur elle.

Agir en économie nécessite de prévoir l'intégralité de ces effets et contre-effets : toute notion économique doit inclure, dès sa création, la notion secondaire qui s'y opposera lors de son application. Cette capacité d'anticiper l'ensemble des effets de bord de nos actions requiert une grande expérience pratique, non celle que l'on rencontre sur les bancs de l'université, mais en appartenant au monde de l'entreprise *in vivo*.

Quiconque prétend enseigner l'économie, mais n'a jamais mené lui-même un projet de bout en bout, en se confrontant à l'ensemble des services d'ingénierie, de marketing, de fabrication, de logistique, de forces de vente, d'après-vente, d'achats, juridiques et financiers est comme un médecin qui n'aurait jamais pratiqué de dissection. Comme la médecine médiévale d'avant la dissection - celle-ci était interdite pour des raisons religieuses - il peut acquérir certaines connaissances par l'observation externe, ce savoir pouvant être non dénué de valeur. Mais il lui manquera une dimension essentielle, celle de la compréhension des jeux d'acteurs au sein de l'entreprise.

La grande faillite de la macro-économie est de penser que l'on peut mener une analyse sérieuse en s'affranchissant de ces jeux d'acteurs. La macro-économie peut à la rigueur fournir un bilan acceptable d'une situation instantanée, mais sera incapable d'une quelconque anticipation si elle ne rentre pas dans ce que chaque entreprise renferme ni ne comprend leurs différentes stratégies individuelles, pour un résultat apparemment identique au moment de l'observation.

Il ne suffit pas pour cela de parcourir le monde de l'entreprise comme un invité. Il faut en être l'un des acteurs réels, c'est-à-dire avoir subi l'enjeu et la pression d'un projet dont on est responsable, pour en assurer les livrables en temps et en heure, au niveau de qualité et de maintenabilité voulues. Ceux qui estiment au contraire qu'une analyse *post-mortem* permet d'avoir le recul nécessaire sur les lois de réussite d'un projet, manqueront un facteur qui n'est pas d'ordre directement économique, mais qui la sous-tend en permanence : le jeu humain des relations de pouvoir, de coopération ou de trahison, sans lequel l'économie est une ratiocination mathématiquement sophistiquée, mais n'ayant qu'un rapport lointain avec la réalité.

Lorsque ces facteurs ont été expérimentés et connus, la raison d'effets secondaires s'opposant à l'action d'origine devient limpide. L'économie doit être pensée au commencement comme le lieu des paradoxes, des mises en tension de notions contraires qui se manifestent à chaque mouvement. Nous allons maintenant plonger dans ce milieu étrange, où chaque action simple est accompagnée d'un cortège de résistances associées.

1.1 Les paradoxes de la concurrence

1.1.1 La concurrence des idées

Nous sommes en mai 2015, au sein de la société Taleto (nom fictif d'une entreprise réelle). Le directeur du projet MyTaleto - application d'espace client personnel sur smartphone - lance un appel d'offres pour sélectionner le prestataire digital qui sera chargé de la développer.

Taleto est une grande entreprise industrielle du CAC 40. Quatre sociétés de premier plan dans la maîtrise d'œuvre digitale sont sollicitées pour répondre à cet appel d'offres. Le directeur de projet leur a remis un cahier des charges il y a deux semaines. Les quatre sociétés ont fourni chacune leur première réponse technique et commerciale, en vue de soutenances qui auront lieu dans une semaine.

A la lecture des quatre propositions, le directeur de projet et ses équipes techniques s'aperçoivent que l'un des prestataires se démarque nettement des autres, par une astuce résolvant un point complexe d'identification du client, lors de l'appairage de son smartphone au produit industriel commercialisé par Taleto.

Comme dans tout appel d'offres, l'équipe d'ingénierie que pilote le directeur de projet se coordonne avec le département des achats, ceux-ci étant chargés de la négociation du meilleur prix vis-à-vis des prestataires.

Le directeur de projet fait remarquer au responsable des achats que l'un des prestataires se démarque nettement des autres sur l'un des points cruciaux de l'application, ce qui va faciliter l'évaluation et la sélection de la société élue.

Le département des achats y voit effectivement une aubaine, mais dans un autre sens : son premier réflexe est qu'il faut s'empresser de communiquer cette bonne idée aux trois autres prestataires, de façon à les mettre en concurrence et bénéficier du meilleur prix pour cette innovation.

Le directeur de projet s'y oppose farouchement : la société qui a fait preuve d'initiative et d'innovation n'en perçoit aucun avantage, les autres se voyant communiquer son idée dès que celle-ci est émise. Ce à quoi le département des achats rétorque que l'important est d'obtenir le meilleur prix pour la société et que de toute façon, « la concurrence est toujours bonne », car nous sommes en économie de marché.

Le directeur de projet se fâche carrément avec les achats : ceci n'a rien à voir avec l'économie de marché, qui doit en premier lieu favoriser l'esprit d'entreprise et la capacité à se différencier. La société qui s'est démarquée a démontré ces qualités : si elle n'en touche aucune rétribution, non seulement elle, mais toutes les autres sociétés seront découragées de faire preuve d'initiative.

Le raisonnement des achats est très court-termiste : nous aurons peut-être un bon prix pour cet appel d'offres, mais lors du prochain les sociétés consultées seront échaudées en connaissant nos pratiques. Elles masqueront leurs bonnes idées, ou dépenseront de l'énergie à copier celles des autres : nous sélectionnerons les meilleurs faussaires, non les meilleurs professionnels.

Les achats et le directeur de projet finirent par s'accorder pour ne pas communiquer l'idée innovante aux autres prestataires avant la fin de l'appel d'offres. Mais il fallut batailler ferme pour expliquer cette entorse à la « concurrence pure et parfaite », qui implique un partage complet et immédiat de l'information.

Cet exemple vous semble exagéré concernant les pratiques des achats et l'application du principe de mise en concurrence ? Je peux garantir le complet réalisme de ce scénario. Il s'est déroulé dans la vie réelle : j'en étais le directeur de projet.

1.1.2 La concurrence des services

En 2008, la Commission européenne organise des groupes de travail réunissant les grands constructeurs automobiles dont la part de marché est significative en Europe, afin de finaliser les termes de la future norme Euro V.

Cette norme porte principalement sur la réduction des émissions polluantes, mais comporte un volet spécifique à l'après-vente automobile.

En 2008, la montée en puissance de l'électronique embarquée dans les voitures a rendu leur réparation beaucoup plus confidentielle, réservée à des techniciens spécifiquement formés et équipés. Il n'est plus possible au simple particulier de réparer sa propre voiture, même pour des opérations simples, car les interventions sont devenues beaucoup plus électroniques que mécaniques. La première opération qu'effectue un garagiste de nos jours est de brancher une mallette électronique pour tester et reprogrammer les calculateurs embarqués, bien avant de sortir son tournevis ou sa clé anglaise.

Cette situation était devenue telle que les constructeurs automobiles avaient créé un marché captif de l'après-vente à leur profit : il devenait très difficile de faire réparer ou entretenir sa voiture ailleurs que chez les concessionnaires ou succursales de la marque. La réparation exigeait une mallette électronique propre à chaque constructeur et surtout une documentation électronique de plus en plus complexe, que seul le constructeur pouvait mettre à disposition de ses garages.

Les marchés de l'après-vente devenaient cloisonnés, chacun pouvant fixer ses tarifs de main-d'œuvre et de pièces de rechange sans grande pression concurrentielle. Plus grave, les sociétés spécialisées dans la réparation automobile telles que Midas ou Speedy ou encore les garagistes et réparateurs indépendants voyaient leur marché se réduire drastiquement et ne pouvaient plus rentrer en concurrence avec les constructeurs.

Les groupes de travail de la commission réunirent les principaux constructeurs automobiles européens ainsi que les représentants des réparateurs, grandes enseignes ou indépendants. L'objectif était de rendre totalement accessibles les procédures de réparation, par des équipements et une documentation standardisés, permettant à toute concession automobile de réparer d'autres marques et aux réparateurs professionnels d'avoir accès à n'importe quelle marque.

Bien entendu, les représentants des constructeurs automobiles et ceux des réparateurs tiraient dans des sens contraires lors de cette négociation. Les constructeurs cherchaient à préserver leur confidentialité professionnelle, les réparateurs à ce que celle-ci devienne complètement ouverte.

Les deux camps avaient tort, car s'en est suivi une discussion fort intéressante : où commence le savoir-faire propre à un constructeur et où s'arrête le secret qu'il peut préserver sur lui ? Bien entendu, la stratégie des marchés captifs mise en œuvre par les constructeurs n'était pas admissible : empêchant toute mise en concurrence, elle emprisonnait les clients dans des pratiques entièrement décidées par leur marque.

Cependant, l'autre extrême de procédés de diagnostic et de réparation ouverts à tous vents était-il une bonne chose ? La réparabilité d'une voiture nécessite une grande ingéniosité de conception, afin que tous les composants soient facilement accessibles, que les éléments les plus simples, mais sécuritaires (ampoule de phare par exemple) soient remplaçables en quelques minutes et par un particulier, enfin que les composants maîtres puissent être remplacés proprement avec le minimum de temps de main-d'œuvre.

Obliger les constructeurs à révéler ces procédés de fabrication les empêchait de se différencier, comme dans l'exemple précédent. Il est évidemment anormal de devoir rester dans sa marque pour changer des bougies, en revanche le partage complet des savoir-faire pose question pour des opérations plus fondamentales telles qu'une dépose moteur ou un changement de bloc de distribution.

Nous rencontrons ici un cas mixte du précédent : le partage d'information est nécessaire pour une partie de l'activité, néfaste pour l'autre.

1.1.3 La concurrence, une notion intrinsèquement paradoxale

Joseph Schumpeter l'avait déjà observé : l'entrepreneur doit toucher les bénéfices de l'avantage concurrentiel d'une nouvelle idée ou d'un nouveau produit en préservant celui-ci de la concurrence pendant un certain temps.

S'il est indéfiniment protégé contre la concurrence, il s'agit d'une rente de situation et d'un abus de position dominante. S'il est mis en concurrence immédiatement, en temps réel, et selon les termes de la « concurrence pure et parfaite » c'est-à-dire l'obligeant au partage immédiat de l'information, il ne sera jamais incité à innover et à se démarquer des autres, son avantage étant immédiatement dissous par le marché.

Le fonctionnement sain de l'économie se situe dans un entre-deux temporaire : la mise en concurrence doit s'appliquer, mais progressivement, laissant à l'entrepreneur une marge positive pendant tout le temps où il conserve son avantage compétitif. Ce délai de diffusion de l'information à ses concurrents est en violation de la sacro-sainte « concurrence pure et parfaite », puisqu'il freine volontairement une concurrence pleine et entière. Il est cependant le moteur même de l'économie. Il représente la juste rétribution de l'esprit d'entreprise, la marge que gagnera celui qui s'est distingué des autres. Joseph Schumpeter appelait cette marge une « quasi-rente », parce qu'il ne s'agit pas d'une rente à vie, mais le gain d'un monopole temporaire de situation.

Concurrence et compétitivité sont ainsi deux forces agissant en sens contraire, la richesse en économie provenant de la tension maintenue en permanence entre les deux. Une façon plus imagée de le faire comprendre est celle de la lame et de la meule. La meule est la concurrence. Si vous ne passez jamais votre lame à son action, elle s'émoussera et manquera de tranchant : l'on s'enfonce dans l'abus de position dominante. Si vous passez la lame à la meule en permanence, vous détruisez votre lame plutôt que d'en affiner le tranchant. On ne peut jamais parler de concurrence de façon efficace en économie de manière atemporelle : il faut toujours préciser le temps de relaxation de mise en application de la concurrence, car c'est cette marge qui détermine la vie de l'entrepreneur.

1.1.4 Compétitivité prix / compétitivité qualité.

Il est courant de justifier de mesures en économie par « l'accroissement de la compétitivité » ou le « maintien de la compétitivité ». Le terme « compétitivité » ne signifie pourtant rien dans l'absolu, car deux formes antinomiques de la compétitivité apparaissent toujours conjointement : la compétitivité sur les prix et celle sur la qualité.

S'engager dans une concurrence sur les prix nécessite de prendre des mesures sur le coût de la main-d'œuvre – par exemple en délocalisant – sur la simplification des circuits de production et de distribution, sur le jeu des taux de change. S'engager dans une concurrence sur la qualité nécessite une politique de recrutement et de formation hautement qualifiée, la mise en place de processus de contrôles plus importants sur la production et sur le service au client, toutes mesures ayant un coût élevé et dégradant la compétitivité prix.

La valeur que l'on cherche en permanence à optimiser est le rapport qualité / prix. Mais l'optimisation de ce ratio n'est pas simple, un gain sur l'un des termes se payant d'une dégradation sur l'autre. Trop souvent, des chefs d'entreprise ou des gouvernements sans vision ni imagination ne comprennent la compétitivité que sur les prix.

Trop de décisions majeures sont prises et exécutées selon une simple règle de trois : un offshoring de la production ou du service est mis en œuvre, sans considération aucune pour la perte de qualité éventuelle qui en résultera.

Une opération d'offshoring bien menée veillera toujours à garder au sein de la maison mère les compétences clés permettant de piloter à distance les usines ou services délocalisés. Il faut pour cela rentrer dans l'organisation interne de l'entreprise, s'intéresser aux compétences réelles des hommes et à la connaissance de leur valeur ajoutée. Le mauvais management raye ceci d'un trait de crayon, pour ne conserver que la règle de trois de coûts salariaux plus attractifs, parce que le mauvais management ne connaît pas ses hommes et ne connaît pas leurs savoir-faire.

1.1.5 Différenciation et termes de l'échange

Les paradoxes de la concurrence surgissent parce que nombreux sont ceux qui pensent que la concurrence est le cœur de l'économie de marché, son maître principe. D'autres encore font de la « main invisible » et de l'autorégulation du marché par lui-même la règle directrice. Si ces deux principes jouent un rôle important, ils génèrent confusion et faux-semblants s'ils sont pris comme la source même de l'économie libre. Le véritable principe qui doit être placé à l'origine de l'économie est celui de la différenciation.

Le producteur de valeur économique est celui qui se différencie ou élabore de nouvelles combinaisons, dans les termes de Schumpeter. Concurrence, main invisible, ainsi qu'un certain nombre d'autres mécanismes ne sont que des principes subordonnés à celui de la différenciation. La lecture des mécanismes de marché à l'aune de la différenciation rend ceux-ci beaucoup plus clairs, et dissipe les paradoxes.

David Ricardo est considéré à raison comme un économiste des plus profonds, en tant que créateur de la théorie des avantages comparatifs. Celle-ci est à la fois un mécanisme simple et imparable. Lorsque deux acteurs économiques possèdent de meilleurs taux de productivité respectifs sur deux biens différents, ils ont tout intérêt à spécialiser leurs productions et à ouvrir leurs économies, en achetant ce que l'autre sait mieux faire et en faisant ce sur quoi chacun est plus compétitif.

Il est d'usage de voir dans Ricardo une ode à l'ouverture illimitée des frontières et à la « libre concurrence ». C'est certainement l'une des leçons à tirer de Ricardo, mais très peu de personnes perçoivent qu'il ne s'agit que de la moitié de son enseignement. Pour que les avantages comparatifs fonctionnent, il ne suffit pas d'ouvrir les frontières. Il faut également que les acteurs économiques conservent leur caractère différenciant, leur savoir-faire spécifique qui permet les gains de productivité d'une économie ouverte. Cela suppose que chaque acteur économique maintient ce savoir-faire spécifique avec un temps d'avance, notamment qu'il protège la connaissance de ses procédés de fabrication.

Chacun sait qu'il ne pourra le faire indéfiniment : la dilution naturelle des savoirs vient à bout des secrets industriels les mieux gardés. Mais s'il ne le fait pendant un certain temps, la richesse produite par le mécanisme de Ricardo ne sera pas au rendez-vous : la concurrence immédiate et en temps réel détruit l'avantage compétitif et ne valorise pas l'ingéniosité de l'entrepreneur.

Les avantages comparatifs ne se réalisent donc pas à travers une ouverture à tout va. Ils nécessitent parallèlement une concentration et un maintien des savoir-faire stratégiques. **Le débat entre protectionnisme et libre-échange est en cela un faux clivage** : il est nécessaire d'être libéral sur les échanges de biens, protectionniste sur les savoirs et savoir-faire. Ce double mouvement contraire est fédéré par la capacité de l'entrepreneur à se différencier.

Les avantages comparatifs de Ricardo sont semblables à une pile électrique. Ils ont besoin d'une libre circulation pour rendre leur puissance effective. Mais ils doivent maintenir en permanence deux bornes bien distinctes et bien différenciées pour fonctionner.

1.1.6 Conclusion : les trois nuances du libre marché et de la protection

Il faut être libéral concernant les échanges de biens, semi-protectionniste concernant les échanges de services et totalement protectionniste concernant les savoirs et savoir-faire. Du reste, ceci est une recette appliquée depuis très longtemps par les USA, contrairement à l'ode à sens unique de la dérégulation, chantée par ceux qui ignorent les vraies lois de l'économie. Le marché des services est un cas d'école intéressant, parce qu'il représente un intermédiaire entre la concurrence sur les savoir-faire et celle sur les prix, entre l'avantage comparatif et la possibilité de rapidement copier.

Ceci n'a rien de surprenant, lorsque l'on comprend que les règles de l'économie obéissent aux fondamentaux beaucoup plus anciens de l'art de la guerre. La situation idéale d'une troupe sur le champ de bataille est d'infliger le maximum de puissance de feu à l'ennemi, tout en étant soi-même protégé de la sienne. Ces deux conditions sont bien entendu en tension contraire : l'offensive nécessite de se découvrir. Un compromis doit alors être trouvé entre les trois paramètres que sont la puissance de feu, la solidité de la défense et la mobilité. Toute l'histoire des formations militaires, de la phalange grecque jusqu'à la guerre de mouvement des blindés en passant par les manœuvres romaines, a cherché continûment le meilleur compromis entre ces trois contraintes contradictoires.

La tension entre les forces d'innovation dont on cherche à conserver le secret le plus longtemps possible et les forces de mise en concurrence qui consomment et dissolvent les précédentes ne doit jamais être tranchée, mais maintenue en permanence.

1.2 Les paradoxes de la rentabilité

Théorème de la rentabilité

Toute recherche immédiate et aveugle de rentabilité aboutira à des pertes considérables de rentabilité

Illustrations :

La diminution du prix des composants ou des équipements :

Comprimez vos coûts de production en rognant sur le moindre composant, sans connaissance du fonctionnement industriel d'ensemble de votre produit ou de votre service.

Vous obtiendrez alors une automobile haut de gamme dans laquelle il n'est pas possible de téléphoner en connexion bluetooth, une assurance ou un service juridique ne couvrant plus qu'un pourcentage dérisoire de ses clients, un call-center incapable de renseigner des personnes ayant besoin d'aide, un système informatique défaillant parce que le prestataire engagé pour le développer aura été étranglé financièrement par votre service achats.

Vous devrez en définitive soit mettre la clé sous la porte, soit assurer des opérations de maintenance et d'assistance très coûteuses pour rattraper vos défauts de qualité, soit verser des avenants considérables aux prestataires qui se vengeront d'avoir été étranglés par vous.

*Une opération de diminution des coûts ne doit être engagée qu'en ayant évalué précisément ses impacts sur le processus de production et sur le niveau de qualité du produit final. On ne doit lui donner son aval que s'il a été prouvé qu'elle ne dégradait que de façon négligeable ces deux derniers points. Il faut pour cela rentrer dans une compréhension profonde des métiers à l'œuvre dans son entreprise et discuter avec leurs chevilles ouvrières, non agir en simple « cost killer ». **Une opération véritable de réduction de coûts est celle qui optimise le procédé industriel, non celle qui réduit les coûts pour le principe de les réduire.***

L'ignorance des conditions de maintenance :

Ne pensez qu'à la vente de votre produit sans préparer son après-vente. Pour des raisons de diminution immédiate de coûts, employez le processus de production le plus facile, mais qui rendra dix fois plus difficile une intervention de réparation, parce que vous n'aurez pas prévu que votre produit puisse être démonté ni donné une priorité d'accès à ses pièces maîtresses par un réparateur.

Vous obtiendrez par exemple une automobile nécessitant deux heures de temps de main-d'œuvre et le démontage de son bouclier avant pour changer une ampoule. Ou bien une maison dont l'accès aux arrivées d'eau est impraticable. Ou encore un appareil électroménager devant être entièrement changé parce qu'il n'a pas été conçu en modules indépendants, mais en blocs solidaires.

Enfin si vous développez un produit incluant des logiciels embarqués, sa non-modularité et sa solidarité totale avec le « hardware » de votre produit vous auront permis de diminuer les coûts, mais obligeront votre client à revenir dans vos points de vente pour une simple mise à jour, à la fois pour des raisons de complexité et de sécurité.

Faites de même pour votre offre de services, où il sera beaucoup plus simple et moins coûteux de ne traiter que 2 ou 3 cas d'usage pour vos clients, mais où la moindre procédure sortant de l'ordinaire nécessitera un temps et une complexité au centuple. Soit vous devrez régler cet énorme surcoût, soit vous le ferez payer très cher à votre client en lui refusant le service qui lui est dû.

La logique de production d'un produit ou d'un service est différente de la logique de sa réparabilité. Les deux sont souvent contradictoires, et doivent faire l'objet de compromis astucieux, conçus à l'avance. Celui qui ne pense qu'à la première dimension sans penser à la deuxième se prépare des lendemains difficiles.

La diminution des salaires par offshoring :

Enclenchez l'une de ces brillantes opérations d'offshoring qui vous vaudront d'être considéré comme un grand stratège du management, quand le principe que vous appliquez n'est qu'une simple règle de trois.

Ignorez au passage les problèmes de barrière de la langue, de différences culturelles, de difficulté de piloter à distance une activité, par téléphone ou vidéoconférence sans jamais voir les équipes chargées du travail ni les connaître personnellement.

Ignorez que sur des compétences rares et à haute qualification, le ratio salarial de 1 à 10 sur lequel vous comptez ne s'applique plus : les personnes qualifiées dans n'importe quel pays se renseignent par internet sur le prix de leur compétence.

Continuez de penser qu'un ingénieur se paie dans ces ratios dans un pays en développement. Tenez le discours de la mondialisation heureuse et de l'ouverture aux autres pour accompagner votre action, tandis que dans votre for intérieur vous pensez que les personnes des pays en développement sont des employés *low cost* à exploiter, dont la distance aura l'avantage supplémentaire de ne pas vous inquiéter.

Enfin et surtout, ne faites pas la différence entre une activité de cœur de métier et une activité connexe lorsque vous l'externalisez. Sur des activités de cœur de métier, ne gardez aucune compétence interne vraiment profonde au siège pour piloter l'activité à distance, par exemple des personnes ayant une expérience poussée de la programmation pour coordonner le travail de dizaines ou de centaines de programmeurs situés à des milliers de kilomètres. Il est vrai que les chefs d'équipe ayant une réelle compétence approfondie vous font peur, l'on risque de s'apercevoir qu'ils feraient de bien meilleurs managers ou directeurs que vous.

Vous obtiendrez alors un désastre tel que celui de la Royal Bank of Scotland en 2012, vous obligeant à des opérations de « reshoring » en catastrophe et à des prix exorbitants, ainsi qu'au paiement d'amendes très élevées pour le préjudice que vos clients ne manqueront pas de subir.

Toute opération d'offshoring n'est pas mauvaise en soi si l'on a pris le soin de bien la préparer, c'est-à-dire dans le respect des équipes se trouvant à distance et de celles restant au siège. Les profils qualifiés des équipes distantes devront être payés en conséquence : les « grilles » normatives des grands groupes doivent prendre le chemin qu'elles méritent, c'est-à-dire celui de la poubelle. Les compétences se paient, que l'on soit en Inde, au Brésil, en Bulgarie ou au Burkina Faso, et penser le contraire relève de l'hypocrisie mondialiste qui se présente comme un modèle d'ouverture, mais possède un soubassement mental d'arriéré féodal.

Il est crucial de conserver des équipes compétentes au siège s'il s'agit d'une activité de cœur de métier. Seule la précision de leur professionnalisme peut contrebalancer les difficultés de la distance, de la langue et de la culture. En particulier, de bons professionnels de part et d'autre pourront dialoguer dans un langage non ambigu, par exemple directement dans des langages de développement s'il s'agit d'un projet informatique. Trop souvent, les actions d'offshoring ne sont pas un moyen de répartir une activité, mais de s'en débarrasser, en imaginant que l'on se passera de l'effort du management réel, par l'illusion que sont le « forfait » et le « contrat ».

La diminution des frais de structure en s'appuyant sur les employés :

Ayez l'idée géniale - que vous présenterez comme telle – de faire réaliser les tâches administratives ou de gestion par les équipes opérationnelles, par exemple l'émission de demandes d'achat, le contrôle de gestion, voire la gestion de la facturation. Ceci afin de diminuer, voire supprimer les équipes en charge de ces actions.

Tenez le raisonnement cynique estimant que vos employés absorberont ces nouvelles tâches sur leur temps personnel, notamment grâce aux nouvelles technologies de travail à distance (connexion VPN, etc.) leur permettant de les effectuer depuis chez eux entre 22h et 24h.

Vous obtiendrez pour une part des salariés en burn-out, pour ceux qui se seront laissés berner par votre jeu, et une autre part sans cesse grandissante qui refusera catégoriquement de prendre sur son temps personnel pour effectuer ces tâches.

Par tous les moyens de la résistance passive - qui finit toujours par avoir le dessus sur tout contrôle même tyrannique - votre productivité sur les activités contribuant directement à votre chiffre d'affaires chutera drastiquement. Cerise sur le gâteau, vous serez amené à payer ces activités administratives et de gestion à un taux horaire bien supérieur à celui du marché.

Les notions de « cœur de métier » et de motivation associée possèdent un impact considérable sur la productivité. Décharger les équipes opérationnelles des tâches administratives qui les environnent permet d'atteindre les performances des meilleurs, tandis que rogner sur ces frais de structure est la fausse bonne idée, celle de managers distants ne pilotant qu'à coups de ratios.

1.3 Les paradoxes de la vitesse

Théorème de la vitesse

> Toute recherche d'efficacité par la seule rapidité aboutira à des pertes de temps considérables.

Illustrations :

La tentation des apparences dans les développements informatiques :

Dans l'industrie du numérique, il est plus rapide et plus visible de réaliser des fabrications ou des développements ad hoc que selon une conception d'ensemble. Ceci est a contrario des industries classiques, pour lesquelles l'on admet qu'il est nécessaire de mettre en place des processus de production standardisés et généraux pour accroître la productivité.

La difficulté propre au numérique est que des développements ayant un certain niveau de généricité et d'abstraction ne proviennent pas d'individus communs. Des développements bien pensés nécessitent une grande intelligence de la part de leurs concepteurs, non reproductible par un processus.

La puissance de conception qui sous-tend un programme informatique se révèle lorsqu'il faut y apporter des modifications un an plus tard. Par exemple s'il dessert plusieurs pays selon un schéma général et quelques variantes spécifiques, un programme bien développé ne nécessitera des retouches qu'à un seul endroit, tandis que celui qui a été écrit en cédant à la facilité devra être repris à autant d'endroits qu'il y a de pays.

Une conception numérique nous confronte toujours à des questions relatives au générique et au spécifique, au langage formel et au langage naturel, à l'exactitude et à l'ambiguïté sémantique.

Derrière cette chose très terre à terre qu'est la maintenance d'un programme informatique se cachent des questions fondamentales sur la nature de la logique et sur son rapport à la connaissance et au réel.

C'est en cela que le choix des concepteurs est crucial. Ceux qui aiment la facilité et la rapidité privilégieront des développeurs fournissant un résultat visible immédiat, mais qui n'auront pas pensé à la généricité de leur code.

Un développeur lent est soit médiocre soit génial et si l'on ne sait comment départager les deux par une revue de conception, des erreurs de jugement dramatiques peuvent en découler. Selon la façon dont la conception a été menée, les coûts de maintenance d'un développement informatique ne varieront pas seulement dans un rapport de 10%, 20%, ou 30%, mais dans un rapport net de 1 à 10.

La vitesse est une notion qui devient paradoxale lorsque le produit est complexe. Lui vouer un culte ne permet pas d'être rapide, mais agité, s'épuisant en tâches sans valeur auxquelles l'on se condamne soi-même. Comme dans les arts martiaux, celui qui est réellement rapide ne semble pas se déplacer vite, il est celui que l'on ne voit pas venir.

La malédiction de PowerPoint :

Le désastre humain (7 astronautes morts) et technologique de la navette Columbia en 2003 est dans toutes les mémoires, parce qu'emblématique de décisions superficielles et prises à l'emporte-pièce sur la base de présentations PowerPoint.

Avec le culte de la vitesse est venu celui de la superficialité, qui a modelé un nouveau type de manager et de directeur, celui ne supportant plus un effort de réflexion et de concentration au-delà de 30 secondes.

PowerPoint est le véhicule préféré de ces nouveaux histrions de l'apparence. Des réunions de décision engageant parfois des budgets de plusieurs millions d'euros voire des vies humaines sont bouclées en quelques minutes, par adoration de la vitesse.

Les comités de direction deviennent des numéros de mauvais théâtre, où règnent les plus démagogues et les plus flatteurs, ceux capables de monter en épingle un détail insignifiant, d'ignorer la trame des points véritablement importants, ou de prétendre que les méthodes de projet n'ont pas été respectées parce qu'il aurait fallu aller au-delà du cinquième slide pour prouver le contraire.

Seuls quelques patrons visionnaires prennent la mesure de ce danger. Ainsi Jeff Bezos, PDG d'Amazon, a-t-il interdit l'usage de PowerPoint dans les réunions de décision. Toute décision devant être soumise à arbitrage doit faire l'objet d'un résumé de 4 à 6 pages, et les 20 premières minutes de la réunion doivent être consacrées à la lecture du document, afin de s'assurer que chacun des participants l'a bien lu.

Ceci peut paraître aberrant, mais Jeff Bezos est suffisamment fin observateur pour savoir que dans nombre d'entreprises modernes, de soi-disant décideurs ne prennent même plus les quelques minutes nécessaires à la connaissance minimale de leur dossier.

Il est vrai que les jeux d'acteurs de l'entreprise moderne valorisent bien peu la connaissance de son métier, beaucoup plus l'art de l'intrigue territoriale. Celle-ci étant très consommatrice en temps, le culte de la vitesse, la superficialité inouïe des dirigeants modernes et leur absence d'éthique sont trois phénomènes qui ont avancé de concert.

Lorsque des décisions sont à prendre concernant des infrastructures profondes de l'entreprise, mais que le résultat n'est pas en visibilité immédiate - par exemple la mise en place de référentiels informatiques - l'incompréhension est totale entre les prétendus décideurs et ceux qui possèdent la compétence nécessaire.

Le culte de la vitesse est corrélatif de celui des imposteurs, phénomène maintenant hégémonique dans le monde de l'entreprise. Obliger – comme le fait Jeff Bezos – aux quelques minutes de réflexion et d'approfondissement débusque les imposteurs, révèle les véritables conceptions de fond ainsi que les compétences qui doivent les accompagner.

La cohérence et la cohésion d'un texte ne mentent pas, obligent à structurer la pensée et à en chasser les facilités. Les profils des dirigeants se façonnent selon ce que l'on valorise en eux : l'on sélectionne les hommes selon les cultes que nous rendons à la véritable vitesse ou à sa variante superficielle. La véritable rapidité est rendue au centuple à celui qui ne s'est pas prêté aux jeux de scène et aux parades du « slideware ».

Réorganisation d'une direction : aller trop vite dans ce qui nécessiterait du temps, trop lentement dans ce qui devrait être traité rapidement :

La plupart des réorganisations de direction sont conduites selon des logiques d'avidité territoriale et de préemption des postes clés, non par une compréhension organique des forces et faiblesses des équipes existantes. Il est vrai que pour atteindre ce dernier niveau, il faut s'intéresser aux hommes, à leurs accomplissements et à ce qu'ils savent faire.

Les décisions concernant l'organigramme de tête sont prises avec une violence sourde alimentée par le carburant de l'opportunisme. Lorsqu'il est promis que les décisions concernant les postes à pourvoir seront discutées et analysées ensemble, l'on peut être certain qu'elles ont en fait été déjà actées. Le comité de direction est nommé généralement beaucoup trop vite et consacre les manœuvriers de couloir, non les véritables chefs d'équipe : la course aux postes prévaut sur toute autre considération.

A contrario, une fois l'organigramme de tête édicté, il semble que l'on ait tout le temps nécessaire pour ceux qui ne font pas partie des heureux élus. Les dégâts provoqués par l'attente excessive sur ce qui touche à la destinée professionnelle directe des hommes sont dévastateurs. Il faudrait cette fois être au contraire rapide, aller à la rencontre des hommes et comprendre comment placer « the right man at the right place ».

L'empressement excessif, la superficialité indigente et l'absence d'éthique avancent comme un trio solidaire : l'absence de considération pour les hommes après le partage des postes à responsabilité trahit la véritable nature de la « rapidité ». Elle se paiera par la suite par la lenteur considérable à redémarrer une organisation saccagée, marquée souvent par le départ de ses véritables piliers.

La vitesse excessive dans nombre d'entreprises n'est pas le revers de la médaille de l'efficacité frénétique. Elle a pour origine l'empressement dans la course aux postes et obtient le contraire de ce à quoi elle prétend : la lente résistance passive de ceux qui refusent de suivre de faux dirigeants.

1.4 Les paradoxes de l'organisation managériale

1.4.1 L'emploi des indicateurs

Théorème de l'indicateur

Toute mesure de performance par un indicateur aboutira à des comportements réalisant l'inverse de la performance attendue.

Les effets pervers du management par la mesure quantitative de performance sont bien connus, au point qu'ils sont devenus un classique de la littérature d'entreprise (par exemple [1], [2]).

Le problème bien identifié est qu'une trop grande explicitation de la performance aboutit à s'attacher à la lettre plus qu'à l'esprit de celle-ci.

Les employés seront prêts à tout – y compris à ce qui est de toute évidence totalement contre-productif – pour coller à l'instrument de mesure. Notamment lorsque l'intéressement de l'employé dépend directement de la valeur mesurée, celle-ci devient un but en soi, même s'il entreprend pour cela des actions de toute évidence nuisibles.

L'indicateur devient ainsi un instrument de déresponsabilisation, l'inverse de ce pour quoi il était prévu. L'employé s'attache à réaliser étroitement son objectif quantitatif, charge à son encadrement de gérer les conséquences de la façon dont il l'a obtenu. Il est bien connu que lorsque les règles et procédures d'une entreprise sont trop importantes et trop rigides, elles deviennent le paravent et le prétexte idéal de ceux qui sont maîtres de leur usage détourné.

Illustrations :
La création d'un indicateur est accompagnée immédiatement et dès le départ de la recherche des moyens pour le détourner à des fins personnelles.

---

[1] http://www.capital.fr/carriere-management/interviews/les-indicateurs-de-performance-ont-des-effets-pervers-parfois-couteux-pour-l-entreprise-377375

[2] http://lavieeco.com/news/la-vie-eco-carrieres/faut-il-bruler-les-indicateurs-15252.html

Nicolas Sarkozy a fait l'expérience directe de l'effet boomerang des indicateurs quantitatifs, lorsqu'il a entrepris de mesurer l'efficacité des forces de police au nombre d'affaires de délinquance résolues.

Un tel thermomètre de l'efficacité policière aboutira au mieux à bâcler la résolution des délits pour enregistrer une performance - souvent au détriment des victimes - au pire à pousser au crime en simulant de toutes pièces des actes de délinquance, voire en les provoquant ou en les réalisant soi-même. Mesurer le nombre de délinquants arrêtés crée inévitablement la tentation de fabriquer des délinquants, jusqu'à être capable d'en devenir un.

La création ex nihilo de l'unité qui témoigne de la performance est l'une des tentations courantes. L'autre détournement concerne les indicateurs « inverses », c'est-à-dire ceux qui mesurent la performance en fonction de leur baisse, par exemple les chiffres du chômage.

Dans ce cas, la perversion consiste en l'opération inverse : radier ou fermer trop facilement un dossier, sous le moindre prétexte, peu de temps avant la campagne de mesure. Tous les radiés de pôle-emploi pourront témoigner qu'une règle soi-disant intangible sert de variable d'ajustement dès qu'une échéance électorale approche.

Lorsqu'un indicateur est conçu, il faut également concevoir les usages détournés et pervertis auxquels il pourra donner lieu. Comme ils adviendront inévitablement, leur parade doit être qualitative et non quantitative : on sanctionne les comportements abusifs, on ne combat pas les dérives d'un indicateur par d'autres indicateurs.

Lorsqu'un indicateur est employé pour le management des hommes, il ignore tous les effets de temporalité : il est aveugle à la façon dont le résultat a été obtenu, ainsi qu'à la projection des résultats futurs.

Ce point nous ramène aux conditions de maintenance d'un produit ou d'un service. On juge d'une bonne conception de maintenance sur la capacité à peu intervenir pour un incident donné. Ceci se jugera soit ex post, longtemps après la production du produit, soit ex ante, au cours de son processus de fabrication, c'est-à-dire à deux moments que l'indicateur ne mesure pas.

Un indicateur de qualité de la production vérifiant que des règles minimales de maintenabilité ont été pensées et implémentées peut prendre en compte ceci, mais pour mettre en place un tel contrôle, il faut comprendre finement le processus de fabrication imaginé par les hommes, c'est-à-dire faire bien plus qu'appliquer un simple indicateur.

Rétablir une compréhension de la temporalité de son produit ou de son service, c'est-à-dire savoir comment il va évoluer, vieillir et se renouveler, nécessite de s'intéresser au travail concret des hommes et échappe à toute logique d'indicateur. Il n'est pas interdit ni inutile de se servir d'indicateurs comme points de contrôle temporels. Mais cela ramène les indicateurs à ce qu'ils doivent être : une aide à la compréhension et à la décision, non un objectif à réaliser.

Un indicateur ne mesure que le résultat instantané d'une partie de l'utilisation d'un produit ou d'un service. Si cette utilisation comporte plusieurs étapes, l'on mesurera que chacune des étapes fonctionne, mais pas leur enchaînement.

Ceci est bien dommage, car cet enchaînement est ce que le client final vit au quotidien quand il utilise le produit ou le service.

Quand l'usage d'un produit ou d'un service comporte les étapes A, B et C, on peut sembler satisfait si chacune des étapes fonctionne. Mais A, B et C peuvent parfaitement fonctionner individuellement, sans qu'A, B et C prises ensemble ne fonctionnent. Si un mode d'utilisation comporte 15 étapes, on peut avoir vérifié que chacune fonctionne, également que leur enchaînement fonctionne, mais l'on a simplement oublié qu'un client standard peut trouver que 15 étapes constituent un parcours trop long, et abandonnera notre produit avant d'en avoir parcouru la moitié.

En collant à une série d'indicateurs, la vision globale et qualitative que perçoit le client final est perdue. Rétablir cette vision nécessite de rouvrir la compréhension des processus internes de production, c'est-à-dire précisément de sortir d'une logique d'indicateurs.

Un indicateur engendrera nécessairement son effet pervers associé, aboutissant au résultat inverse de ce à quoi il était censé inciter, s'il n'est guidé par une connaissance qualitative approfondie des actions, des compétences, des objectifs et des aspirations de ses équipes.

Quelles sont les alternatives possibles à l'emploi d'indicateurs, évitant leurs effets pervers ? La méthode agile nous fournit quelques remèdes efficaces. Elle oblige à jalonner un projet par des réalisations concrètes : maquettes, prototypes, etc. Plutôt que des tableaux de chiffres facilement détournables, la production d'objets concrets intermédiaires et non de documents abstraits permet de mesurer sans tricher le degré réel d'avancement d'un projet. Qui plus est, les objets concrets préparent bien mieux les étapes suivantes : il est beaucoup plus facile de décider et trancher sans ambiguïté sur une réalisation concrète fonctionnante que sur des schémas théoriques couchés sur le papier.

Les discussions interminables sur des spécifications permettent aux bavards d'entretenir leur fonds de commerce, tandis que la confrontation au réel d'un objet censé fonctionner met un terme à tous les effets de manche. Jalonner un projet – comme le veut la méthode agile – de maquettes et prototypes concrets est beaucoup plus efficace que de croire le piloter par des tableaux de chiffres.

La méthode agile peut se résumer très simplement : elle est beaucoup plus souple avec les hommes sur les obligations de moyens, mais beaucoup plus exigeante sur les obligations de résultat. Et ces obligations de résultat sont mesurées régulièrement et fréquemment à l'aide de prototypes concrets.

La méthode agile n'est pas une autorisation « à faire un peu ce que l'on veut », car le rythme des « sprints » et leurs livrables intermédiaires nécessitent au contraire une grande rigueur dans l'exécution. Elle responsabilise les équipes en ne les obligeant pas à suivre un processus de développement impersonnel, au cours duquel elles ne pourront démontrer leur astuce et leur savoir-faire. A contrario, le management par indicateur sanctionne le respect du processus, c'est-à-dire des modes de travail dans lesquels les hommes doivent être des rouages, tandis que le management agile sanctionne l'inventivité concrète.

Rien n'interdit, si les livrables intermédiaires de la méthode agile sont au rendez-vous, de les quantifier par des indicateurs pour objectiver leur performance. Mais il s'agira alors d'une quantification fort différente de celle menée par des indicateurs purs, car elle s'appuiera sur un fil directeur de réalisations.

Utilisés seuls et isolément, les indicateurs sont au mieux un mode poussif et impersonnel de mesure d'avancement d'un projet, au pire l'opportunité idéale pour les illusionnistes et bateleurs d'en détourner l'interprétation afin de dénigrer ou promouvoir un projet pour de strictes raisons d'intérêt personnel.

2 L'océan des jeux

Un même résultat en entreprise peut être obtenu de maintes façons différentes. Et ces différents chemins sont tracés par les jeux d'acteurs qui ont lieu au sein de la compagnie. Comprendre comment une entreprise fonctionne, c'est comprendre les jeux d'acteurs dont elle est le siège. Le très grand mérite de Michel Crozier a été de montrer que cette compréhension ne réside nullement dans son organisation affichée et formelle (l'organigramme), ni même dans les fonctions et missions qu'elle assigne à ses employés, mais dans les jeux d'acteurs que ceux-ci déploient pour concilier leur intérêt personnel avec les missions de l'entreprise.

Le fonctionnement réel de l'entreprise, le « système d'action » selon les termes crozériens, n'est en rien le produit direct de sa structure ou de son organisation. Il résulte des marges de liberté et d'ambiguïté laissées par la structure de l'entreprise que chaque individu emploiera au mieux pour ses propres intérêts. De sorte que l'on peut dire que la vie réelle de l'entreprise n'a que peu de rapport avec ce qu'elle prescrit et annonce explicitement, mais qu'elle réside tout entière dans ce qu'elle ne dit pas, dans ce qui échappe à ses règles formelles.

Les « missions » et « visions stratégiques » d'une entreprise, annoncées généralement à grand renfort de communication sur ce qui fonde son identité, son âme, ne sont que l'écume de sa vie réelle. Elles ne tracent que les limites formelles de son fonctionnement. Sa vie réside dans les jeux d'acteurs qu'elle aura construits au cours de son histoire, qui reflètent ses valeurs réelles et ses objectifs concrets. Comme pour un être humain individuel, ses actions et l'inconscient qu'elles révèlent sont le miroir de son âme, non ses intentions affichées et déclarées.

L'identité et « l'âme » d'une entreprise se lisent en déterminant quelles sont les stratégies d'acteur gagnantes et les stratégies d'acteur perdantes dans le système qu'elle constitue, c'est-à-dire in fine ce qu'elle valorise véritablement, au-delà des discours affichés. La « récompense » implicite de certains comportements, sanctionnée par les gains en pouvoir et en responsabilité de certains jeux d'acteurs sur d'autres, est la véritable sincérité de l'entreprise, non ce qu'affiche sa « corporate communication ».

Ainsi, une entreprise qui valorise le sens de l'initiative, qui recrée des petites entreprises dans la grande, qui promeut et soutient ceux qui ont des qualités d'entrepreneur en son sein, correspond à un certain modèle.

A contrario, une entreprise qui promeut des personnalités récupérant le travail des autres, habiles en communication, en capacité à critiquer des projets complexes aux moments clés pour en récupérer les fruits, correspond à un autre modèle d'organisation et de valeurs internes.

Il sera objecté que le deuxième cas de figure n'est pas viable, que le jeu de la concurrence éliminerait les entreprises de ce type.

C'est là une grande naïveté de penser qu'éthique et efficacité vont nécessairement de pair. Il est tout à fait possible de bâtir et faire fonctionner des organisations iniques, mais très efficaces. Un syndicat du crime en est une bonne illustration. On objectera qu'une telle organisation risque de perdre ses talents, qui seront attirés par des entreprises reconnaissant leurs mérites et écartant davantage les usurpateurs. Là encore, ce raisonnement relève du manque d'expérience. Les modèles d'organisation nuisibles peuvent s'être répandus à l'échelle de tout un secteur d'activité, d'un pays entier, voire parfois à l'ensemble des entreprises dans le monde. Auquel cas le jeu de la concurrence sur le marché de l'emploi n'offre pas de réelle porte de sortie. La concurrence ne joue pas nécessairement un rôle de filtre infaillible, car l'économie peut tomber dans des équilibres locaux sous-optimaux. Des pans entiers d'activité peuvent avoir convergé vers des modes d'organisation condamnables mais efficients, si la logique des jeux d'acteurs les y a conduits.

Le mode d'organisation d'une entreprise ne relève pas d'un choix conscient ou d'une décision prise par ses dirigeants. Il est la résultante d'un processus d'organisation spontanée ayant sédimenté pendant plusieurs années. Une entreprise est le réceptacle de jeux d'acteurs extrêmement variés. Elle offre non pas un seul, mais une multitude de jeux possibles. Ces jeux sont eux-mêmes en constante évolution : leurs règles se modifient en permanence. Dans ces conditions, « l'âme » d'une entreprise réside dans les stratégies d'acteurs gagnantes et perdantes à l'instant t, intégrant l'ensemble des jeux disponibles, dans leur évolution en cours.

La théorie des jeux nous est d'une grande aide pour comprendre ces phénomènes. Les moyens de simulation numériques permettent de recréer des modèles de jeux d'acteurs impliquant des centaines de milliers d'individus, employant des dizaines de stratégies différentes évoluant dans le temps. A chaque étape de la simulation, les interactions de cette multitude d'acteurs sont calculées, et la possibilité que les acteurs changent de stratégie dans le temps est prise en compte : les meilleures stratégies « gagnent du terrain » par un effet de contagion, les acteurs observant quels sont les comportements les plus rémunérateurs d'une période sur l'autre.

Nous approfondirons un modèle qui a fait l'objet de nombreuses études, celui du dilemme du prisonnier itéré. Il combine la situation très simple d'arbitrage entre coopération et trahison du dilemme du prisonnier, avec les évolutions de très grandes masses d'individus au cours du temps selon des états définis par chaque stratégie. Le dilemme du prisonnier itéré est une sorte de combinaison de matrice de jeux d'acteurs avec un « jeu de la vie » tel que défini par Conway. [3]

Le lecteur non féru de théorie des jeux pourra trouver une présentation très pédagogique du dilemme du prisonnier itéré sur le site cité en référence [4].

Les publications académiques de référence sont l'article et le livre d'Axelrod [5], qui furent suivis de compétitions numériques de dilemmes du prisonnier itérés faisant s'affronter les différentes stratégies. Jean-Paul Delahaye a très bien relayé les travaux d'Axelrod en France et leur a donné une étendue supplémentaire par ses puissantes capacités algorithmiques[6].

Il faut à ce stade mettre en garde contre une facilité d'esprit que Michel Crozier relève dans « L'acteur et le système ». Quelle que soit la puissance de la théorie des jeux, ses modèles ne constituent nullement une image fidèle d'une situation humaine en entreprise. Les jeux d'acteurs nous permettent d'identifier des « fragments » d'actions réalisées par les protagonistes en présence. Ils sont utiles dans la mesure où ils extraient des « patterns » types de relations humaines, mais sans que celles-ci puissent se résumer à de telles séquences. La raison en est que comme le souligne Crozier, l'être humain cherchera à se glisser dans tous les interstices laissés par une structure, quelle qu'elle soit, qu'il s'agisse de nos jeux modélisés ou une autre. Le libre arbitre humain dépasse toute modélisation par les jeux, aussi complexe soit-elle.

Les modèles de jeux d'acteurs sont cependant très utiles à trois titres.

En premier lieu, ils donnent une dimension beaucoup plus juste de la complexité de l'économie, que ne le fait par exemple la macro-économie classique. Cette dernière traite l'économie à la manière dont le font les sciences physiques, la subtilité de la physique en moins. Les entreprises y sont autant de boîtes noires, déterminées par des « variables », des « facteurs endogènes et exogènes ». L'équilibre de l'économie est décrit comme la seule résultante de ce bilan de forces. La modélisation par la théorie des jeux réfute cette vision appauvrissante. L'équilibre de stratégies d'acteurs complexes fait nécessairement apparaître des phénomènes chaotiques au point que la notion d'équilibre elle-même doit être abandonnée. La trajectoire que suit une

---

[3] cf. la définition du « jeu de la vie » : https://fr.wikipedia.org/wiki/Jeu_de_la_vie

[4] https://ncase.me/trust/

[5] https://en.wikipedia.org/wiki/The_Evolution_of_Cooperation

[6] http://als.univ-lorraine.fr/files/conferences/Colloques/Mathematiques(18-11-10)/Delahaye.pdf

économie recèle nécessairement une part de contingent, un facteur qui échappe au strict déterminisme et nécessite de s'appuyer sur des observations empiriques. Dans le dilemme du prisonnier itéré, il est impossible de déterminer une stratégie gagnante dans l'absolu. Les stratégies qui vont l'emporter et survivre dans la population des acteurs dépendent de la distribution des différentes stratégies à l'état initial. Il n'existe aucune règle générale permettant de savoir vers quoi l'on va converger : les stratégies de coopération l'emportent parfois, celles de trahison dans d'autres cas et toute la gradation des stratégies intermédiaires viennent rendre le résultat encore plus indéterminé. On ne peut commencer à comprendre une situation macro-économique que lorsque l'on a patiemment reconstitué le tissu micro-économique des jeux d'acteurs qui la sous-tendent.

En second lieu, les modèles de jeux d'acteurs permettent d'identifier des séquences types de comportement, des « patterns » utiles à la compréhension des intentions de chaque acteur. La mise en garde Crozérienne est qu'il ne faut nullement réduire une organisation à ces « patterns », aussi exhaustifs et précis fussent-ils. Ceci parce que les acteurs ne font pas que pratiquer les multiples jeux présents dans l'entreprise, ils en inventent de nouveaux et « sautent » régulièrement d'un jeu à l'autre. La décision de changer de jeu ou d'en modifier les règles est elle-même un jeu. Une organisation n'est donc nullement une collection de séquences types de comportement, même si cette description est infiniment meilleure qu'un modèle macro-économique. La dynamique sous-tendue derrière les jeux d'acteurs qui foisonnent ne peut faire l'objet d'une modélisation. En revanche, la reconnaissance d'un « pattern » permet d'expliquer temporairement une logique dans laquelle les acteurs se trouvent engagés, et éventuellement de prévenir les cercles vicieux de celle-ci.

En troisième lieu, les modèles de jeux d'acteur expliquent bien la nature paradoxale de toute notion économique, à commencer par celle de la concurrence. Les jeux d'acteurs s'enferrent parfois dans des engrenages malsains, des comportements perdant-perdant, qui apparaissent déjà dans le dilemme du prisonnier. Si le libéralisme consistait en l'application univoque de règles simples et si cela était la voie claire de la prospérité économique, tout le monde appliquerait ces recettes depuis longtemps. Il suffirait de répéter en boucle comme un mantra « dérégulez le plus possible », « mettez tout en concurrence le plus possible », « ouvrez les frontières le plus possible », comme le fait aujourd'hui la Commission européenne. Ses membres ont-ils remarqué que les champions actuels du capitalisme, USA et Chine, n'appliquent en rien de tels préceptes et surtout de façon beaucoup moins simpliste ? La théorie des jeux montre qu'il y a des centaines de façons différentes de pratiquer la concurrence, non une seule. Certaines sont bénéfiques, d'autres mènent à des logiques perdant-perdant, enfermant les acteurs dans des raisonnements du type : « je sais que ce que je fais n'est pas bien, mais si je ne le fais pas quelqu'un d'autre le fera avant moi ».

Tout auteur ayant l'ambition de développer une pensée économique devrait préalablement passer par une phase de pure observation – presque de contemplation – de l'immensité de l'océan des jeux d'acteurs. Celle-ci administre une première leçon : celle de l'humilité, comme celle du scientifique devant la nature.

Le paysage dessiné par l'océan des jeux montre qu'il n'existe aucun équilibre économique permanent. Que le paysage de l'économie de marché est constellé de sous-équilibres qui sont autant de pièges. Qu'il ne faut jamais confondre la combinaison de jeux au sein de laquelle nous jouons à l'instant présent avec l'univers de toutes les combinaisons possibles. L'optimisation du marché au moment où nous la vivons représente le maximum d'une certaine combinaison de jeux. Il faut s'appuyer sur un marché libre pour explorer cette immense surface, mais admettre que nous n'en avons et n'en aurons jamais qu'une vision locale et partielle. **La rationalité limitée n'est pas seulement vraie pour l'acteur individuel, elle l'est aussi pour les forces de marché en mouvement**.

Mais dans ce cas que faire ? Faut-il se limiter à un empirisme prudent devant une telle complexité ? Toute science économique est-elle vouée à l'échec, dans la mesure où l'océan des jeux d'acteurs possibles est composé de « construits contingents » comme le dénote Michel Crozier ?

La leçon de Crozier est qu'il faut définitivement abandonner la croyance selon laquelle il y aurait une « organisation naturelle », un mode de management meilleur que tous les autres qui émergerait et serait la recette magique de conduite des entreprises. Même si l'on admet qu'il peut y en avoir plusieurs, adaptés à la taille et à l'activité de chaque entreprise, le fait qu'un modèle « naturel » existe pour chaque catégorie est une croyance erronée.

Comprendre l'océan des jeux c'est comprendre qu'il faut définitivement tourner le dos à cette séparation entre une « vérité naturelle » de l'organisation et notre approche culturelle de celle-ci, mais au contraire se plonger résolument dans les infinies combinaisons des jeux d'acteurs, dans lesquelles ce clivage entre nature et culture est aboli et où seule compte la navigation que nous pouvons mener.

Dès lors, il est possible de développer une science économique autrement que par la seule observation empirique. Il faut, à l'instar de l'ordinateur du film « Wargames », explorer le plus possible de jeux, comprendre quelles sont les alliances possibles entre individus, départements, groupes d'influence. En s'inspirant des modèles de théorie des jeux, mais sans considérer que ceux-ci se substituent aux choix humains, il faudra comprendre toutes les nuances des stratégies de coopération et de trahison de chaque individu.

Nous pouvons être guidés par deux lois sûres du comportement humain : la première est que chacun cherche à maximiser ses marges de manœuvre tout en limitant au maximum les marges de manœuvre des parties adverses, la seconde est que chacun cherche à se différencier des autres de façon à devenir un point de passage incontournable dans l'organisation. Les deux plus puissantes motivations de l'être humain sont la préservation de sa liberté d'action et la valorisation de son importance personnelle.

Une description de l'organisation en réseaux, tels que ceux de la théorie des graphes, s'avère souvent utile. L'acteur économique ne cherche pas à maximiser son « profit », il cherche avant tout à être un nœud central par lequel de nombreux arcs doivent entrer et sortir. Chaque individu cherche à être un point nodal au milieu de l'immense réseau des interdépendances.

Dans tout le chapitre qui suit, nous explorerons l'océan des jeux de façon concrète, à partir d'exemples tirés du monde de l'entreprise, mettant en présence les différents départements et directions de projets. Nous n'oublierons pas les entités qui n'appartiennent pas à l'entreprise elle-même, fournisseurs ou autres entreprises avec lesquelles certains acteurs entretiennent des liens privilégiés. Michel Crozier a longuement insisté sur l'importance de ces liens informels, qui n'apparaissent dans aucun organigramme, mais qui jouent un rôle décisif dans les stratégies individuelles.

Avoir en tête le panorama immense de l'océan des jeux est le régulateur de la pensée économique. Il permet d'éviter les simplismes dont l'économie académique nous a gratifiés jusqu'alors : macro-économie fonctionnaliste qui pense qu'il suffit d'agir sur des leviers mécaniques, mathématisation à l'extrême ne laissant aucune place aux stratégies d'acteurs, toutes ces approches déterministes et idéales sont autant de transpositions ratées des sciences « dures » à l'économie, qui se trouve à mi-chemin entre sciences humaines et sciences exactes.

Sur un plan pratique, les recommandations issues de notre approche se rattacheront toujours au mode de management et d'organisation des entreprises mises en situation, c'est-à-dire aux jeux d'acteurs qu'elles valorisent et à ceux qu'elles découragent. Ceci y compris dans des recommandations purement macro-économiques à l'échelle d'un pays ou d'un secteur : nous n'édicterons jamais de principes généraux tels que « baisser les charges », « assouplir le marché du travail », sans que préalablement les modèles stratégiques des entreprises en présence aient été analysés.

Par ailleurs, toute action de conduite du changement doit partir des modèles de stratégies d'acteurs en présence pour en déduire des actions macro-économiques et non le contraire. Beaucoup trop d'économistes se focalisent sur le « quoi », cherchant à déterminer et qualifier ce qu'il faut faire. Or les actions à mener sont connues depuis longtemps : baisse des charges sur les entreprises, diminution de la dépense publique, assouplissement des conditions d'embauche et de licenciement.

De nombreux macro-économistes en herbe répètent ces recettes comme un mantra ou comme une grande découverte. Ils ne font qu'enfoncer des portes ouvertes : la plupart des rapports émanant de la fonction publique sont parfaitement conscients de ces problématiques et formulent les mêmes préconisations. **Il faut se poser plutôt la question de savoir pourquoi, si tant d'intelligences s'accordent sur ce qu'il faut faire, elles ne l'ont pourtant jamais mis en pratique**.

En économie comme dans le monde de l'entreprise pratique, c'est la question du « comment » qui est importante. La cible à atteindre fait rarement question. C'est le chemin et le mode de conduite du changement qui est la partie difficile, celle qui demande métier et intelligence. C'est lorsque l'on se pose la question du « comment » que l'on quitte la macro-économie formelle et que l'on rentre dans la fournaise des différents modes de management, c'est-à-dire que l'on pratique enfin l'économie réelle.

2.1 Le dilemme du prisonnier

Les jeux d'acteurs semblent ouvrir un champ impossible à l'analyse : la diversité humaine est telle que les stratégies de chaque individu dans une entreprise reflètent simplement la complexité de la vie. Pourtant, la science des modèles de comportements et des stratégies d'action personnelle a fortement progressé. La théorie des jeux est et doit être l'instrument privilégié de l'économiste, celui qui permet une description à la fois réaliste, suffisamment précise et explicative d'un phénomène économique. Les jeux d'acteurs s'appliquent à tous niveaux, de l'individu simple aux jeux entre compagnies et états, en passant par ceux pratiqués entre les équipes et départements.

C'est une erreur commune de penser que les jeux d'acteurs peuvent être subsumés et moyennés au point d'être ignorés lorsque le niveau d'observation passe à l'échelle supérieure. Une croyance fausse traverse toute la macro-économie, supposant une indépendance des niveaux d'observation de l'activité économique : elle estime que l'on peut se passer de rentrer dans la compréhension des jeux d'acteur, parce qu'ils se neutralisent au-delà d'une certaine échelle d'observation. L'économie véritable ne commence que lorsqu'on sait faire le lien entre la manière dont ingénierie, fabrication, forces de vente, logistique et fonctions tertiaires sont agencées et contribuent au résultat de l'entreprise.

Ceux qui pensent que les comportements individuels ou d'équipes peuvent être « moyennés » pour expliquer la performance de l'entreprise dans son ensemble sont similaires à ceux qui pensaient en 2008 que les phénomènes boursiers observaient une loi normale, position aujourd'hui intenable, condamnant à être perpétuellement surpris et en retard sur chaque événement.

Les tactiques personnelles de chacun et la façon dont elles sont valorisées au sein de l'entreprise définissent la culture de celle-ci. Et la véritable performance de l'entreprise ne se résume pas à son résultat instantané ou même trimestriel, mais au produit de ce résultat et de sa culture, prenant en compte la façon dont ce résultat a été obtenu. Seulement lorsque ce dernier facteur est compris et intégré, peut-on parvenir à des prédictions correctes. Sur le long terme, d'une à quelques années, la culture des comportements individuels d'une entreprise fait diverger des résultats que l'on pensait identiques entre deux compagnies, les engageant sur des trajectoires bien distinctes.

L'outil le plus important de l'analyse des comportements est le dilemme du prisonnier. Nous n'en referons pas un exposé complet : il est abondamment expliqué et commenté dans la littérature de la théorie des jeux. Il faut simplement rappeler qu'il montre, sur un cas très simple, que des acteurs parfaitement rationnels et agissant au maximum de leur intérêt peuvent être amenés à prendre des décisions qui les désavantagent tous ensemble.

On le voit, les « théories de l'équilibre général », les « atteintes d'optimum » ne peuvent être pensées de façon univoque : très tôt, leur nature paradoxale apparaît au sein des jeux d'acteurs. Si un cas aussi simple à quatre quadrants remet déjà en question les fondements de l'équilibre économique, qu'en est-il des jeux d'acteurs immensément plus compliqués de l'entreprise ? La théorie des jeux met à bas très tôt les visions univoques et dogmatiques de l'économie, celle d'agents rationnels optimisant au mieux leurs intérêts et aboutissant pour cela à un intérêt collectif lui-même optimal.

Les thèses macro-économiques ne parviennent pas même aux notions élémentaires des sciences physiques : l'existence d'équilibres multiples, dont certains sont sous-optimaux. Penser l'économie dans tous ses paradoxes, ce n'est pas appliquer la recherche de l'optimalité de façon univoque sur de sages nappes nous dirigeant vers la prospérité. La grande nappe de l'économie est chiffonnée, pleine d'anfractuosités, de pièges, de puits de potentiel dans lesquels un fonctionnement qui semblait optimal a pu pourtant nous piéger.

Le mérite du dilemme du prisonnier est de nous faire entrevoir, sur un cas très simple, les profondeurs abyssales que l'économie doit affronter. Son autre grand mérite est de montrer que dès le départ, ce n'est pas un froid calcul mécanique qui anime la grande machine. Les jeux d'acteurs humains rentrent tout de suite en ligne de compte. Ils n'obligent en rien à céder à l'émotionnel : les jeux de coopération / trahison du dilemme ne sont pas moins rationnels que la recherche d'intérêt de l'homo œconomicus. En revanche, ils font d'emblée apparaître deux niveaux d'optimisation qui traversent le monde de l'entreprise : celui de l'apparence et des résultats réels, de l'image et de l'action effective.

Lorsque l'on voit fonctionner une entreprise, l'on passe son temps à se demander si c'est l'efficacité qu'elle optimise ou l'apparence de celle-ci. Le monde de l'entreprise fourmille de faux-semblants. Ceux qui vantent la recherche de l'efficacité optimale peuvent être les pires bonimenteurs de celle-ci. Et ceux qui la produisent réellement peuvent passer totalement inaperçus. La comédie des indicateurs et autres « KPIs » dans des séminaires de décision montre le ridicule souvent sous-jacent aux discours qui se veulent les plus sérieux.

Lire l'entreprise passe souvent par cette double vision, du discours formel et de son soubassement ironique qui en décrypte les véritables leviers. Tout comme les sculpteurs de cathédrale laissaient des gargouilles démoniaques ou obscènes cachées à l'ombre des anges, ou encore les petites broderies apparaissant dans les fines bandelettes hautes et basses de la tapisserie de Bayeux, racontant les détails souterrains de l'épopée de Guillaume le Conquérant.

Mais comment transposer le dilemme du prisonnier au monde de l'entreprise ? Quels sont les jeux de coopération / trahison ? Faut-il imaginer d'effroyables complots au sein des compagnies et cette vision ne verse-t-elle pas dans un pessimisme excessif ?

Les jeux de coopération / trahison n'ont nullement besoin de sacrifier au sensationnalisme dépeint par certaines œuvres littéraires ou cinématographiques sur le monde de l'entreprise. Les modes de la coopération / trahison sont présents dans des comportements en apparence anodins, rencontrés dans les relations humaines de tous les jours.

Les trois principaux modes de la trahison dans le monde de l'entreprise sont les suivants :

- Accaparer le travail d'autrui.
- Jouer sur les apparences.
- Retenir l'information ou certains moyens de production spécifiques.

Avant de rentrer dans l'analyse de ces mécanismes, l'on peut imaginer de nombreux lecteurs se récrier à leur évocation. Certains estimeront que de tels sujets ne doivent pas être abordés dans une analyse économique. Que cela ne « fait pas sérieux », ou bien qu'il ne s'agit plus d'économie, mais nous fait verser vers la pente estimée dangereuse de la sociologie des organisations, enfin que cela risque de tourner au moralisme sur des comportements qui de toute façon existeront toujours, mais avec lesquels il faut prendre de la hauteur.

Je suis au regret de réfuter ces trois critiques, toutes infondées pour une analyse économique véritable. A ceux qui estiment que parler de tels sujets « ne fait pas sérieux », il peut être rétorqué qu'il n'est sans doute pas meilleur de montrer des pudeurs hypocrites qui aboutissent à ne rester qu'en surface de son sujet. Dans tous les jeux d'acteurs de l'entreprise, ces thèmes de la trahison sont omniprésents et permanents, ce qui explique avec quel soin chacun se retient de les évoquer. L'analyse des jeux d'acteurs et la façon dont chacun cherche à obtenir le maximum de pouvoir d'influence, même dans les environnements les plus contraints, sont pourtant des plus éclairantes pour comprendre et prévoir le monde économique.

La recherche en économie commence cependant à entrevoir la nécessité de modéliser les jeux de comportement. Voir par exemple[7] l'extrait suivant :

These findings suggest that in complex and competitive systems, new approaches to economic modelling are required that explicitly simulate behaviour and take into account the fact that real people are not good at solving complicated problems.

Qu'importe les pudeurs de ceux qui voudraient s'en tenir à une description formelle des leviers économiques : ces phénomènes existent et sont prépondérants dans les jeux d'acteurs de l'entreprise, tout homme de terrain un peu sincère le reconnaîtra et nous sommes ici pour analyser sa réalité sans fard. Il ne s'agit pas de quelques comportements minoritaires, regrettables, mais rejetés à la marge : ils constituent le courant majeur des relations humaines, dans le versant positif comme négatif.

Une figure inspire en permanence cette analyse, celle de Nicolas Machiavel. Nous tenons Machiavel pour le plus important philosophe politique de l'histoire. Machiavel est resté longtemps le penseur le plus incompris qui soit, incompréhension proportionnelle à son génie. Les lectures modernes de son œuvre commencent à lui rendre justice, à comprendre quels étaient véritablement son projet et ses intentions.

Les deux contresens les plus courants à l'encontre de Machiavel sont soit de l'accuser d'une complaisance cynique au monde qu'il décrit (l'erreur la plus fréquente), soit de l'exact contraire, d'en faire uniquement un moraliste politique. Son but fut d'abord de décrire la réalité neutre et sans fard des rapports humains et politiques, en mettant au préalable tout jugement de côté. Le jugement ne s'en dégage qu'a posteriori, sans qu'il soit besoin de l'expliciter.

Nous ne plaçons **aucun** jugement moral dans l'analyse des coopérations / trahisons, en estimant de façon puérile que la première serait « bonne » et la seconde serait « mal ». Nous verrons par la suite comment certaines coopérations sont hypocrites et mal intentionnées et certaines trahisons légitimes. Si nous invoquons de telles catégories, c'est pour les employer froidement, comme l'on analyserait les coups d'une partie d'échecs. A ce stade, aucune considération morale ne doit rentrer dans cet examen.

La seule et unique question qui nous préoccupe est de mettre en relief les différentes stratégies de jeux d'acteurs dans l'entreprise. Puis de montrer qu'une typologie des entreprises se dégage selon les stratégies que chacune favorise et celles que chacune décourage. Les stratégies

[7] https://www.oxfordmartin.ox.ac.uk/news/economic-equilibrium-concept-wrong

qu'emploie chaque acteur pour faire valoir son travail et le succès ou l'échec de ces stratégies déterminent le type d'entreprise dans laquelle on se trouve et reconstitue le lien entre micro et macro-économie. C'est en comprenant les typologies d'entreprise déterminées par le « score » implicite que chaque stratégie d'acteur rapporte, que l'on peut comprendre les secrets de la production économique. C'est également de cette façon que l'on peut prévoir sur le long terme comment deux entreprises en apparence comparables sur le plan des résultats bruts se mettront à diverger.

Les stratégies d'acteur gagnantes et perdantes déterminent le profil d'entreprise auquel on a affaire. Un jugement d'ordre moral peut ensuite être prononcé, mais il est primordial - pour qu'il soit pertinent - d'avoir analysé de façon neutre quelles étaient les différentes stratégies en présence et comment elles pouvaient être soit favorisées, soit découragées selon la culture de l'entreprise analysée.

Machiavel fut effectivement un moraliste politique *in fine*. Mais la force de son œuvre a été de placer le jugement moral là où il doit être. L'honnêteté ne consiste pas à discriminer des comportements « purs » ou « bons » a contrario de ceux qui seraient impurs. Elle consiste à reconnaître que tous les comportements, à commencer par le nôtre, sont impurs. Que nous cherchons tous à obtenir un pouvoir d'influence le plus prépondérant possible dans une organisation, en limitant en même temps au maximum le pouvoir d'influence de ceux avec qui nous devons interagir.

Toute intention humaine prend quelque part sa source dans le mal absolu, puisqu'elle cherche à faire d'autrui un objet et nous un sujet, à dénier l'humanité de l'autre pour satisfaire notre narcissisme.

Ce qui nous arrête et nous retient d'assouvir cette volonté de puissance, la même qui anime le pervers narcissique ou le serial killer, n'est nullement un sentiment moral, d'empathie ou de bonté, mais les autres appétits qui nous barrent la route et qui finissent par s'équilibrer entre eux. L'homme ne respecte pas l'autre homme par bonté ou par devoir, mais par la seule ligne de cessez-le-feu qui s'est établie lors de leur affrontement. De même, les comportements de coopération que nous exposerons n'adviennent pas par altruisme ou par ouverture d'esprit, mais par intérêt, celui de jouer un rôle prépondérant dans le réseau des interdépendances.

Machiavel ne se délecte pas complaisamment de ces infinies combinaisons de l'intérêt et du narcissisme pas plus qu'il les condamne : il les constate froidement. Il nous dit que cela constitue l'état du monde et de la nature humaine. La possibilité d'une éthique existe pourtant et survient de façon implicite en conséquence de son œuvre, de deux façons.

La première est qu'il est possible de se comporter de façon honnête en reconnaissant le ressort véritable de nos actions, à commencer par les nôtres. La seconde est que le jeu des appétits de pouvoir et de la volonté d'émerger du réseau des interdépendances fait apparaître au moins une valeur : celle du mérite. Le seul juge de paix légitime des appétits de pouvoir des hommes et de leurs combinaisons pour y parvenir est de savoir si une réalisation a été effectivement accomplie par celui ou ceux qui le prétendent, si elle résulte d'efforts objectifs de la pensée et de l'action de ceux qui la revendiquent ou s'il s'agit d'usurpateurs. Toute l'éthique tient dans cette notion, celle de la propriété intellectuelle ou manufacturière de ce que nous accomplissons, non dans des intentions « pures » qui n'existent pas.

Les motifs pour lesquels nous l'accomplissons appartiennent à leur auteur. Il ne faut pas y voir une éthique, car ils répondent généralement à la seule volonté de puissance nous poussant à devenir prépondérants dans le réseau des interdépendances. Si des motifs plus élevés en sont à l'origine, grand bien leur fasse, mais ils sont en tous les cas indémontrables. Afin que les organisations soient bien conduites, nous mettons en exergue pour cette raison la propriété intellectuelle et la propriété manufacturière comme ayant une importance décisive. La bonne conduite réside en cela, non dans les intentions supposées de chacun. Nous sommes le siège de guerres d'ambition et de guerres d'ego. Ce n'est pas en niant que nous nous comportons comme les autres que nous retrouvons l'éthique, mais en se demandant si nos ambitions sont légitimes ou non, car sanctionnées par le mérite.

Nous insistons pour cette raison sur les trois stratégies consistant à accaparer le travail d'autrui, à jouer sur les apparences, à bloquer l'information ou les ressources rares. Les dérapages du monde économique sont dus à ces trois formes, parce qu'elles contreviennent au mérite, à une compétition dans les règles.

Lorsque ces stratégies sont gagnantes trop souvent et trop facilement dans le système d'action des entreprises, les conséquences négatives en découlent dans l'ensemble de la société, d'un pays ou encore à plus grande échelle. Face au gigantesque paysage du monde économique, il faut se demander à chaque instant s'il est le monde de la rétribution méritée de celui qui entreprend ou le règne des usurpateurs, sachant que la ligne de combat bouge constamment et ne sera jamais résolue entre ces deux tendances.

Il faut également garder en mémoire que l'océan des jeux ne permet aucun simplisme dans les jugements : coopération et trahison ne sont pas le bien et le mal, elles ne sont que les coups élémentaires de l'immense échiquier, qui peut comporter des coopérations sournoises comme des trahisons légitimes. L'aune du mérite est le seul critère d'un jeu économique sain ou perverti, sachant que la mesure du mérite ainsi que l'instauration d'une société qui le promeut sont des problèmes extrêmement complexes, jamais totalement résolus. Nous proposerons des palliatifs aux principaux effets pervers de l'entreprise, qui ne doivent jamais être tenus pour définitifs et dont les parades sont constamment à réinventer.

Un résultat positif ne peut être obtenu que par un acteur s'assimilant à l'entrepreneur, c'est-à-dire une personne élaborant de nouvelles combinaisons des forces de production et de services. Mais le visage de l'entreprise sera fort différent selon le statut qu'il accorde à l'entrepreneur en son sein, si celui-ci est reconnu et rétribué, ou simplement exploité. L'énergie et l'excellence de l'entrepreneur ne lui garantissent pas une reconnaissance au sein de l'entreprise. Parfois, ces mêmes qualités font peur, et aboutissent à lui créer plus d'ennemis que de personnes reconnaissant son travail.

2.2 Des jeux d'acteur à l'infini

2.2.1 La cartographie des jeux de l'entreprise

Les jeux d'acteur sont potentiellement infinis, mais il est possible de décrire en partie l'échiquier, sa géométrie et ses pièces. La représentation qui suit sied surtout à un grand groupe industriel ou commercial, elle n'est pas nécessairement généralisable à une PME ou une start-up bien que certains éléments y soient toujours présents.

Les blocs centraux représentent les principales activités de l'entreprise. On y retrouve les secteurs liés à la conception et à la fabrication du produit, rattachés à la fabrication et à l'ingénierie, ainsi que l'anticipation des produits futurs par la R&D.

Les activités commerciales sont également présentes sous la fonction du marketing, celui-ci étant parfois subdivisé en marketing amont travaillant de façon étroite avec l'ingénierie pour la conception du produit et marketing aval pour sa promotion et sa tarification. Le marketing aval est en charnière avec la communication du groupe, puisqu'il s'agit à la fois de présenter le produit et de le promouvoir.

La direction commerciale comprend évidemment les forces de vente, celles-ci pouvant être disséminées partout dans le monde selon l'étendue de l'entreprise, dans des points de vente physiques ou virtuels. La présence internationale du groupe est appuyée par une organisation de ses régions de commercialisation, selon un réseau de succursales et de concessionnaires, avec toute l'articulation entre le pouvoir local des directions régionales et celui du siège que cela suppose.

Un troisième secteur est décrit, regroupant des activités que l'on peut qualifier de « chaînes de transmission ». Ces activités sont d'une importance cruciale pour tout grand groupe, qu'il ne faut pas résumer à son ingénierie et à son commerce. La première d'entre elles est l'après-vente : comme il l'a déjà été dit, la capacité d'un groupe à penser tout le cycle de vie d'un produit sur le long terme est en grande partie garante de son image.

Les stratégies d'acteur destructrices de valeur sont souvent celles qui cherchent à obtenir un résultat immédiat impressionnant quant à la production et à la commercialisation lors du lancement du produit, mais au détriment de la maintenance. Ce travers est d'autant plus difficile à combattre que les problèmes de fiabilité et durabilité sont difficiles à prouver rapidement. Il faut donc prêter une attention toute particulière au fait que les jeux d'acteurs ne se servent de l'après-vente comme variable d'ajustement, en lui déchargeant toutes les difficultés qui n'ont pu être résolues lors des phases de conception.

La logistique ou « supply chain » est également une courroie clé de l'entreprise. Elon Musk, le patron de Tesla, en a fait récemment l'expérience : il a pu démontrer que l'on pouvait s'introduire sur le marché de l'automobile sans en avoir tout le savoir-faire historique en matière de production et de commercialisation, mais que la très terre à terre logistique était une obligation que même la nouvelle économie ne pouvait négliger.

La logistique comme l'après-vente véhicule une partie importante de l'image du groupe et conditionne la fidélisation des clients. Les amateurs de meubles Ikea en ont tous fait l'expérience lorsqu'ils cherchent à se faire livrer leurs biens : la logistique du fabricant suédois a été entièrement sous-traitée. De sorte que lors d'un problème de livraison, Ikea se considère comme non responsable des retards, annulations, etc. du transporteur, avec lequel le client doit se débrouiller directement. Il ne s'agit pas d'une critique globale de cette firme, le célèbre fabricant de meubles se distinguant selon nous par l'astuce de ses créateurs et par la présentation de ses produits. Mais si un concurrent émergeait avec les mêmes qualités quant à la conception et à la commercialisation de ses produits, en assumant de surcroît la responsabilité de sa logistique et de ses engagements de livraison, le fabricant suédois aurait du souci à se faire sur son talon d'Achille.

Les directions de l'informatique et du digital / numérique (souvent distinctes) complètent la catégorie des « courroies de transmission ». Par manque de culture informatique, beaucoup de chefs d'entreprise commettent l'erreur de les assimiler à des fonctions support pouvant fournir un service standardisé. Informatique et Digital s'apparentent plutôt à une ingénierie : fondées sur des sciences exactes, elles nécessitent cependant un savoir-faire humain très important en matière de conduite de projet.

Il va de soi que ces directions deviennent le « nerf de la guerre » pour nombre de projets, car portant l'ensemble des moyens pratiques de services dématérialisés. Dans ces directions, les erreurs de décision les plus dévastatrices peuvent être commises, car l'effet de levier de la compétence des pilotes détermine des écarts de productivité non pas de quelques pourcents ou quelques dizaines de pourcents mais dans des ratios de 1 à 10 ou plus.

La capacité de bons développeurs informatiques ne doit absolument pas être sous-estimée. Les dirigeants superficiels voient ces derniers avec une forme de dédain en France, réservé aux « techniciens » et à ceux qui réalisent au lieu de faire faire. La très dommageable expression de « pisseur de lignes » en témoigne.

En réalité, un bon développeur informatique possède une puissance cérébrale souvent bien supérieure à celle des managers qui l'encadrent. Et cette puissance n'est pas que technique : une bonne conception orientée objet nécessite d'extraire la substantifique moelle d'un métier ou d'une activité. Elle peut révolutionner l'entreprise. La population des développeurs varie ainsi du tout au tout, depuis le bricoleur étroit ne programmant qu'au coup par coup jusqu'au concepteur élaborant les architectures orientées objet les plus fines.

Ce différentiel de talent peut signifier des pertes ou des gains colossaux pour un groupe. Les dirigeants éclairés le savent et valorisent pour cette raison les forces de développement informatique, en donnant de fortes responsabilités à leurs meilleurs éléments. SAS Institute considère ainsi que chaque employé, à tout niveau hiérarchique même jusqu'au PDG, ne doit pas perdre la main quant au développement de modules de leur logiciel.

La quatrième catégorie des fonctions support vient compléter ce panorama. Elle regroupe les Services généraux, le juridique, le contrôle de gestion, les achats et la qualité. Certains critiqueront le fait d'avoir rangé la qualité parmi les fonctions support. Notre critère est que cette catégorie rassemble toutes les directions n'exerçant pas directement le cœur de métier de l'entreprise, mais le soutiennent par des activités transverses.

Cela ne signifie en rien que ces activités doivent être considérées comme secondaires ou triviales. En réalité, nous allons voir qu'elles constituent des postes décisifs au sein des jeux d'acteur de l'entreprise, parce qu'elles octroient la position enviable de juger sans être beaucoup jugé. Les éléments les plus opportunistes de l'entreprise font pour cette raison des passages fréquents dans ces directions, en les mixant avec des responsabilités dans les cœurs de métier, selon un fond de stratégie personnelle que nous allons étudier très précisément.

Ajoutons que les directions cœur de métier suivent une organisation matricielle : chaque métier est piloté par une organisation hiérarchique, tandis que les directions de projet sont transverses aux métiers et leur empruntent leurs ressources.

Les « métiers » sont représentés par différentes directions, elles-mêmes subdivisées en départements, services, puis équipes. Il s'agit de l'organigramme formel, celui de l'organisation officielle de l'entreprise et la spécialisation de ses activités dans différents services.

Le « projet » est une structure temporaire, transverse à l'organisation hiérarchique. Conduite par un Directeur de projet, elle est une organisation traversant tous les métiers, empruntant à chacun d'eux un échantillon de sa compétence. Les équipes projet sont souvent regroupées en plateau, de façon à se faire rencontrer au même endroit les différentes compétences de l'entreprise en vue d'un objectif commun. L'organisation projet vise à décloisonner l'entreprise de ses silos d'organisation, pour la faire travailler à un but précis le temps de la durée du projet. Les membres d'un plateau réintègrent traditionnellement leurs directions métier d'origine une fois le projet accompli.

L'organisation matricielle est devenue le mode de fonctionnement de la plupart des grandes entreprises de nos jours. Elle croise Directions métiers et Directions de projets et fait cohabiter des profils de personnes très différents dans l'entreprise, celles qui maintiennent ses activités traditionnelles telles quelles et celles qui les font évoluer afin d'anticiper des mutations technologiques ou commerciales de leur secteur.

Un Directeur métier ressemble au chef « classique » d'une organisation, structurée de façon hiérarchique avec des subdivisions par spécialité. Un Directeur de projet ressemble davantage à un entrepreneur, même lorsqu'il est salarié de l'organisation. Il pilote une petite entreprise dans la grande, le temps du projet. Les projets font bouger les lignes de l'entreprise, apportent son élément de remise en question, et regroupent souvent pour cette raison ses éléments les plus innovants.

L'organisation matricielle génère par construction des **conflits de loyauté** entre Directions métiers et Directions de projets. Comme nous l'avons signalé, il ne faut pas prendre les jeux d'acteur pour des modèles définitifs qui conditionneraient les hommes de façon déterministe. Mais forts de cette précaution, il faut savoir que ce conflit de loyauté est le premier « pattern » important des jeux d'acteurs de l'entreprise. Nous allons nous attacher à extraire ces patterns majeurs dans les chapitres qui suivent. Ils ne se substituent pas au libre arbitre humain, mais orientent fortement les stratégies qui sont à sa disposition.

Le décor est planté, à savoir les cases du jeu. Passons maintenant aux leviers de l'action.

La motivation de toute personne en entreprise est de maximiser son pouvoir d'influence en limitant le pouvoir d'influence des autres. D'être à l'origine du plan grand nombre d'influences en limitant les influences des autres. D'être maître du jeu et de ne pas subir. **Si l'être humain est autant attaché à ce carburant, c'est parce qu'il maximise à la fois sa liberté et le sentiment de sa propre importance**.

Michel Crozier a très bien montré que même dans des environnements ultra-contraints, celui d'un ouvrier à la chaîne ou d'une caissière, ce moteur de la motivation continue d'opérer. Les marges de manœuvre sont limitées, mais toujours existantes. Et même dans ces environnements qui paraissent totalement déterministes, la négociation et les jeux d'acteurs continuent de s'exercer. Ils sont la principale raison de l'action humaine. Il continue d'exister des jeux de pouvoir entre les caissières et entre les ouvriers, ainsi qu'avec leurs contremaîtres, sur la capacité à se rendre indispensable.

La raison de l'action humaine n'est donc ni de remplir les fonctions que l'entreprise lui assigne ni de suivre entièrement son intérêt égoïste, mais de trouver tous les interstices que lui laissent les règles de l'entreprise pour qu'il puisse développer son influence personnelle. Chacun se débrouille pour jouer en faveur de son influence tout en respectant la règle formelle que lui assigne sa mission.

Chacun remplit ainsi en apparence sa mission et poursuit en apparence les buts de l'entreprise, mais poursuit en réalité l'accroissement de son pouvoir d'influence. Dans le discours explicite, toute personne jurera qu'elle n'agit que dans le seul intérêt de sa mission. Il agit en réalité sur toutes les possibilités d'accroître son pouvoir personnel, dans les limites compatibles avec l'apparence de la poursuite de sa mission.

Dès lors, l'action en entreprise n'est pas élucidée par son organisation, ses fonctions et son organigramme, mais par tous les interstices laissés entre ces règles, dans lesquels chacun joue pour accroître son pouvoir d'influence. L'action en entreprise n'est pas la résultante de ses règles, mais la somme des ambiguïtés et incertitudes laissées entre ces règles. Pour cette raison, tous les jeux d'acteurs importants en entreprise sont ceux qui sont non explicites et non-dits.

L'acteur dispose de quatre grands leviers pour explorer ces interstices et accroître son pouvoir d'influence. Nous devons la connaissance de ces 4 leviers également à Michel Crozier. Il s'agit :

1. De la compétence dans le métier que l'on exerce.

2. De l'accès à des informations internes.
3. De l'accès à un réseau de relations externe à l'entreprise. Il peut s'agir du réseau de fournisseurs et partenaires comme de relations personnelles.
4. Du contrôle de la règle, soit parce que l'acteur possède un pouvoir hiérarchique, soit parce qu'il est le représentant du respect de cette règle (par exemple dans un département qualité).

Les acteurs vont employer tous ces leviers pour échanger ou masquer, coopérer ou trahir, négocier ou se fermer, avec le réseau des autres acteurs. L'objectif est de devenir un point nodal, un lieu incontournable dans un graphe, par lequel il est indispensable de passer.

La rationalité de l'homo economicus est un modèle simpliste et irréaliste. L'on ne cherche pas à maximiser son intérêt personnel pur de façon totalement isolée, et cet intérêt ne se mesure pas en gain pécuniaire. Le carburant de l'homme en entreprise n'est pas l'argent, mais le pouvoir, et le véritable pouvoir est celui de l'influence.

L'homme cherche son intérêt non de façon isolée, mais au sein d'un réseau d'interdépendances. Il ne peut maximiser son intérêt que relativement aux jeux d'influence des intérêts des autres. Enfin, comme le rappelle Crozier, le principe de rationalité limitée s'applique plus que jamais. Le calcul d'intérêt ne s'applique qu'au réseau des influences réelles, c'est-à-dire aux personnes avec qui l'acteur est véritablement en interaction, ceux dont son action dépend et avec qui il se trouve obligé de négocier une influence réciproque.

Chaque personne pourra employer ces leviers pour décider à chaque instant et à chaque relation de coopérer ou de trahir. Nous donnons quatre exemples de chacune de ces coopérations ou trahisons, sans prétendre à l'exhaustivité :

1. Retenir les moyens de production (ressources, budget) en refusant de les partager pour conserver son silo organisationnel ou construire une approche transversale de plateau interdirections pour « casser » ces silos.
2. Mesurer objectivement ses résultats ou jouer sur les apparences de ces résultats.
3. Donner de l'information sur son activité ou masquer l'avancement de son activité.
4. Reconnaître la contribution de chacun et la faire savoir ou accaparer le travail d'autrui.

Il faut immédiatement faire suivre cette liste d'une mise en garde. Je ne place aucun jugement ou connotation éthique absolue dans ces

comportements de coopération et de trahison. Il n'y a pas de « gentils coopératifs » contre de « méchants traîtres ».

La première raison est que l'on peut adopter un comportement de trahison en représailles d'une trahison au coup d'avant. Il est d'ailleurs dans ce cas contraire à l'éthique de ne pas sanctionner qui vous a agressé. Une seconde raison est qu'un comportement de fermeture et de rétention peut être parfaitement justifié en cas de déséquilibre important des pouvoirs. Enfin, un comportement d'ouverture et de coopération peut également être une forme d'agression cachée, une façon souriante d'étendre et disséminer son pouvoir. La coopération peut être un cheval de Troie préparant les trahisons futures. Il faut donc prendre les décisions de coopération et de trahison comme de simples leviers neutres, comme des coups possibles dans le jeu. Le jugement éthique ne peut intervenir qu'a posteriori, lorsque l'on fait la radioscopie du mérite de chacun et des conséquences humaines des différents jeux d'acteur.

Les blocs organisationnels représentent les cases de notre échiquier. Les quatre leviers crozériens sont les marges de manœuvre possibles, sur les compétences, l'information interne, le réseau des connaissances externes, le pouvoir hiérarchique ou la légitimité à faire appliquer la règle. Enfin, les stratégies de coopération ou de trahison sont les décisions d'action que nous prenons.

En combinant tous ces éléments, en faisant jouer des alliances ou des affrontements entre différents départements, l'on génère l'océan des jeux à la disposition de chaque acteur. Nous allons maintenant étudier quelques-uns des « patterns » fondamentaux issus de ces combinaisons.

2.2.2 Premier pattern fondamental : la stratégie du charognard

La stratégie qui va suivre occupe une place fondamentale dans les jeux de pouvoir de l'entreprise. Il y a cette fois un jugement éthique négatif sur celle-ci : il s'agit clairement d'une stratégie immorale. Elle est cependant si répandue et si centrale qu'il faut en comprendre le mécanisme. Elle est un élément très important de compréhension de l'économie de marché, un attracteur puissant, l'œil noir, le côté obscur du capitalisme.

Nul ne peut prétendre comprendre l'économie de marché s'il ne connaît cette facette du jeu de pouvoir. Elle n'est en rien une fatalité, le jeu du marché peut être éthique, mais elle est une inclination lourde contre laquelle tout chef d'entreprise doit se prémunir.

Son schéma de base est le suivant. Nous en déclinerons des variations par la suite :

Une équipe projet compétente et engagée pilote et réalise ses objectifs jusqu'à quelques semaines de la mise en production. Elle se trouve à ce moment dans une phase de tests intenses. Le projet est régulièrement évalué par un comité regroupant le sponsor du projet, les différentes directions métiers impliquées ainsi que certaines fonctions support, notamment le contrôle de gestion, les achats et la qualité.

Dans cette dernière phase d'atterrissage du projet, l'une des directions métier commence à dénigrer le travail de l'équipe projet. Cela ne sera pas effectué de front et de manière trop subjective, mais à l'aide d'indicateurs issus des méthodologies de management de projets. Lors de sa phase de préindustrialisation, tout projet se trouve dans un état vulnérable, comme l'est une femme enceinte. Une incertitude fondamentale existe toujours sur le fait que le projet est un succès ou un échec.

De très nombreux paramètres interviennent en effet pour porter un tel jugement : respect du cahier des charges initial, adaptations à tous les cas particuliers liés à des régions spécifiques ou des régimes spéciaux, respect du budget et du planning, anticipation de la maintenabilité du produit, faisabilité de la supply chain. Si le produit réalisé par le projet comporte une part informatique importante, ce qui est de plus en plus souvent le cas, les critères de réussite ou d'échec se démultiplient encore : qualité du code, ergonomie de l'interface utilisateur, capacité à changer de fournisseur sur certains modules, etc.

Bien que des moyens objectifs d'évaluation d'un projet existent, il est assez facile de présenter son résultat comme un succès ou un échec selon l'intérêt que l'on poursuit. Notamment, les méthodologies de consultants détaillant les phases de développement et de recette par lesquelles un projet est censé passer recèlent de nombreuses opportunités de montrer qu'un processus n'a pas été suivi, un indicateur non atteint, une démarche non conforme. Les méthodologies fondées sur des obligations de moyens et de processus de développement sont des gisements inépuisables pour les esprits opportunistes souhaitant démontrer que le projet est truffé de défauts de qualité, même lorsque cela n'est objectivement pas le cas.

La stratégie du charognard est alors très simple : dénigrez le projet lors de ses comités de pilotage. Menez-le à un point où les sponsors perdent confiance dans l'équipe projet. Faites dessaisir celle-ci de la responsabilité du projet et faites-vous attribuer son pilotage. Le projet ayant été bien mené aux trois quarts, vous n'aurez plus qu'à en conduire la partie la plus facile, celle de l'atterrissage. La stratégie de sape ayant fait apparaître le projet comme en grand péril – même si ce n'est pas du tout le cas – vous pourrez vous faire attribuer tout le mérite de sa réalisation sans grande compétence ni connaissance du sujet, et vous apparaîtrez de surcroît comme le sauveur d'une situation compromise.

Pour jouer finement, ne le faites pas de manière agressive, mais sur un ton bienveillant, en regrettant que les indicateurs que vous aurez construits de toutes pièces pour bâtir votre démonstration ne soient pas atteints. Un élément stratégique joue en faveur du charognard : il a davantage de temps que l'équipe projet pour préparer des présentations visuellement attractives et construire des indicateurs allant dans le sens de ce qu'il veut faire apparaître. L'équipe projet ne dispose pas d'autant de temps, pour peaufiner sa communication, étant engagée dans une foultitude de tâches opérationnelles.

A ceux qui pousseraient des cris d'orfraie devant cette présentation qui peut paraître excessivement cynique, je répondrais que j'ai vu en trente ans d'expérience professionnelle ce pattern se reproduire si souvent que son apparition n'a plus d'autre effet sur moi qu'un léger amusement.

Il faut comprendre que si ce pattern occupe une place si prépondérante, ce n'est pas à cause d'une nature humaine dévoyée (il est préférable de ne rien supposer sur elle, en bien comme en mal), mais simplement parce que le gain obtenu par cette stratégie est souvent supérieur à celui procuré par la responsabilité d'un projet. Tant que cette façon de tendre une embuscade est reconnue dans l'entreprise et permet même de promouvoir de nombreux cadres, elle sera empruntée. Si une stratégie possède un score de gain supérieur et qu'elle est assez facile à mettre en œuvre, alors elle sera infailliblement adoptée par un nombre important d'acteurs, et ce quelle que soit la valeur éthique de cette stratégie.

Les personnes la mettant en œuvre ne sont pas nécessairement frelatées sur le plan moral, elles effectuent le raisonnement typique du dilemme du prisonnier : « bien sûr, c'est un comportement condamnable, mais si je ne le fais pas, quelqu'un d'autre le fera avant moi et à mon détriment ».

Les variantes de la stratégie du charognard vont nous donner des exemples où l'on peut faire jouer toutes les pièces et tous les coups du diagramme de l'entreprise. La lutte entre directions métier et directions projets, dans leur conflit de loyauté, va nous permettre de mieux comprendre la puissance et la précision de l'analyse stratégique des jeux d'acteurs.

Variante n°1 : L'assèchement par le budget

Une campagne de communication négative est difficile à mettre en œuvre et présente des risques. Elle doit d'abord intervenir ni trop tôt ni trop tard pour que la stratégie du charognard donne toute son efficacité. Déclenchée trop tôt, elle aboutira à récupérer un projet nécessitant encore de la compétence pour être mené à bien. Trop tardivement, elle permet à l'équipe projet de contrer la stratégie de dénigrement par des réalisations concrètes incontestables.

Le timing est donc crucial à celui qui veut s'emparer du travail d'autrui. Par ailleurs, la communication elle-même requiert une grande habileté. Trop agressive, elle éveillera les soupçons et n'emportera pas l'adhésion. Le charognard professionnel doit montrer une grande empathie de façade à l'équipe projet et se déclarer sincèrement désolé des mauvais indicateurs qu'il remonte. Un talent d'acteur et un talent psychologique sont donc indispensables. C'est la raison pour laquelle des variantes plus abruptes ont été mises au point.

Le premier levier d'action est le budget du projet. L'autonomie budgétaire d'une équipe projet est un élément absolument crucial de sa survie. **Lorsque l'équipe projet est censément constituée en équipe autonome, mais reste financièrement dépendante des directions métiers, il est assuré de façon quasi infaillible qu'une stratégie du charognard sera déclenchée dans les phases de finalisation.**

Plutôt que de mener une complexe campagne de communication, il suffit de fermer le robinet des ressources. Il sera objecté que le projet aura constitué un dossier d'investissement dans ses phases amont, avec un calendrier précis de son budget disponible à chaque phase. C'est là une vision naïve et idéaliste. Un dossier d'investissement recèle suffisamment d'ambiguïtés pour qu'il soit possible de prétendre que telle ou telle partie du budget n'était pas comprise dans le contrat initial, qu'il s'agisse de budget financier ou de ressources en effectifs.

Avec une communication jouant sur ces ambiguïtés, il est possible d'assécher le projet en ressources au moment où il en aura le plus besoin. Il sera alors possible de pointer sa situation de faiblesse, devenue une réalité. Le manque de moyens aura tôt fait de faire commettre une erreur de planning ou de réalisation à l'équipe projet, dont on mettra en exergue la mauvaise gestion. Une fois l'équipe dépossédée de son projet au profit du charognard, celui-ci n'aura plus qu'à rouvrir le robinet budgétaire, en prétendant que le plan d'investissement est celui qu'il a toujours défendu.

Cette stratégie est d'autant plus facile à mettre en œuvre que les ressources rares se disputent toujours l'accès au budget. Une personne de mauvaise foi sur les contrats budgétaires réels passés entre métiers et projets sera écoutée, la pénurie de ressources faisant toujours hésiter les décisionnaires à tenir leurs engagements. Ils soutiendront le mensonge du charognard parce qu'il est une opportunité trop bienvenue de ne pas tenir leur promesse de ressources en situation tendue.

Pour toutes ces raisons, la seule parade possible de l'équipe projet est de se faire attribuer une complète autonomie budgétaire dès le démarrage, avec une somme sanctuarisée à l'issue d'une négociation et d'un contrat. Un plateau projet doit être constitué en véritable *Business Unit*, faute de quoi il sera immanquablement la proie de cette variante.

Variante n°2 : l'appel aux méthodologies

Cette variante nécessite une alliance entre les directions métiers voulant prédater un projet et la direction de la qualité. Le levier budgétaire n'est pas nécessairement actionnable si le projet dispose de son autonomie sur son sujet ou si l'engagement budgétaire est déjà lancé. Cette variante présente l'avantage de ne pas revenir sur un engagement précédent – même si un tel déni est souvent accueilli avec complaisance pour les raisons expliquées plus haut – et prétend se placer sur le terrain « objectif » de la mesure de la performance. Elle permet de dénigrer l'équipe projet sur sa compétence, plutôt que de lui savonner la planche sur le plan budgétaire, assurant une prédation plus fermement tenue.

La littérature d'entreprise fourmille de méthodologies censées garantir le bon avancement d'un projet, comme s'il s'agissait d'une science exacte. Plus le degré de certitude garanti par la méthodologie est élevé, plus la probabilité qu'il s'agisse d'une prétention de charlatan est certaine. Les méthodes de conduite de projet garantissant le succès à tous coups permettent de rassurer le haut management, au sein duquel la peur de l'échec est constante. C'est la raison pour laquelle elles font souvent mouche quant à l'intérêt qu'elles suscitent. Le sérieux réel d'une méthodologie de projet est inversement proportionnel à la certitude affichée par ses créateurs de vous vendre la recette infaillible du succès. L'entreprise fourmille à ce sujet de clowns déguisés en costume trois-pièces, jouant à la perfection la comédie du sérieux et de l'austérité pour vendre des méthodes plus légères que le vent.

Il est toujours possible de prétendre et montrer qu'un projet n'a pas suivi strictement les étapes d'une méthodologie de pilotage. Les méthodologies de conduite de projet qui fixent très précisément des obligations de moyens et le respect de phases de développement bien déterminées ne peuvent jamais être suivies à la lettre, tout projet présentant une part d'imprévu et de correction empirique.

Ces ajustements qui constituent la compétence d'une équipe projet bien menée seront autant de prétextes à montrer qu'elle a commis de graves manquements. En s'adjoignant le soutien de la direction de la qualité, une direction métier pourra ainsi engager une stratégie du charognard pourvue d'une très grande force : les méthodologies défendues par de prestigieux cabinets de conseil donnent une apparence de sérieux qui emportera la décision.

En réalité, une méthodologie qui spécifie trop strictement les phases et les moyens d'un projet présente toutes les caractéristiques de potions miracles vendues sous un emballage de grand sérieux. Le mérite des méthodes agiles a été de se concentrer beaucoup plus sur des obligations de résultats, mesurés sur des maquettes et prototypes concrets, que sur des livrables intermédiaires tels que des spécifications.

Une bonne méthodologie de conduite de projet peut conseiller l'emploi d'outils éprouvés, tels que le suivi des actions de projet sous un outil de « ticketing » (par exemple Jira), l'expérience ayant montré que la continuité de suivi de problèmes de semaine en semaine avec une bonne traçabilité était une méthode efficace pour coordonner une équipe. Mais au-delà de ces prescriptions, un encadrement trop strict des initiatives permettant de livrer les intermédiaires attendus ne fait que dépersonnaliser la conduite de projet : une telle approche considère qu'un processus impersonnel, ne dépendant plus du facteur humain, est un idéal garantissant la réussite.

Une telle méthode asséchera la créativité et le talent des membres d'une équipe. Dans des termes crozériens, un processus absolument maîtrisé tuera toutes les marges d'incertitudes de chaque acteur, c'est-à-dire ses franges de liberté. Cela aboutit généralement à un projet s'enfonçant dans des avenants et des retours interminables de spécifications, c'est-à-dire la négation du succès garanti à grand bruit. En revanche, ce carcan sera une aubaine pour tous les opportunistes décidant d'engager une stratégie du charognard.

Variante n°3 : Créer un conflit entre entités Corporate et entités régionales :

Cette variante de la stratégie du charognard utilise le clivage très fréquent entre entités Corporate et entités régionales. Les rapports de pouvoir et d'interdépendance entre le siège et les régions sont toujours d'une grande complexité. Il est difficile de savoir qui domine qui, qui possède l'initiative et les véritables leviers de décision.

En réalité, il n'y a jamais de réponse tranchée à cette question. Selon le type d'activité, un modèle centralisé parvient parfois à s'imposer, par exemple lorsque l'entreprise produit un savoir-faire rare nécessitant une ingénierie de pointe. Dans d'autres cas, les régions ou les filiales situées à l'étranger possèdent un pouvoir supérieur à celui du siège, notamment pour des entreprises organisées en réseaux commerciaux.

L'interdépendance vient compliquer les schémas simples : celui qui a le dessus est néanmoins obligé de négocier en permanence ses décisions, ayant besoin de leviers d'action situés dans l'autre partie. Selon un schéma typiquement crozérien, les jeux de pouvoir central / local sont ceux pour lesquels la différence entre l'organigramme affiché et l'organigramme réel est la plus tranchée. L'éloignement permet à chaque acteur de trouver des marges d'incertitude dont il joue, un contrôle total n'étant jamais possible ni souhaitable.

Toutes ces caractéristiques peuvent servir de force d'appoint à celui qui a entrepris une stratégie du charognard. Pour faire tomber le projet lorsqu'il est mûr, il suffit de nouer des alliances avec des entités régionalisées, afin qu'elles se plaignent du projet et montent en épingle la non-satisfaction de besoins mineurs, présentés comme fondamentaux pour l'activité commerciale.

Un opportuniste habile au siège pourra aisément employer ce levier, les entités régionales rêvant de prendre l'initiative de grands projets réformant l'entreprise et engrangeant un ressentiment vis-à-vis de ceux montés par le siège. Une grosse usine ou succursale régionale ou une filiale importante à l'international, réalisant une bonne partie du chiffre de la société, sont de puissants alliés pour engager la campagne de dénigrement qui permettra de cueillir le projet.

Les variantes de la stratégie du charognard peuvent être déclinées à l'infini. Les jeux d'alliance entre les différentes entités peuvent donner lieu à toutes sortes de combinaisons : le contrôle de gestion ou le juridique peuvent également intervenir dans la danse. **La stratégie du charognard est un attracteur naturel provenant du conflit de loyauté qui existera toujours entre directions de projets et directions métiers dans une organisation matricielle.**

Il ne faut pas croire que le rapport de forces est toujours en faveur des directions métier au détriment des directions projet, que les premières ne sont constituées que d'opportunistes guettant leur heure pour faire chuter des équipes actives et entreprenantes placées toujours dans le rôle de victime.

Un tel schéma est souvent vrai et constitue l'exécution classique de la stratégie du charognard. Les directions métier constituent trop souvent une sorte de coalition des médiocres, de ceux s'appuyant sur le conservatisme et la critique, jalousant ceux qui font preuve d'esprit d'initiative. Etant plus nombreux, ils finissent par se liguer et l'emporter, menés par les opportunistes les plus communicants de l'entreprise.

L'avènement de la médiocratie dans nos sociétés n'est pas dû à une autre raison. Structurellement, l'analyse stratégique aboutira à ce qu'une alliance de quelques beaux parleurs et de beaucoup de médiocres récupère le travail de ceux qui entreprennent, dans un véritable système d'extorsion.

Les jeux d'acteurs peuvent cependant tourner à l'avantage des directions de projet. Le cas est plus rare, mais il est intéressant d'analyser les situations qui y mènent. Fidèlement à notre méthodologie, il ne faut pas rentrer dans une caricature morale de ces jeux stratégiques. Une direction projet n'est pas toujours constituée d'entrepreneurs courageux, elle peut s'adonner elle aussi à des stratégies opportunistes.

Dans son bon versant, la direction de projet l'emporte de deux façons principales : 1. Soit elle pilote le projet dans une variante de la méthode agile avec suffisamment de prototypes concrets pour que la réussite de ses livrables soit difficilement contestable. 2. Soit le projet est constitué et avance dans le plus grand secret et ne dévoile ses cartes que lorsqu'il est parvenu à un degré d'avancement inarrêtable.

Ceci suppose dans les deux cas une autonomie budgétaire suffisante du projet, un mode d'action en business unit et un parrainage par des sponsors suffisamment puissants pour que les tentatives de prédation soient éliminées dans leurs phases précoces. Le mode masqué montre comment certaines stratégies de trahison peuvent être hautement éthiques, car rééquilibrant un rapport de forces disproportionné : elles sont employées par de vieux routards de l'entreprise qui anticipent les travaux de sape et de savonnage de planche avant même qu'ils aient commencé, ayant fait l'expérience de leur apparition systématique et des résultats désastreux de l'honnêteté et de la transparence lorsque l'on s'y soumet, aboutissant au triomphe des usurpateurs.

Les projets peuvent plus rarement servir de vecteur à des stratégies opportunistes, s'ils ont été pensés dès le départ comme un coup de force violent. Les Anglo-saxons parlent de « bullet train », comme un express balayant tout sur son passage, une perceuse abattant toute résistance. Ils peuvent dans ce cas être un bon vecteur des communications dénigrantes, cette fois à l'encontre d'une direction métier que l'on veut abattre, ou encore prendre d'assaut pour s'emparer d'elle. Il s'agit du cas inverse de la stratégie du charognard classique. La communication dénigrante consiste à faire apparaître une direction métier comme « ringarde » ou obsolète même si ce n'est pas le cas, pour que les processus du projet viennent la remplacer. Le projet n'est dans ce cas que l'avant-poste d'une stratégie d'abordage visant à s'emparer de la direction métier, qui pourra à son tour reprendre une stratégie du charognard classique afin de faire tomber d'autres projets.

Quittons maintenant la stratégie du charognard pour explorer les jeux liés aux modes de management.

2.2.3 Second pattern fondamental : le manager client de ses équipes

Continuons l'étude de stratégies d'action clivantes. Tout comme la stratégie du charognard, celle du manager client de ses équipes est éthiquement condamnable. Il est intéressant de se concentrer sur les « stratégies noires » parce qu'elles présentent une stabilité et une solidité considérables : elles sont la tentation constante du capitalisme. Les stratégies de marché qui préservent justice et liberté consistent à se frayer un chemin étroit et difficile entre ces noyaux durs ténébreux. La force des stratégies noires est de verrouiller de façon presque invincible la situation : elles permettent d'obtenir une position dominante complexe à dénouer, parce que courage et lucidité à très haute dose sont nécessaires pour le faire.

C'est cet état de fait qui rend le capitalisme et le libéralisme impopulaires. Contentons-nous donc de répéter l'avertissement de notre introduction : l'erreur suprême est de vouloir éradiquer définitivement le mal, au spectacle de la perversion des jeux d'acteurs. Le socialisme y prétend et parvient à des jeux d'acteurs encore plus cyniques et encore plus inhumains.

Les dérapages des jeux d'acteur sont inscrits dans la nature humaine et dans la froide logique du dilemme du prisonnier itéré. Toute stratégie puissante attirera à elle un grand nombre d'individus, quelles que soient les admonestations éthiques que l'on peut adresser à son encontre. Il n'y a aucune solution définitive à cela, il faut seulement explorer sans cesse les parades et contre-parades permettant de rendre nos sociétés un peu plus vivables et un peu plus justes. Prétendre tuer les jeux d'acteurs aboutit à des jeux d'acteurs bien pires encore.

Le pattern que nous allons exposer est employé par quelqu'un ayant abouti à une position de management de haut niveau, directeur ou chef d'un département important, c'est-à-dire ayant en charge plus d'une douzaine de personnes (chiffre communément admis de la limite entre le simple chef d'équipe et le manager de haut niveau : la conduite d'équipe de plus de douze personnes relève d'une autre dimension de la conduite des hommes).

Le « manager-client » de ses équipes considère – comme son nom l'indique – qu'il est un client devant être servi par ses hommes. Il se caractérise par les comportements suivants :

- Il ne veut surtout pas faire de vague à l'extérieur de sa direction : elle doit être présentée comme « modèle » et « bonne élève ». Le prix à payer de cette bonne image qui doit servir évidemment la sienne est de transmettre la totalité de la pression à ses propres équipes. En cas de conflit il ne les défendra pas ou peu et dirigera la responsabilité et la faute sur elles. Ce type de comportement est résumé par l'adage :

« impitoyable avec les subalternes, veule avec les puissants ». Une recette visiblement ancienne, ce proverbe datant d'avant la naissance de l'économie de marché.

- Il se rattache toujours à la définition de poste formelle de chacun, indépendamment de savoir si celle-ci est réaliste ou non. Comme le veut l'enseignement crozérien, l'activité réelle d'une personne en entreprise est très éloignée de sa définition de poste. Cette dernière représente en quelque sorte l'enveloppe formelle de ce qu'il doit produire et des responsabilités qu'il doit prendre. En réalité, toute son activité se concentrera sur ce que la règle ne spécifie pas, c'est-à-dire toutes les ambiguïtés lui donnant une marge de manœuvre tout en sauvant les apparences de la définition.

  Ce formalisme de principe est bien pratique : les postes de coordination générale, ceux qui supposent de lier et piloter des équipes transverses animées par le jeu politique, ne peuvent être exercés simplement : le coordinateur n'ayant pas l'autorité hiérarchique pour le faire, il passe son temps à négocier de meilleures coopérations sur lesquelles il n'a que peu de pouvoir de décision.

  Ceci permet au manager d'envoyer au feu politique quelqu'un d'autre que lui et de se réfugier vers les pétitions de principe de sa définition de poste pour l'accuser si cela tourne mal. Un manager avisé et humain saura pertinemment que les rôles formels assignés par l'entreprise butent sur des jeux d'acteurs politiques. Il saura dans ce cas décrypter ce type d'obstacle vis-à-vis de ses coordinateurs lorsqu'ils le lui rapportent et leur prêtera main-forte si nécessaire.

  Le « manager client » ne fera rien de tout cela, se contentant de réclamer un résultat de la part de ses équipes. Il n'est généralement pas plus dupe que le bon manager de la superficialité des définitions formelles de postes, mais ces dernières sont une aubaine trop commode pour se protéger et envoyer un autre prendre les coups. Le manager client estime qu'il doit être servi, sans jamais aider ses propres équipes à passer les caps difficiles.

- Il pratique le favoritisme au sein de son comité de direction : il repérera les deux ou trois « potentiels » de sa direction et misera l'essentiel de son activité sur eux, les mettant en valeur par rapport à tous les autres qui font l'objet d'un dénigrement systématique. Ceci peut l'amener à des erreurs d'appréciation : les « potentiels » seront essentiellement les personnalités voyantes et bruyantes, beaucoup plus rarement les personnes discrètes, mais capables de mener des actions décisives : les deux vont généralement de pair.

Cette stratégie est une solution de facilité qui ne fait qu'entériner les rapports de force existants en les accentuant encore un peu : les services puissants seront encore renforcés, les jeunes pousses fragiles ne pourront jamais éclore : un conservatisme cynique est l'une des signatures caractéristiques du manager client. Il n'y a pas de recherche pour comprendre les jeux d'acteurs au sein de sa propre direction, seulement un favoritisme envers ceux qui seront les plus susceptibles de promouvoir sa propre carrière.

Un manager véritable analyse en profondeur les forces et faiblesses de chaque membre de son comité de direction et essaie de valoriser au mieux les points forts de chacun, tout en veillant à un équilibre des forces dans les jeux d'acteurs entre ses collaborateurs. Le manager client accentue au contraire le déséquilibre des forces afin d'éliminer ceux qu'il juge inutiles, c'est-à-dire ne pouvant servir à sa propre promotion, ne gardant que ceux dont l'objectif est d'œuvrer à sa carrière plus qu'à leurs objectifs.

- Le manager client restera superficiel quant aux compétences de ses propres équipes. De vagues connaissances sur un sujet technique seront équivalentes à des années de métier et de pratique. Ceci parce que ses collaborateurs proches se doivent d'être plus gestionnaires de leur activité que pilotes. Il lui est plus facile de disposer de membres aisément substituables, notamment s'il faut supprimer ceux qui comprennent son jeu d'un peu trop près. Il favorisera donc les profils de managers généralistes plus que ceux d'entrepreneurs maîtres de leur activité. Il est vrai que par contraste, ces derniers risquent de lui faire de l'ombre et suggérer par leur seule existence qu'ils seraient beaucoup plus légitimes que lui à son poste.

La structure type de sa direction est un collège de généralistes promus à son comité immédiat, parmi lesquels les deux ou trois opportunistes qu'il favorisera systématiquement de façon à se renvoyer périodiquement l'ascenseur. Les véritables profils d'entrepreneurs, compétents, engagés et maîtrisant le pilotage d'activité, seront relégués dans les soutes que personne ne voit et dont on pourra prélever toute la production pour se mettre en valeur. Il se débrouillera pour que toute communication vis-à-vis de l'extérieur de sa direction passe par lui ou par l'un de ses lieutenants.

Il veillera à mettre sous le boisseau ceux qui font preuve de véritables qualités entrepreneuriales, tout en les maintenant suffisamment en vie voire en les promouvant à un poste de chef de petite équipe pour en soutirer le maximum. Il emploiera à ce titre toutes les techniques du pervers narcissique, la dévalorisation systématique d'autrui alternant avec quelques séquences courtes de louanges visant à « regonfler » ceux qu'il exploite, afin de les vider tout à fait de leur substance.

La stratégie du Manager client est redoutablement stable et efficace. Elle a permis à des cohortes de hauts décisionnaires de se hisser dans la hiérarchie des grands groupes. Elle présente tous les dehors de la bonne gestion et de la bonne conduite d'équipe puisqu'elle étouffera toute communication réelle de la direction avec l'extérieur.

Un des traits caractéristiques du Manager client est d'avoir une peur bleue de toute communication non filtrée de ses équipes avec une autre direction ou encore le reporting d'un de ses collaborateurs directs avec son N+2, sans être préalablement passé par son contrôle. Comme tout pervers narcissique, ce qu'il craint par-dessus tout est la lumière sur ses activités.

Le niveau d'effort de cette stratégie est de surcroît assez faible : le Manager client se place en position d'être servi, sans lui-même s'impliquer en retour ou défendre ses équipes. Le temps gagné lui permet de se consacrer à des manœuvres politiques auprès des autres directions. Nulle surprise qu'il s'agisse d'une stratégie très courue. Elle ne se paie que d'une perte limitée d'efficacité globale pour l'entreprise, les personnes ayant un véritable talent irriguant malgré tout l'entreprise de leur production, mais sous le principe de l'extorsion plus que de la reconnaissance.

Pour combattre cette stratégie, il faut avant tout être attentif aux comportements de « brimade » vis-à-vis de la parole des collaborateurs : lorsque des filtres trop importants sont mis sur leurs remontées ou lorsque les collaborateurs n'ont que très peu d'occasions de présenter leur travail sous une forme libre et non stéréotypée, il faut s'alarmer d'une possible présence d'un Manager client.

Enfin, il ne faut pas craindre de court-circuiter les niveaux hiérarchiques et interroger directement les N+2 et N+3 de chaque collaborateur, échappant ainsi au filtre de leur Manager Client. Les procédures classiques « d'enquête 360° », où les remontées de l'équipe sur leur manager sont rendues de façon transparente, ne servent à rien : les salariés s'autocensurent par crainte, y compris lorsqu'un anonymat de leurs remontées est soi-disant garanti : il n'est jamais respecté dans les faits.

Les enquêtes 360° et assimilées relèvent de la plus grande naïveté sur la nature du lien de subordination en entreprise, qui demeure extrêmement brutal, et des abus de pouvoir considérables auxquels il peut donner lieu. Un dispositif lui-même bien plus radical, celui de l'enquête mystère où les employés sont interrogés sans que leur directeur soit au courant, est bien plus à même de contrebalancer la violence du lien de subordination. Encore une situation où une action de « trahison » est à même de rétablir une éthique.

2.2.4 Troisième pattern fondamental : La loi de Parkinson : comment générer sa propre activité et gonfler son importance

La loi de Parkinson fut initialement découverte pour décrire l'inflation des effectifs dans la fonction publique. Le cas d'école était fourni par l'amirauté britannique en période d'après-guerre : alors que la quantité de ses missions utiles ne cessait de décroître, elle voyait pourtant ses effectifs sans cesse augmenter.

Présentée presque sous la forme d'un canular, elle s'inspirait de la physique des gaz et de la propriété selon laquelle toute possibilité d'occuper un espace supplémentaire par le gaz serait empruntée. L'analogie avec la thermodynamique des gaz donnait l'idée d'une expansion ne trouvant aucune limite si rien ni personne ne vient la barrer.

Comme tout canular savant, il comporte une grande part de vérité. Mais au-delà du constat d'expansion, il est intéressant d'étudier les jeux d'acteurs au niveau micro-économique aboutissant à la loi de Parkinson.

L'accroissement incontrôlé des effectifs a deux origines. La première est un mélange de sentiment psychologique humain et de jeux stratégiques entre acteurs. Il s'agit du raisonnement selon lequel plus un département ou une direction possède un grand effectif humain, plus le directeur est important. L'augmentation d'effectif devient à la fois une flatterie de l'ego et un levier stratégique, investie d'une force d'attraction irrésistible.

Certains directeurs ont ainsi besoin de toujours plus gonfler leurs équipes pour se sentir exister. Une variante connue joue non plus sur l'inflation quantitative, mais qualitative : l'on tient absolument à monter une cellule dans sa direction dans une spécialité rare, prestigieuse et à la mode. Ainsi dans de nombreuses sociétés, chaque département se doit de monter sa propre équipe de *data scientists*, même si des doublons, triplets ou quadruplets se forment entre toutes les directions.

La seconde cause de la loi de Parkinson est quasi mécanique. Les effectifs d'une direction génèrent des relations interpersonnelles. Ces dernières croissent de façon exponentielle avec les effectifs pour une raison immédiatement compréhensible : les relations interpersonnelles sont simplement le nombre de combinaisons de relations deux à deux. Toute équipe partage son travail entre les actions directement utiles et les actions de coordination conservant la cohérence du groupe, le partage d'informations et d'objectifs. Plus les effectifs sont importants, plus ces tâches de coordination deviennent lourdes.

Les équipes à effectif pléthorique semblent toujours débordées parce que leurs membres passent l'essentiel de leur temps à discuter entre eux. Le ratio entre leur production utile et le temps de coordination devient extrêmement dégradé. On peut ainsi observer des équipes très peu productives qui estimeront – et ce de façon tout à fait sincère – être totalement débordées. Enfin, l'ambiance de bavardage humain permanent et de travail constitué en très grande partie de discutailleries entre collègues a quelque chose de confortable. Être débordé par ces bavardages n'est pas seulement une habitude, c'est un agrément addictif dont on se passe difficilement.

La loi de Parkinson n'existe pas uniquement dans le secteur public. Les grandes entreprises privées peuvent entretenir le phénomène, mais celui-ci demeure tout de même limité par la concurrence. Le gâchis d'effectifs flattant l'ego de certains directeurs ou entretenant des salariés dans le charme de la discussion perpétuelle finit par dégrader la compétitivité, même si en combinant ces comportements avec une stratégie du charognard ou du manager client, ils peuvent perdurer dans une certaine mesure grâce à l'extorsion obtenue sur le talent légitime.

Dans le secteur public en revanche, la loi de Parkinson peut causer des dommages sans limites. Aucune condition de survie ne venant la barrer, les guerres d'ego peuvent prendre des proportions grotesques sans qu'aucun bon sens ne les arrête. Des secteurs entiers peuvent déclarer être en pénurie de ressources même lorsqu'ils ne produisent plus rien d'utile, parce qu'ils passent un temps considérable à des bavardages internes entre leurs membres. L'autarcie engendre la folie, et la première manifestation de celle-ci est la demande de toujours plus de ressources, sans rapport aucun avec l'activité à accomplir.

A noter une variante importante de la loi de Parkinson, propre à la fonction publique : l'inflation sans limites des règlements au lieu de l'inflation des effectifs. Les mécanismes de jeu d'acteur sont peu ou prou les mêmes : un directeur ou un chef de département instaure de nouveaux règlements afin de laisser sa marque dans l'organisation, même si ceux-ci ne sont d'aucune utilité et apparaissent comme des vexations supplémentaires superflues à l'encontre de leurs administrés.

Créer de nouveaux règlements pour se sentir exister aboutit au délire administratif que connaît la France, sachant que l'on trouvera toujours de doctes esprits expliquant en quoi chacun d'entre eux est indispensable. La situation est très bien résumée par Alain Lambert : « Le pouvoir en France n'est plus exercé par personne : il est paralysé par des rivalités de chapelles administratives imprenables. Le chaos du droit est devenu aussi préoccupant que le chaos des finances publiques. Pire : l'un alimente l'autre. »

Pour être combattue, la loi de Parkinson nécessite un peu de lucidité et beaucoup de courage, toutes choses totalement absentes chez les décisionnaires publics français. La perversion avec laquelle un département jaloux de ses prérogatives justifiera de ses effectifs pléthoriques et en demandera encore est infinie, renforcée par la cohésion naturelle de ses membres jouant de la loi du silence et de l'opacité totale sur leur fonctionnement effectif.

Dans le secteur public, il faut d'abord séparer les fonctions qui ont une utilité directe incontestable (infirmière, professeur, policier du rang ...) exercée sur le terrain, de celles qui tiennent aux fonctions administratives. Les effectifs des opérationnels directs ont été toujours limités, voire rendus exsangues, tandis que ceux des « paperassiers » explosaient.

Lorsqu'il s'est agi de réduction d'effectifs, la même erreur classique a été répétée : diminuer le nombre d'opérationnels directs dont on manque pourtant déjà cruellement, sans toucher à l'armée de paperassiers qui les encadre. Eventuellement, lorsque l'on se décide à s'attaquer aux effectifs de ces fonctions support, celles-ci leurrent les opérationnels en prétendant qu'ils sont aussi menacés de diminution d'effectifs même s'il n'en est rien.

Ainsi l'on fait croire que toute diminution des effectifs de l'administration se paierait d'une dégradation du service public ("vous voulez moins d'hôpitaux, moins de professeurs, moins de sécurité ...") alors que c'est tout l'inverse : la suppression des postes de complaisance pléthoriques soulagerait beaucoup les fonctionnaires directement utiles, qui en sont les premières victimes.

Ceux qui tiennent ce discours défendent leurs sacro-saintes prérogatives territoriales avec la plus grande hypocrisie. La défense du service public est devenue largement instrumentée par une caste défendant ses intérêts de classe. La demande de toujours plus d'effectifs est directement liée aux « planques » octroyées entre amis. Enfin, signalons l'astuce consistant à ne pas tenir compte des effectifs passés sous la tutelle des collectivités territoriales à la place de celle des ministères : cela permet de faire croire à une diminution drastique des effectifs quand ils n'ont fait l'objet que d'un tour de passe-passe.

Il n'y a pas 36 solutions pour combattre la loi de Parkinson. Le pouvoir des roitelets et barons ne s'étend que parce que l'on fait preuve de complaisance avec eux, par manque de courage. Les roitelets et barons doivent être matés, voire détruits si nécessaire. Les comportements narcissiques de cours pléthoriques, de conseillers autour du seigneur local doivent être repérés et sanctionnés sans aucune faiblesse. Il faut rester sourd à leur capacité infinie de se justifier et se ramener à des réalités simples, comme la comparaison avec d'autres pays ou organisations qui rendent le même service avec moitié moins d'effectifs.

2.2.5 Retour à l'éthique

Les trois patterns précédents sont les **Parques** de l'économie, les deux premières touchant à l'ensemble de l'économie de marché, la troisième principalement aux organismes publics, mais pouvant apparaître également dans des sociétés privées.

Comme dans les mythologies grecques et romaines, les Parques ont un statut paradoxal. La puissance de leur déterminisme s'impose à tous, dépasse même le pouvoir des dieux. Pourtant une grande partie de la mythologie antique est le récit de héros parvenant à s'arracher à leur destin, à vaincre le fil implacable tissé par les Parques. L'autre partie de la mythologie est a contrario l'histoire de héros qui luttent, mais finissent par succomber à une destinée qui les rattrape invinciblement.

Il faut comprendre l'économie de marché de cette façon. Trois crevasses noires la traversent, correspondant à des points d'équilibre d'une stabilité et d'une attractivité effrayantes. Il n'y a heureusement pas de fatalité à ces gouffres. Mais ils sont un danger permanent, une pente naturelle contre laquelle il faut lutter en permanence.

Répétons-le, la solution ne provient jamais d'une négation de l'économie de marché, dont la puissance combinatoire est inégalable. Les différentes variantes du planisme, du socialisme et de l'autoritarisme aboutissent à des maux et souffrances bien plus graves et cette fois-ci inévitables. L'impossibilité pour le socialisme d'atteindre ses buts, aussi noble soit la présentation que l'on en fait, aboutit à pervertir son esprit tôt ou tard et à livrer le pouvoir à des malfaiteurs sans foi ni loi, à l'exact contraire de ce que son discours prétend.

Rappelons-le également, les tendances noires du capitalisme ne sont pas balayées par les mécanismes de la concurrence : l'économie de marché est autoporteuse, mais pas autonettoyante. C'est une grande naïveté, l'une des interprétations les plus dogmatiques du libéralisme, de penser qu'éthique et efficacité de marché vont coïncider. Il est tout à fait possible de créer des systèmes économiques de marché extrêmement efficaces et parfaitement iniques.

Deux contre-arguments à cela sont facilement réfutables :

- L'équilibre le plus efficace est sans doute celui qui est le plus souhaitable éthiquement, je ne le nie pas. Mais le fait qu'il existe ne garantit en rien que l'économie convergera vers lui. Si l'on représente les équilibres comme des puits de potentiel, d'autres puits beaucoup moins souhaitables du point de vue éthique seront à peine moins profonds et la contingence des trajectoires économiques peut tout autant nous y amener. Le libéral dogmatique confond deux choses : l'action des libres forces de marché qui est la meilleure façon de parcourir la nappe chaotique de l'économie pour trouver un équilibre et le fait que cet équilibre soit nécessairement le meilleur. Les forces de marché sont un algorithme heuristique qui n'a pas son égal dans la recherche de solutions. En revanche, il ne garantit pas le succès à tous les coups.

L'analogie avec le Machine Learning est complète : un data scientist sait que son arsenal est le plus puissant, que l'on n'aurait jamais pu créer un programme capable de battre le champion de Go avec de la programmation classique (l'équivalent du socialisme), mais il a dû considérablement tâtonner pour calibrer son programme. Le Machine Learning ne se dirige pas de lui-même automatiquement vers la meilleure solution, il peut tomber dans un équilibre local.

- Les personnes de talent qui voient leur savoir et leurs savoir-faire extorqués de façon inique ne peuvent pas retourner la situation simplement, par une révolte de l'intérieur du monde de l'entreprise ou en changeant de travail pour rejoindre une société dont les pratiques sont plus souhaitables. Les simulations du dilemme du prisonnier itéré montrent que certaines stratégies peuvent avoir un pouvoir invasif suffisant pour conquérir l'ensemble du jeu. Les stratégies peuvent demeurer suffisamment variées si les populations qui les adoptent restent chacune dans des proportions raisonnables, aucune ne prenant la majorité. Lorsqu'une stratégie commence à « contaminer » toutes les autres au point de les faire disparaître et qu'il ne reste plus qu'une population ayant pris toutes les parts de comportement, il n'est plus possible de sortir du système des acteurs sans intervention extérieure.

  Une stratégie inique peut durer indéfiniment si elle a conquis suffisamment de positions et que toutes les entreprises d'un secteur la pratiquent. Toute révolte ou évasion, même très volontariste, se heurtera dans ce cas aux lois invincibles de l'autorenforcement : les bénéficiaires de la stratégie inique éliminent automatiquement tout ce qui vient les contrecarrer, sans d'ailleurs même avoir à le vouloir ou à le planifier. Si nous reprenons l'analogie du Machine Learning, il s'agit du cas où l'on est tombé dans un sous-équilibre local suffisamment profond pour que l'on ne puisse s'en échapper par les seules forces de l'auto-organisation.

Les considérations précédentes traduisent ce que beaucoup ressentent vis-à-vis du monde de la grande entreprise, qu'il s'agit d'un paradis pour pervers narcissiques et que les positions et responsabilités les plus élevées ne sont promises qu'à ceux qui auront les comportements les plus dévoyés, similaires à ceux d'un chef mafieux. « Snakes in Suits » avait déjà alerté sur ce danger et les études sociologiques ou de science du management ont confirmé cette menace.

Il est naïf de penser que le monde de l'entreprise en est exempt a contrario du monde politique, le besoin d'efficacité interdisant de jouer à de tels jeux et l'entreprise obligeant à ce que tous les salariés d'un même groupe tirent dans la même direction, pour le bien de la compagnie. Certains politiques dégoûtés par leur propre milieu se font à ce sujet beaucoup d'illusions. La grande entreprise est tout autant « House of cards » que ce que décrit la célèbre série.

La lecture de Michel Crozier est à ce titre indispensable : les hommes ne suivent pas le fonctionnement formel de l'entreprise, mais toutes les marges de ce qui n'est pas son fonctionnement, parce que celles-ci sont laissées dans l'incertitude, afin de maximiser leur intérêt personnel : celui d'être un pôle d'influence au sein d'un immense réseau. Et il est heureux que cela en soit ainsi : le libre arbitre humain en dépend, sans quoi nous ne serions que des rouages.

Il n'y a pas de fatalité aux trois gouffres noirs du capitalisme, c'est en cela que l'économie de marché peut aussi faire ressortir ce qu'il y a de meilleur dans l'homme : capacité à entreprendre, à prendre des initiatives, à galvaniser des équipes entières pour faire sortir le meilleur de leurs talents. Mais il faut garder en tête que la voie de la liberté est toujours étroite et que les extorsions opportunistes exerceront en permanence leur pression, même dans les équipes les plus vertueuses et les plus soudées.

Il faut aimer l'économie de marché comme Nicolas Machiavel aimait les républiques mieux que les monarchies, parce qu'il y avait en elles « plus de vie, plus de haine, plus de désir de vengeance », c'est-à-dire des conflits libres qui font émerger la vérité de la nature humaine, sans fard et sans hypocrisie, permettant d'en faire aboutir parfois le meilleur.

Mais le pire service à rendre à cette lutte est d'en faire une présentation angélique, un monde souriant, triomphant et clinquant comme celui des portraits de LinkedIn, aussi mensonger que l'iconographie du réalisme socialiste. Ceux qui chantent sans nuances les louanges du monde de l'entreprise sont ceux qui ne le connaissent pas ou ceux qui font partie de la face inique de son extorsion. Ceux qui l'aiment véritablement pour ce qu'il est apprécient avant tout l'exposition sans fard de tous les aspects de la nature humaine, pour le meilleur et pour le pire, et la possibilité de toujours se réinventer, même dans les plus mauvaises situations.

L'honnêteté ne provient jamais de nos prétentions à la vertu, mais de la reconnaissance sans mauvais prétextes de nos vices, à commencer par ceux qui nous touchent personnellement. La lumière de la liberté ne se laisse entrevoir que lorsque l'on s'est plongé dans cette lutte sanglante et sans merci de l'affrontement des natures humaines. Alors seulement le versant lumineux du capitalisme peut apparaître, celui qui fonde les meilleures aventures humaines d'accomplissement et de réalisations qui changent chaque jour un peu plus la face du monde.

Les analyses stratégiques permettent de dresser une cartographie des types d'entreprises, sur le plan de l'éthique du comportement. Nous ne nous plaçons donc cette fois plus du point de vue des seules combinaisons des jeux d'acteurs, mais revenons aux jugements sur celles-ci, sur le fait que l'organisation économique détermine en grande partie si le monde dans lequel nous vivons est souhaitable ou pas.

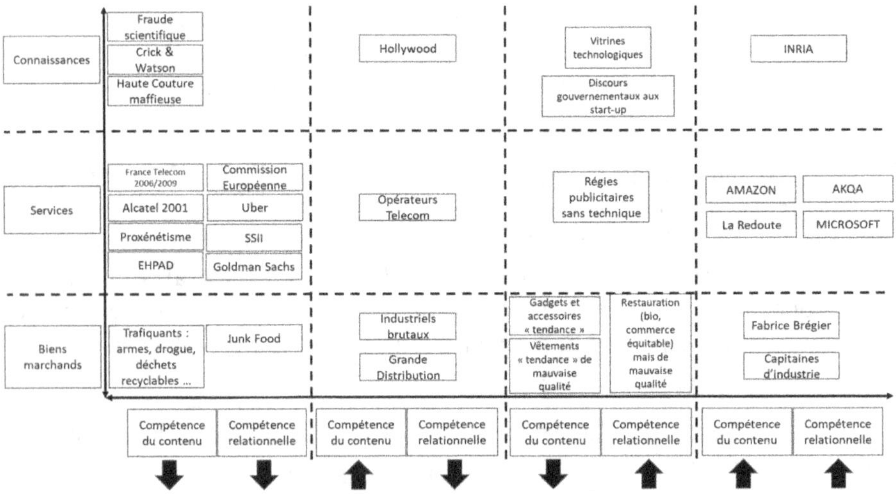

Carte de l'éthique entrepreneuriale

La carte de l'éthique entrepreneuriale place quelques entreprises ou activités connues sur un diagramme tiré de l'analyse stratégique.

Sur l'axe horizontal, quatre quadrants correspondent aux quatre combinaisons déterminant si la compétence sur le contenu (le métier) est valorisée ou non dans l'entreprise et si la compétence relationnelle - celle de traiter les hommes non comme des pions, mais comme des sujets - est également valorisée ou non.

Rappelons que des entreprises peuvent parfaitement survivre et prendre les meilleures positions même lorsqu'elles ne respectent aucune des deux compétences, non parce que celles-ci sont absentes, mais parce qu'elles sont extorquées à leurs meilleurs membres par le management qui lui n'est capable d'aucune des deux.

Sur l'axe vertical, on distingue les trois domaines des connaissances, services et biens marchands, le degré de matérialisation du bien vendu correspondant à des types d'entreprise et activités bien distincts.

Nous ne craignons pas de citer nommément les entreprises qui se sont tristement distinguées dans les deux formes de compétences à bas niveau : pour certaines d'entre elles, il s'agit d'une phase de leur existence qui fait l'objet d'enquêtes ou de poursuites juridiques, pour d'autres il s'agit de malversations que le journalisme d'investigation ou les lanceurs d'alerte ont su débusquer.

Lorsque l'une des compétences est basse et l'autre haute, le jugement sur les pratiques d'entreprise est plus nuancé. Nous avons affaire soit à des entreprises dont les règles humaines sont dures, mais fondées sur des évaluations objectives du mérite, soit à celles dont l'atmosphère humaine est respectueuse, mais dans des domaines superficiels où l'évaluation est floue.

Enfin, les entreprises qui parviennent à concilier valorisation du mérite et atmosphère humaine respectueuse - permettant à chacun de donner le meilleur de lui-même - sont les « étoiles » de notre tableau. S'agissant des lauriers de l'économie, nous n'hésitons pas à nommer *intuitu personæ* ceux que nous considérons comme des capitaines d'industrie exemplaires.

Voici un bref descriptif des quadrants de notre cartographie. L'analyse comparative permet de synthétiser le résultat des différentes stratégies d'acteur et de « profiler » le type d'entreprises auquel nous avons affaire :

2.2.5.1 *Compétences du contenu extorquées / Compétences relationnelles absentes (les hommes sont des pions) / Secteur des connaissances :*

2.2.5.1.1 Le cas Rosalind Franklin :

L'ensemble des fraudes scientifiques dans le secteur de la recherche obéit à ce « pattern ». Certains imaginent la recherche scientifique comme un domaine « pur », ayant pour objet quelque chose d'objectif, avec lequel il n'est pas possible de tricher. Si la supercherie et le relativisme ne durent effectivement jamais éternellement dans ce domaine (encore que certains montages aient pu assurer une postérité scientifique de plusieurs siècles à leurs auteurs), le vol de paternité scientifique, le plagiat et l'usurpation de travaux sont monnaie courante. Ce d'autant plus que ce jeu d'acteur est relativement facile à produire : il est difficile de protéger la paternité purement intellectuelle d'une œuvre.

L'exemple le plus tristement célèbre de ce jeu d'acteur est celui qui concerne la découverte de l'ADN. Le prix Nobel de médecine fut décerné en 1962 à Francis Crick, James Watson et Maurice Wilkins pour cette découverte fondamentale. La molécule d'ADN était déjà connue, mais la façon précise dont elle était capable d'autoréplication afin de coder l'être vivant lors de la division cellulaire n'était pas encore précisée.

La suite de l'histoire est de plus en plus connue. La découverte véritable est due à Rosalind Franklin et aux travaux antérieurs de Linus Pauling, qui auraient dû être les véritables lauréats du Nobel de médecine. Crick, Watson et dans une moindre mesure Wilkins eurent suffisamment d'opportunisme pour piller ces travaux au bon moment et les publier plus rapidement dans « Nature ».

Rosalind Franklin qui était décédée à cette époque fut dénigrée par les jeunes prix Nobel comme n'ayant eu aucune contribution significative : l'aubaine de la découverte faite par une scientifique décédée et asociale (autiste syndrome d'Asperger) était trop tentante. Le hold-up perpétré par Crick et Watson est un modèle du genre de stratégie du charognard : s'approprier les travaux d'excellence de l'équipe précédente, intervenir à la toute fin de la recherche, lorsque le plus dur est accompli, dénigrer ses prédécesseurs, se faire connaître à grand renfort de communication tandis que les véritables professionnels travaillent.

La plus importante découverte scientifique du XXe siècle, le secret de la reproduction biologique, fut donc attribuée à deux petits fraudeurs dont l'un tint par la suite des propos racistes pendant toute sa carrière et l'autre révélait des penchants eugénistes. C'est là le prix à payer de la récompense des imposteurs. Décerner le prix Nobel à qui de droit aurait nécessité de se pencher de façon approfondie sur l'historique des travaux, de comprendre les nuances de cette recherche, en un mot d'accomplir un véritable travail de scientifique et non de publiciste.

Cette histoire tend à être de plus en plus connue. Un *doodle* fut consacré à Rosalind Franklin en signe de reconnaissance. Des noms de rue commencent à lui être donnés dans les campus et cités scientifiques.

L'usurpation commise par Crick et Watson est une tache indélébile sur le Nobel. Outre les controverses éthiques qui commencent à contester de plus en plus fortement le célèbre prix, celui-ci devrait être boycotté par toute la communauté scientifique jusqu'à ce que justice soit rendue : déchoir Crick, Watson et Wilkins du prix de 1962, le restituer à Rosalind Franklin et Linus Pauling. Il est tout à fait possible de déchoir un champion olympique de sa médaille si des faits avérés de tricherie sont démontrés. Pourquoi ne serait-ce pas le cas pour les athlètes de l'esprit ? Le Nobel retrouverait de son lustre s'il se livrait à ce rétablissement du mérite.

2.2.5.1.2 La haute couture mafieuse :

Roberto Saviano est l'un des grands auteurs incontournables des dernières décennies. Ce qui a fait le succès de son œuvre n'est pas de dépeindre les milieux de la Mafia et de la Camorra – de très nombreux ouvrages l'ont fait avant lui – mais d'en mettre à nu le fonctionnement avec une précision clinique, démolissant au passage toute idéalisation héroïque des « bandits d'honneur ». Il n'y a absolument rien d'honorable et tout de sordide chez les personnages qui constituent les sociétés criminelles. Les essais sur la mafia étaient tolérés parce qu'ils pouvaient encore entretenir la crainte et un brin de fascination qui flattait les chefs criminels. Ce qui n'a pas été pardonné à Saviano n'est pas de décrire la mafia, mais de démontrer qu'elle est faite d'un ramassis de minables prêts à tout pour 5 minutes de gloire personnelle.

L'autre versant du talent de Saviano est d'avoir extrait des mécanismes de jeux d'acteurs tirés de l'observation de la mafia, s'étendant bien au-delà de celle-ci. La triade des Parques du capitalisme fonctionne en réalité exactement comme fonctionnent les célèbres sociétés criminelles. **Ce que Saviano a très bien montré est que la caractéristique d'une mafia est l'extorsion du talent d'autrui par des personnes qui en sont dénuées, bien avant l'exécution de meurtres physiques.**

Le propre d'une mafia est l'exploitation jusqu'à la corde d'humains considérés comme des objets. L'assassinat ne vient que comme l'un des multiples moyens de pression pour perpétrer cette activité. Lorsque le capitalisme se met à déraper, il ressemble comme deux gouttes d'eau à l'organisation des sociétés criminelles. De sorte que l'on peut décrire « l'attracteur étrange » contre lequel nous devons lutter en permanence comme la mafia elle-même. La mafia n'est que l'une des formes de l'économie de marché, aussi ancestrale que le sont les sociétés humaines, synthétisant toutes les stratégies d'extorsion, usurpation et imposture, assorties de menaces.

Dans « Gomorra », Roberto Saviano décrit ainsi Pasquale, un créateur de mode italien très talentueux devant travailler pour la Camorra, la haute couture italienne étant fortement infiltrée par la société criminelle napolitaine. Pasquale a toutes les qualités d'un entrepreneur : il choisit lui-même ses étoffes, étudie soigneusement les coupes, pilote les ateliers et leurs ouvriers avec un grand souci d'excellence et d'exigence. Il ne touche qu'un salaire de misère pour ce travail. Il réalise à quel point l'extorsion est profonde lorsqu'il découvre un gala au cours duquel Angelina Jolie porte l'une de ses robes, sauf que personne ne sait qu'il en est le créateur et le concepteur. Pasquale sait qu'il ne lui servirait à rien de vendre son talent ailleurs ou de monter lui-même son entreprise : le milieu est si infiltré par des stratégies d'acteur d'extorsion qu'il est irrémédiablement corrompu. L'effet de seuil du dilemme du prisonnier itéré est atteint, lorsque ces stratégies d'acteur ont atteint une puissance critique les rendant imprenables.

Saviano décrit également très bien les liaisons troubles entre des maisons de haute couture à la devanture respectable et la production de la mafia, clôturant sa démonstration : la frontière entre mafia et l'un des modes de fonctionnement du capitalisme n'existe pas. Certains critiques de l'économie de marché ont poussé le raisonnement à l'extrême, en prônant que tout capitalisme était mafieux. Il existe cependant des points de fonctionnement du capitalisme bien plus bénéfiques et éthiques que celui-ci. Par ailleurs, les systèmes économiques et politiques qui ont prétendu sortir de l'économie de marché par écœurement de ces travers ont abouti à des sociétés bien pires encore, installant une mafia au pouvoir exerçant des activités criminelles bien plus profondes.

Le discours de Saviano ne doit pas être pris comme une critique générale de tout le capitalisme, mais comme une potion roborative rendant lucide sur les versants les plus noirs de celui-ci. Sans une conscience aiguë de ces dangers, l'économie de marché ne peut être pilotée avec sûreté. La mafia est non seulement un mode de fonctionnement du capitalisme, mais il en est même l'un des principaux, l'une de ses tendances ataviques. La très grande facilité des stratégies d'extorsion et leur excellent retour sur investissement les rendront toujours très tentantes. Ne pas chuter vers leur attraction nécessite une vigilance de tous les instants, de ses collaborateurs comme de soi-même.

2.2.5.2 *Compétences du contenu extorquées / Compétences relationnelles absentes (les hommes sont des pions) / Secteur des services :*

2.2.5.2.1 Le cauchemar France Télécom 2006 – 2009 :

Nous ne reviendrons pas longuement, pour ce cas comme pour ceux qui vont suivre, sur l'historique des événements. Ils ont été déjà largement décrits dans la presse, jusqu'à atteindre la portée d'un débat et d'un scandale national. Par exemple : [8], [9], [10], [11], [12], [13].

Ce qui est intéressant dans le cas France Télécom 2006 – 2009 n'est pas seulement la totale déshumanisation de ceux qui ont mis en place la restructuration, mais leur complète incompétence vis-à-vis du métier de leur propre industrie.

Tous les travers du Manager client sont rencontrés, avec la force exacerbée de l'urgence de la réduction d'effectifs. Les lieux communs, idées toutes faites et jugements déjà rendus avant même qu'une contradiction n'arrive étaient au rendez-vous. Les salariés au-delà d'un certain âge étaient considérés nécessairement comme un poids, inadaptables au virage technologique que devait prendre la compagnie.

En réalité, l'adaptabilité et la maîtrise de compétences clés ne sont pas liées à l'âge : on peut tout à fait en faire preuve comme en être totalement dénué, à 60 ans comme à 20 ans. Mais pour cela, il faut aller au-delà de la gestion d'équipe par le trait de crayons et commencer à s'intéresser aux savoir-faire

---

[8] https://www.francetvinfo.fr/economie/telecom/suicides-a-france-telecom/suicides-a-france-telecom-l-article-a-lire-pour-comprendre-toute-l-affaire_1535757.html

[9] https://www.lemonde.fr/societe/article/2010/04/09/france-telecom-le-rapport-qui-accuse_1331422_3224.html

[10] http://premium.lefigaro.fr/societes/2016/07/07/20005-20160707ARTFIG00115-suicides-a-france-telecom-le-rappel-des-faits.php

[11] https://www.challenges.fr/entreprise/la-verite-sur-la-strategie-de-harcelement-qui-a-mine-france-telecom_134944

[12] https://www.lesechos.fr/idees-debats/editos-analyses/0301887785511-harcelement-chez-france-telecom-laffaire-qui-fait-peur-2191103.php

[13] https://www.nouvelobs.com/societe/social/20110428.OBS2040/suicides-a-france-telecom-enquete-sur-le-systeme-lombard.html

concrets de chacun. Les managers qui restent en surface de cette analyse ne le font pas par manque de temps, mais par incompétence et par peur de leurs équipes. Les managers véritables sont passionnés par les compétences précises de chacun et par la manière dont ils les mettent en œuvre.

Certains témoignages télévisés des salariés qui ont vu leurs bureaux supprimés du jour au lendemain n'émanaient pas de ceux qui constituaient un poids mort ou ne savaient s'adapter : un ingénieur parmi les plus dépositaires de brevets avait fait l'objet de harcèlement. Les membres les plus aptes à l'entrepreneuriat effraient ceux qui se livrent à la boucherie, parce que leur discernement les rendrait capables d'une véritable restructuration, faisant apparaître l'incompétence de ceux qui la mènent. Le jeu d'acteurs a abouti à une hiérarchie inversée, au sein de laquelle les éléments les plus incompétents, les plus superficiels et les moins courageux occupent les postes de commande.

Il ne s'agit pas de nier le fait que France Télécom était à un tournant de son histoire, qu'elle jouait sa survie dans la restructuration, que du personnel devait partir et que la concomitance de salariés fonctionnaires avec ceux qui ne l'étaient pas rendait la situation extrêmement complexe. Cela n'excuse en rien la boucherie humaine et entrepreneuriale à laquelle se sont livrés ceux qui en étaient responsables : leurs méthodes n'ont pas été forcées par la situation, c'est la situation qui a été le révélateur de leur nature profonde : une hiérarchie dévoyée, fondée sur l'usurpation du mérite et sur la pratique récurrente des trois stratégies noires. Le désastre entrepreneurial qui s'en est suivi n'est que la résultante finale de cette dépravation qui a sédimenté en silence pendant plusieurs années.

Inutile de nommer les tristes auteurs de ce massacre : la presse et la justice ont déjà accompli leur travail. Espérons simplement, puisque le procès est encore en cours, que les responsables écoperont de lourdes peines. Le résultat sera révélateur du niveau de capitalisme de connivence bien trop souvent à l'œuvre dans notre pays : les malfaiteurs en question en sont de purs produits. Il est à craindre qu'ils ne fassent que couler des jours tranquilles dans le futur, reconnus et décorés par la nation.

2.2.5.2.2 La Commission européenne : la suffisance tranquille de l'incompétence et de la corruption :

A ceux qui trouveraient ce titre excessif, il faut rappeler de quoi est fait le quotidien des instances décisionnaires de l'UE, Commission européenne en tête. Là encore, je ne prétends pas en refaire un examen exhaustif, il apparaît régulièrement dans la presse : [14], [15], [16], [17], [18]

Ce qui est grave est que beaucoup de dirigeants politiques continuent de prendre au sérieux et de suivre les décisions de la commission avec de telles références. Le conflit d'intérêts y est pratiqué de façon permanente. L'ingérence dans le monde économique, avec un niveau d'incompétence et de superficialité record, est permanente. Au-delà des différents scandales révélés par les LuxLeaks faisant apparaître le précédent président de la commission comme le chef de file de la corruption luxembourgeoise, il faut comprendre la raison de ce fonctionnement par les croyances et paradigmes qui traversent les instances de l'UE.

La Commission européenne croit aveuglément à un modèle de « concurrence pure et parfaite », au sein duquel l'optimum économique se réalise en permanence et en temps réel si l'on élimine tout ce qui lui barre le passage. Dans les croyances intellectuelles de la commission, il n'y a aucune notion de temps de mise en œuvre, de phase transitoire à accompagner, ni d'information imparfaite dans les échanges économiques.

Comme nous l'avons vu, ce modèle est totalement faux, il n'est pas même une approximation grossière de la réalité. Schumpeter l'avait montré des décennies auparavant : la concurrence ne doit jamais agir « en temps réel », sans quoi elle dissout instantanément l'avantage compétitif de l'entrepreneur. Un compromis doit être trouvé entre la dissolution immédiate par la concurrence et l'absence de concurrence, pour que l'entrepreneur puisse être rétribué de sa créativité pendant un laps de temps suffisant. C'est également la leçon véritable de Ricardo, qui pousse à ouvrir les échanges marchands, mais à préserver le savoir et les savoir-faire le plus longtemps possible, faisant du clivage entre libre-échange et protectionnisme un faux débat.

---

[14] https://www.sudouest.fr/2015/10/30/la-commission-europeenne-gangrenee-par-les-lobbys-et-conflits-d-interets-2170583-710.php

[15] https://www.huffingtonpost.fr/2016/09/22/commission-europeenne-barroso-juncker-kroes_n_12133638.html

[16] https://www.touteleurope.eu/actualite/eurodeputes-corrompus-un-scandale-revelateur.html

[17] https://www.latribune.fr/actualites/economie/union-europeenne/20140624trib000836672/l-erreur-jean-claude-juncker.html

[18] https://www.lemonde.fr/international/article/2016/10/04/scandales-kroes-et-barroso-les-eurodeputes-exigent-que-la-commission-agisse-vite-et-plus-fermement_5008204_3210.html

La commission ignore tout ceci et expose les entreprises européennes à un affrontement totalement inéquitable avec les blocs non européens. Ceci est fort bien résumé par Ali Laïdi [19] :

D'abord, l'Europe se concentre toujours sur l'idée de paix. Depuis quarante ans, elle refuse de voir le champ économique comme un champ d'affrontement, comme un champ de violence. Elle pense que promouvoir les idées de liberté et de démocratie peut suffire dans ce domaine. De plus, nous sommes restés à la définition du marché de l'école classique d'Adam Smith : un lieu où l'acheteur rencontre le vendeur, et où les deux possèdent le même niveau d'information. Or les Américains, à partir de l'école néoclassique, conçoivent le marché comme un lieu où se rencontrent des gens qui n'ont pas le même niveau d'information, un lieu de concurrence. Cela, nous Européens, nous ne l'avons toujours pas compris. On s'est contenté d'une analyse du marché qui a trois siècles.

Comme le souligne Ali Laïdi, les paradigmes économiques de la commission proviennent de présupposés idéologiques et politiques amalgamés entre eux, sans que cela soit véritablement conscient. Le monde vanté par la commission est idyllique, fait d'échanges libres, permanents, parfaitement fluides, dans un partage complet d'information. Cette vision économique est accompagnée d'une sorte d'idéologie de l'ouverture totale et permanente, qu'il s'agisse de l'immigration, des mœurs, des codes sociaux et d'une négation de la mémoire historique de chaque pays, par peur que ne subsiste une quelconque différence. Le tout sanctifié par une doctrine morale manichéenne et débilitante, de « gentils ouverts » contre les « méchants fermés ».

Il peut paraître étrange au lecteur que je prenne le contrepied de cette vision, étant moi-même économiquement libéral. Le libéralisme véritable n'a cependant aucun rapport avec cette mélasse douçâtre du libre-échange universel dans un projet de paix perpétuelle, mélangeant des vœux pieux moraux et politiques avec l'action économique.

Le premier effet de ce sirop n'a rien d'anodin : il mène à un nivellement par le bas et à une impossibilité de faire preuve de compétitivité. Il n'y a aucune conscience de l'opposition paradoxale entre compétitivité prix et compétitivité qualité par la Commission : comme toutes les personnes voyant ceci de façon superficielle et lointaine, il n'y a concurrence que sur les coûts. Il s'ensuit un jeu destructeur de valeur entre les entreprises européennes et une

---

[19] http://premium.lefigaro.fr/medias/2019/02/21/20004-20190221ARTFIG00194-guerre-economique-la-france-et-l-ue-completement-desemparees.php

impuissance à montrer des avantages comparatifs s'opposant aux concurrents non européens.

Mais quel rapport avec les monstruosités corruptrices de la Commission ? L'on peut reprocher à l'UE sa naïveté, mais cela semble être en opposition au cynisme que je plaçais en exergue de ce chapitre.

Contradiction facile à résoudre, comme nous l'enseigne l'historique de tous les socialismes. Plus les intentions sont angéliques et fraternelles, plus le siège du pouvoir est la négation de celles-ci. Hayek le fait observer : non seulement les dirigeants d'états socialistes vont beaucoup plus loin dans la malfaisance que ceux d'états libéraux, mais il semble même que ces idéologies douçâtres et bien-pensantes attirent les pervers.

Le nivellement général, l'ouverture forcée et les règles de bonne entente hypocrite limitent les marges de manœuvre de ceux qui les suivent et laissent libre champ aux tartuffes qui les prônent et agissent exactement a contrario. Pour la même raison, ce sont dans les associations humanitaires que l'on trouve le plus grand nombre d'exploitations d'enfants par le travail et par le sexe ou celui d'esclavage domestique des adultes. Il existe certainement des humanitaires sincères et admirables, mais il faut savoir qu'en proportion, l'on y rencontre aussi le plus fort taux de pervers de tous ordres, attirés par la précarité d'autrui pour des motifs qui n'ont absolument rien de noble.

Or l'UE, qui se veut libérale d'inspiration, n'est qu'une des multiples doctrines de partage de la pénurie, c'est-à-dire une forme supplémentaire de socialisme. Les tenants de la « mondialisation heureuse » mettent en avant le fait que celle-ci a permis d'équilibrer les niveaux de vie partout dans le monde et qu'elle a été bénéfique pour les classes les plus pauvres en Chine par exemple. Outre le fait que le développement des classes chinoises modestes n'a absolument rien à voir avec l'ânonnement des dévots de la mondialisation heureuse et tout à voir avec le capitalisme de conquête de la Chine moderne, ce type de remarque trahit le véritable soubassement intellectuel des tenants de l'UE.

Les fonctionnaires européens sont de parfaites illustrations de la loi de Parkinson : ils entretiennent leur propre activité de façon artificielle, un monde très fermé sur lui-même appelant à l'ouverture aux autres, une caste payée pour décliner indéfiniment les dogmes de la mondialisation heureuse, en pure conviction, sans aucune analyse sérieuse des conséquences de leurs directives.

Cette litanie hypocrite des faux ouverts et vrais corrompus est assortie d'une incompétence abyssale dans le domaine de l'économie. Un exemple marquant a été relevé par Carlos Tavares, concernant les normes d'émissions polluantes automobiles et la pression exercée pour passer à un mode de propulsion électrique : [20]. Le patron de PSA ne mâche pas ses mots : « Diktat de l'UE », « Ces questions sont traitées avec une légèreté et un amateurisme atterrants », parlant de la Commission.

Cet avertissement de la part d'un grand patron d'industrie, connaisseur de son sujet et passionné par son produit n'a ouvert aucun doute dans le glacis des certitudes de l'UE. Aucune considération du fait que si l'ensemble du parc automobile roulait à l'électrique – ou même une grosse minorité – le bilan écologique serait désastreux en termes de pénurie de terres rares, de bilan de production d'électricité ou de recyclage de batteries.

Il n'y eut pas plus d'analyse comparative de la production d'émissions polluantes par le diesel automobile vis-à-vis du fret maritime, ni entre la propulsion par essence et celle de motorisations modernes au diesel. Et bien entendu aucun plan d'action réaliste sur la phase de transition, avec des proportions raisonnables de chaque type de motorisation en fonction de la maturité des technologies sur les limitations d'émission polluantes et sur la production de batteries électriques longue durée et sans matières rares (par exemple, recherche sur les piles au graphène). Il faut noter que seule l'Europe a imposé de telles normes, tandis que nos concurrents chinois et américains accompagnent la phase de transition selon une évolution naturelle et une évolution technologique discutée par de véritables professionnels, non par des bureaucrates.

Les réactions outrées de membres de la commission aux propos de Carlos Tavares ne font que confirmer ce qui était à craindre : les « décisionnaires » de ces brillantes réglementations se nourrissent de généralités sur l'avenir de la planète, de postures autosatisfaites, non d'un plan d'action précis fondé sur des faits industriels.

L'UE n'a rien de libéral : nous n'avons nullement besoin que des bureaucrates surpayés et incompétents viennent chaperonner ce que la libre association entre entreprises et états souverains est parfaitement capable de faire.

2.2.5.2.3 Uber : mise en concurrence ou pillage professionnel ?

Comment ? Un ouvrage libéral va remettre en question la compagnie qui a ouvert les services de taxis à une saine concurrence, au point de dériver son

[20] http://premium.lefigaro.fr/societes/2019/03/03/20005-20190303ARTFIG00107-diesel-co2-le-patron-de-psa-carlos-tavares-denonce-le-diktat-de-l-europe.php

nom en « uberisation », devenu synonyme d'ouverture au libre marché pour des professions protégées ?

Ce n'est pas la création d'une offre alternative que je critique : Uber a su intelligemment jouer sur toutes les failles des services de taxi classiques, peu respectueux du client. Ils ont ainsi fait valoir un avantage comparatif, élément plus important pour moi que l'ouverture à la concurrence en tant que telle.

Au-delà des injonctions sur les modèles de la nouvelle économie, c'est une fois encore le jeu d'acteurs interne à l'entreprise qui nous intéresse. Moins les postures modernes (je ne les connais que trop bien) que les fondamentaux qui aboutissent ou non à une « hiérarchie inversée » dans l'entreprise, un modèle plus proche de l'usurpation que de l'entrepreneuriat.

Et dans ce domaine, Uber a de sérieux éléments à se reprocher, bien loin de son image de modernisme et d'agilité [21], [22], [23].

Modèle économique d'hyperprécarité de ses chauffeurs, au point de mettre ses clients en danger, vol par piratage des données personnelles de 57 millions de clients qu'Uber a tenté de dissimuler jusqu'au dernier moment, culture du sexisme et du harcèlement sexuel, vol de la technologie de Google pour le véhicule autonome (Waymo) [24] : les pratiques d'Uber évoquent davantage l'archaïsme du XIXe siècle que le futur du management.

Un domaine très critique en matière de sécurité a joué le rôle de révélateur de la culture d'Uber : celui du véhicule autonome. Ce secteur technologique ne fait pas de cadeaux : il est d'une exigence telle que les failles internes de toute compagnie remonteront au centuple. Les technologies critiques ont l'avantage de mettre à nu le lien profond entre les jeux d'acteurs internes de l'entreprise et ses résultats macro-économiques. Cf. mon article à ce sujet [25].

---

[21] https://www.lepoint.fr/economie/uber-une-image-sulfureuse-forgee-dans-les-scandales-22-11-2017-2174301_28.php#

[22] http://premium.lefigaro.fr/secteur/high-tech/2017/09/22/32001-20170922ARTFIG00168-uber-risque-d-etre-banni-des-rues-de-londres-apres-la-perte-de-sa-licence.php

[23] https://www.lesechos.fr/22/11/2017/lesechos.fr/030914423136_encore-un-scandale-a-deminer-pour-le-nouveau-patron-d-uber.htm

[24] https://www.lemonde.fr/entreprises/article/2018/02/10/waymo-et-uber-reglent-a-l-amiable-leur-differend-sur-la-voiture-autonome_5254655_1656994.html

[25] http://premium.lefigaro.fr/vox/economie/2018/03/22/31007-20180322ARTFIG00112-uberisation-mortelle-ce-n-est-pas-la-machine-qui-est-dangereuse-c-est-notre-confiance-en-elle.php

Après avoir été bannis de l'état de Californie pour avoir grillé de nombreux feux rouges, les Uber autonomes, plutôt que de retravailler leur conception au bureau d'étude, cherchèrent un état plus laxiste acceptant leur fonctionnement. L'Arizona leur permit cette fuite en avant.

Tout le monde connaît la suite. Un premier accident spectaculaire au cours duquel un Uber se retrouva retourné sur la tranche fit le tour des médias. Sur le papier et légalement, Uber n'était pas en cause : l'accident avait eu lieu sur une voie avec deux sens de circulation et un véhicule de la voie d'en face avait tourné à un carrefour sans céder le passage. Sur le strict plan des règles de conduite, c'est le conducteur humain qui était fautif.

Mais les enregistrements de l'accident commencèrent d'être analysés. Ils montrèrent que l'Uber roulait à la limite de la vitesse maximum autorisée en ville, dans un contexte de fort trafic sur la file d'en face entrainant beaucoup « d'occultation » (véhicules se cachant les uns les autres). Dans un tel environnement, un conducteur humain même moyen aurait ralenti préventivement : la conduite autonome consiste en grande partie à anticiper les réactions et intentions des autres et diffère en cela des ADAS classiques de l'aide à la conduite.

L'on peut prétendre être toujours dans son droit légalement : si la pragmatique de la conduite, dans tout ce que la loi ne stipule pas, aboutit à 10 fois plus d'accidents qu'un conducteur humain, le système ne peut être mis sur le marché. Uber a introduit sur la route une technologie insuffisamment testée et contrôlée, encore non mature sur le plan de la sécurité. Le business model de la conduite humaine de la compagnie, oscillant sans cesse entre laxisme inacceptable du recrutement et exigences plus coûteuses, ne pouvait plus assumer son dumping. La conduite autonome était l'aubaine rêvée pour « se refaire », conduisant à l'introduction à toute force d'une technologie dangereuse.

Cet accident fut suivi d'un deuxième, cette fois mortel. Là encore, le paravent du légalisme fut brandi un temps : l'Uber avait écrasé une piétonne traversant une voie rapide en poussant son vélo à pied, en dehors de toute voie protégée. Mais au-delà des prétextes légaux, les enregistrements embarqués sont sans concession en conduite autonome. Le comportement de la voiture était déjà suspect : elle n'avait amorcé aucun freinage d'urgence, même tardif, dans les millisecondes qui précédaient la collision. Puis vint l'élément technique accablant : la piétonne et son vélo avaient été parfaitement détectés, et ce très en avance, par les capteurs de la voiture. L'argument de la tombée de la nuit ne tenait pas : le véhicule était équipé d'un Lidar : on attend justement d'une voiture autonome d'avoir des super-sens par rapport à un conducteur humain.

Ces super-sens, la voiture d'Uber les possédait donc, mais avait choisi sciemment de négliger l'obstacle, en l'occurrence un être humain.

L'arbitrage opéré par Uber est simple à comprendre et est un dilemme classique de la conduite autonome. Si l'on rend la fonction de décision de freinage trop sensible à tout obstacle, la voiture freine trop souvent dans des cas où un obstacle réel n'est pas présent : elle détecte quelque chose là où il n'y a rien (ombre, rayon de soleil) : c'est un « faux positif » dans le langage de la profession. La conséquence est une perte de confort pour le passager, avec une série d'arrêts intempestifs incompréhensibles. En revanche, les faux positifs ne sont pas ou peu dangereux.

Le cas inverse est celui d'une fonction de freinage insuffisamment affutée : elle ne se déclenche pas lorsqu'il le faudrait. C'est un « faux négatif » et les conséquences en termes de sécurité sont bien plus dramatiques. La mise au point d'une voiture autonome est un réglage extrêmement fin entre les faux positifs et négatifs : il faut un système sûr, mais ne freinant pas sans arrêt par excès de sécurité.

Pour que ce réglage soit efficace, la détection et l'interprétation des scènes de conduite doivent elles-mêmes être très fines. Uber n'est pas rentré dans de telles considérations : pour éviter le désagrément commercial de confort, ils ont laissé une fonction de décision ultra-laxiste à bord : un obstacle de plus de 1m50 de haut et de large, avec un écho métallique (cadre du vélo) positif au radar aboutit à la décision de passer dessus ! Une simple ADAS de freinage d'urgence (AEB) - beaucoup plus fruste qu'une conduite autonome - aurait au moins amorcé un freinage d'urgence, diminuant la vitesse de collision.

La voiture autonome est une révolution technologique extraordinaire, qui modifiera notre rapport à la mobilité et nous restituera un temps libre considérable. Mais ce type d'avancée doit être réalisé avec un grand esprit de responsabilité : il est possible d'en faire une technologie maîtrisée, en n'ouvrant que petit à petit et de façon très contrôlée les situations où le mode autonome est autorisé. Par avidité et par l'urgence de « se refaire » de leur politique de dumping, Uber a choisi de mettre sur le marché un produit de haute technicité non fini et à risque humain vital. Ce résultat est toujours la conséquence d'une culture d'entreprise et de jeux d'acteurs humains conformes à la triade noire du management. Le soubassement de ce mode de management fit surface lors du procès avec Waymo [26] :

« L'avocat de Waymo, Charles Verhoeven, l'a accusé du contraire, mettant en avant une multitude de textos partagés par deux hommes *« prêts à tout »,* a-t-

[26] https://www.lemonde.fr/entreprises/article/2018/02/10/waymo-et-uber-reglent-a-l-amiable-leur-differend-sur-la-voiture-autonome_5254655_1656994.html

il assuré, y compris à *« tricher »,* pour prendre le dessus. Dans l'un de ces messages, datant de mars 2016, l'ingénieur écrit : *« C'est comme une course et nous devons gagner. Être deuxième, c'est perdre. »* Un autre SMS contient un lien vers un clip du film *Wall Street,* où le financier sans scrupule Gordon Gekko, alias Michael Douglas, profère sa célèbre tirade, *« l'appât du gain a du bon »* ... L'ingénieur ajoute un conseil : *« Voilà le discours que vous devez tenir. »* L'extrait a été présenté au jury malgré les objections des avocats d'Uber. »

2.2.5.2.4 Remember Alcatel 2001 :

Le sémillant PDG d'Alcatel lors de cette période avait annoncé une « entreprise sans usines ». L'on paie là encore la superficialité des mauvais conseils de direction et l'art des généralités tenant lieu de management. Les conséquences sont à l'avenant [27], [28], [29].

Tout un discours « moderne » sur la dématérialisation et l'économie de services supplantant les secteurs primaires et secondaires a eu le vent en poupe. Si la révolution digitale est un fait incontestable, elle n'obère pas cette loi encore plus indubitable qu'il faut avoir un produit à vendre.

Certaines entreprises industrielles se sont lancées à corps perdu dans la démolition volontaire de leur cœur de métier, par peur de manquer un virage technologique, par conformisme également. La mutation en société de services s'accompagnait d'un mode de gouvernance où tout est contractualisé formellement et mis à distance : tout ce qui consiste en un savoir-faire productif est sous-traité et parfois off shoré.

Ce type de décision correspond à des raisonnements purement comptables, méconnaissant ce qui fait la richesse d'une entreprise. La souplesse et l'orientation client de l'esprit « As A Service » sont des directions indispensables à mettre en place dans une entreprise moderne. Mais là encore, il ne suffit pas d'une règle de trois, de quelques traits de crayon et d'un bon repas au conseil d'administration pour mettre en place une telle mutation.

---

[27] https://www.liberation.fr/futurs/2013/10/08/alcatel-lucent-histoire-d-un-desastre-industriel_937893

[28] https://www.lesechos.fr/30/07/2008/LesEchos/20225-087-ECH_le-pari-perdu-de-serge-tchuruk.htm

[29] https://www.lesechos.fr/30/07/2008/LesEchos/20225-053-ECH_les-trois-erreurs-de-serge-tchuruk.htm

Ceux qui estiment que ma description de la superficialité des hautes instances de nombre d'entreprises du CAC 40 est exagérée n'en ont jamais fait l'expérience réelle. Les effets de mode et les discours convenus en occupent la plus grande partie, sauf lorsqu'un dirigeant a suffisamment de caractère pour ne pas tolérer ces numéros d'illusionnisme.

Le passage en « mode service » nécessite de conserver absolument les compétences fortes de l'entreprise en interne de celle-ci. Cela n'exclut pas une certaine externalisation de l'activité. Mais l'entreprise doit impérativement garder la poignée de ceux qui connaissent intimement et historiquement le processus de production pour piloter les sociétés externes auxquelles on a décidé de confier une partie de la production.

Connaître les cœurs de métier de l'entreprise requiert de très bien connaître son fonctionnement organique, les hommes qui la constituent et les compétences qui font que certains d'entre eux sont des hommes clés. Les jeux d'acteur réels, ceux qui ont permis à chacun de se répartir ces compétences clés, doivent être analysés et compris, non les rôles définis par l'organigramme ou les fiches de poste.

Il faut pour cela être proche des équipes humaines, rentrer dans leur mode de fonctionnement, sans intermédiaires. Les managers se livrant à cette discipline sont les vrais « modernes » et en même temps appliquent les lois éternelles de tout capitaine d'industrie. Ils accompagneront avec succès la mutation de l'entreprise vers une orientation de service, tandis que ceux qui se contentent d'une approche de gestionnaire et de son faux sérieux se fracasseront contre la première loi de l'économie : la capacité à se différencier.

« L'entreprise sans usines » est une formule qui résume à elle seule tout un mode de management, celui qui a peur de se confronter aux capitaines courageux qui font l'entreprise, souvent beaucoup mieux que ses dirigeants. Un haut responsable d'une autre grande entreprise industrielle, cette fois son directeur informatique, avait annoncé « l'informatique sans informaticiens », avec des résultats similaires à ceux d'Alcatel 2001. Désolé, le pilotage d'activités à haute valeur ajoutée nécessite des hommes talentueux et entreprenants. Et encadrer vraiment des hommes talentueux et entreprenants est une activité fatigante, complexe, risquée, mais ô combien plus intéressante et gratifiante pour celui qui en prend la peine.

2.2.5.2.5 SSII ou marchand de viande ?

La plupart des SSII se conforment malheureusement en grande majorité à un Business model aussi facile à reproduire qu'il est funeste. Grandes consommatrices de jeunes pousses, les SSII s'en débarrassent dans les pires conditions 20 ans plus tard, à la façon de France Télécom. Et ce sans considération pour les compétences réelles de leurs seniors, qu'ils soient facilement employables ou non.

Il est beaucoup plus simple de gérer le personnel par grandes masses et fixer des seuils arbitraires au-delà desquels un employé est considéré comme un boulet. Il n'y a aucune qualité particulière à posséder pour gérer une SSII de cette façon : il suffit de s'alimenter voracement en jeunes talents et d'être un simple réceptacle, sans projet d'entreprise.

Lesdites SSII pousseront de hauts cris en brandissant leur charte d'entreprise, leurs « valeurs » et autres bruyants outils de communication. Ceci n'arrachera bien sûr qu'un sourire condescendant à un crozérien averti. L'organisation réelle et les valeurs effectives de l'entreprise sont celles reflétées chaque jour par son système d'action.

Le jeu d'acteur des SSII est celui qui ressemble le plus à la description de la haute couture mafieuse par Saviano. Des leaders médiocres, faisant illusion par de grands mots sur leur « vision » ou « axes stratégiques », se contentant d'assurer une rotation facile sans aucune considération humaine entre les entrants et les sortants, piégeant des talents infiniment meilleurs qu'eux.

Mettons encore une fois en garde : le talent ne permet pas à ceux qui sont pris dans cet engrenage d'y échapper facilement en vendant leurs compétences ailleurs : le modèle d'extorsion est suffisamment puissant et facile à produire pour envahir tout le secteur. Ceux qui ont pu en réchapper ont vu très jeunes le piège qui leur était tendu et ont rejoint des secteurs moins pollués par les stratégies d'usurpation.

Le mode de « management » de nombre de SSII se ramène très simplement aux actions d'ingurgiter et de régurgiter. Le business model d'extorsion fait penser aux visions de l'enfer peintes par Giovanni da Modena :

Les « managers » de telles structures se contentent de dévorer et de déféquer la pâte humaine. Pour faire fonctionner ce système, seule la qualité de la nourriture compte qu'ils sélectionnent de premier choix.

Dernière particularité réjouissante de ces SSII hélas trop nombreuses : beaucoup de leurs jeunes ingénieurs sont issus de l'immigration nord-africaine ou moyen-orientale, qu'ils exploitent jusqu'à la corde. Les discriminations à l'embauche étant malheureusement trop souvent présentes, les jeunes ingénieurs de cette origine recherchent des secteurs où l'évaluation est plus objective, ce que l'écriture de code informatique permet. Ceci couplé à la tradition mathématique encore vivace dans ces pays d'origine aboutit à une proportion importante de jeunes issus de l'immigration dans les SSII.

Leur management ne prend généralement pas de gants pour profiter de leur niveau d'information moindre sur leurs droits et leurs niveaux de salaires et les maintient dans une exploitation indigne. Le schéma du Pasquale de Saviano fonctionne à plein. Ceci en dit long sur les véritables motifs des discours généreux de la mondialisation heureuse : la façon dont les recrutements discriminants ou les opérations d'offshoring sont menés procède d'un discours quasi raciste considérant les pays « low-cost » comme un réservoir de chair fraîche à exploiter sans fin. Les propos tenus « en off » par les grands partisans de l'ouverture sont édifiants à ce sujet.

J'ai rencontré dans ma carrière quelques-uns de ces jeunes ingénieurs issus de l'immigration dont certains avaient un talent d'entrepreneuriat remarquable, qu'il m'a fallu « exfiltrer » de la SSII dans laquelle ils étaient exploités de façon indigne, pour les faire rejoindre le grand groupe industriel auquel j'appartiens. Cela ne fut pas sans un bras de fer avec leurs responsables commerciaux auxquels je fis rapidement comprendre que leur mode de « management » était pour moi clair comme de l'eau de roche et qu'ils risquaient gros à rentrer dans l'affrontement.

Il existe heureusement quelques exceptions, mais elles sont rares. L'industrie du développement et du logiciel souffre en France d'une reconnaissance insuffisante, la cantonnant aux bas-fonds de l'économie. La dichotomie trop prononcée en France entre les décisionnaires et les exécutants, issue de mauvaises habitudes aristocratiques et non méritocratiques, a assigné au développement informatique une considération très basse, alors qu'elle nécessite un très haut niveau de qualification et s'affirme comme étant l'un des principaux leviers de la guerre économique.

Les bonnes SSII s'attachent à développer et à conserver quelques cœurs de métier forts. Elles s'intéressent individuellement à toutes les compétences de leurs employés et leurs commerciaux sont suffisamment profonds pour connaître leur valeur. Une véritable anticipation des savoirs clés à développer est pensée par l'entreprise, par des dirigeants suffisamment compétents sur le contenu pour connaître le prix de chacune d'elles.

Un tel management est plus complexe et plus exigeant à mettre en œuvre. Mais si l'on fait l'effort de s'intéresser vraiment aux parcours humains et à l'historique de ce qu'ils savent maîtriser, il devient naturel et facile de suivre un employé du début à la fin de sa carrière et d'employer au mieux ses expériences.

2.2.5.2.6 EHPAD : l'excellent payback de la misère de la vieillesse

La situation des EHPAD et leur mode d'exploitation de la vieillesse ont fini par remonter à la surface de l'actualité : [30], [31], [32], [33]

Sur cet exemple, une stratégie d'extorsion est encore à l'œuvre. Le service assuré est très fortement dégradé, au point de s'assimiler à de la maltraitance, tandis que son coût réel est exorbitant. La plupart des EHPAD privées sont nées d'une faille stratégique, d'un jeu d'une grande facilité permettant de siphonner les retraites et les successions de familles entières, ponctionnant gravement le capital dévolu à l'héritage quelques années avant sa transmission.

La difficulté de gérer une personne en fin de vie au sein d'une famille et de ses héritiers, notamment lorsque ceux-ci sont en même temps débordés par les contraintes de la vie active, la détresse morale des personnes se sentant décliner, enfin l'accumulation de capital dans cette classe d'âge due à l'évolution démographique et à la structure du marché du travail pour cette génération ont créé cet effet d'aubaine.

Le cas des EHPAD illustre plus que tout autre le fait que si une stratégie est simple à mettre en œuvre et permet un gain important, elle sera inévitablement suivie par un grand nombre de décisionnaires, même si elle est totalement contraire à l'éthique. Ceci est accéléré par le mécanisme du dilemme du prisonnier : « je sais que c'est moralement détestable, mais si je ne le fais pas, quelqu'un d'autre le fera avant moi et en tirera profit ».

Le cas des EHPAD mérite plus que tout autre l'appellation de « stratégie du charognard ». A noter que les ponctions opérées par l'Etat sur les successions, en France les plus élevées de toute l'UE et parmi les plus élevées dans le monde, ne font que renforcer cette extorsion sur la vieillesse qui fracasse des familles entières. L'aubaine stratégique semble n'avoir pas seulement attiré des acteurs privés, mais aussi l'avidité de l'état, cherchant une source

[30] https://www.capital.fr/votre-retraite/les-revelations-choc-denvoye-special-sur-les-ehpad-prives-1307762

[31] https://www.lexpress.fr/actualite/societe/sante/greve-des-ehpad-le-desarroi-des-familles-face-a-la-maltraitance-de-leurs-aines_1980270.html

[32] https://www.europe1.fr/societe/la-maltraitance-des-personnes-agees-dans-des-ehpad-prives-denoncee-par-un-reportage-3772436

[33] https://www.atlantico.fr/decryptage/3568317/jean-arcelin--une-large-majorite-des-700-000-personnes-en-ehpad-mangera-pour-le-reste-de-sa-vie-des-repas-a-1--

supplémentaire pour alimenter toujours plus ses privilèges opaques et ses rentes de situation.

A ce titre, le prétexte invoqué par l'Etat de « corriger les inégalités de naissance » pour ponctionner encore plus les successions est un sommet d'hypocrisie. La cellule familiale est une construction en tant que telle, colonne des itinéraires de vie permettant de développer l'entrepreneuriat. Briser ces itinéraires pour les piller brutalement et invoquer à ce titre des motifs généreux tient de la plus haute virtuosité dans les comportements d'extorsion.

2.2.5.2.7 Goldman Sachs : la grande vertu des pousse-au-crime

L'historique de la tristement célèbre banque d'affaires est tel qu'il ressemble maintenant à la cavale d'un serial killer que l'on piste à l'aide des cadavres qu'il a laissés sur sa route : [34], [35], [36], [37], [38], [39]

Il ne s'agit pas seulement d'une accumulation de faits de corruption. Le secteur financier professionnel dans son ensemble est malheureusement devenu coutumier du fait. Goldman Sachs a poussé l'activité économique criminelle bien plus loin, en investissant très largement le domaine politique. Posséder une influence directe sur les gouvernements politiques ou sur des instances supranationales telles que la Commission européenne est devenu l'un de leurs objectifs principaux, qu'ils ne prennent même plus la peine de dissimuler. Les collaborateurs de la banque doivent considérer que tisser un

[34] http://premium.lefigaro.fr/economie/le-scan-eco/decryptage/2015/09/07/29002-20150907ARTFIG00257-comment-la-grece-a-maquille-ses-comptes-publics-depuis-1997.php

[35] http://www.lefigaro.fr/sicav/2010/12/31/04006-20101231ARTFIG00039-les-hedge-funds-au-c339ur-de-la-crise-grecque-.php?redirect_premium

[36] https://www.latribune.fr/actualites/economie/union-europeenne/20120309trib000687366/quand-goldman-sachs-aidait-la-grece-a-tricher-pour-600-millions-d-euros-.html

[37] https://www.lemonde.fr/economie/article/2018/11/17/goldman-sachs-pris-dans-un-immense-scandale-de-corruption-en-malaisie_5384784_3234.html

[38] https://lexpansion.lexpress.fr/actualite-economique/barroso-draghi-mnuchin-comment-goldman-sachs-infiltre-le-coeur-du-pouvoir_1856000.html

[39] http://premium.lefigaro.fr/societes/2010/04/18/04015-20100418ARTFIG00228--goldman-sachs-essuie-un-feu-nourri-de-critiques-.php

réseau d'influence politique et s'infiltrer dans les décisions clés de plusieurs gouvernements font partie des compétences qui leur sont demandées. Le gouvernement grec a fortement failli, mais quelques entreprises l'ont largement poussé à la faute pour mieux le dépecer. Soyons justes, la Bundesbank figure en bonne place parmi ces équarrisseurs, à égalité avec Goldman Sachs[40].

Là encore, la culture d'entreprise et les jeux d'acteurs micro-économiques déterminent les malversations macro-économiques. Comme le montre le témoignage hallucinant d'un ancien collaborateur de la banque ([41], [42]), Goldman Sachs semble s'être fait une spécialité d'arnaquer ses clients et d'en être fière : pour gravir les échelons en son sein, il est recommandé de rapporter un grand nombre de « scalps » de clients que l'on a volontairement dirigés vers des investissements douteux.

Derrière la façade d'une institution respectable, les pratiques ne diffèrent en rien de celles des voyous de bas étage qui ont pullulé sur les options binaires et CFD heureusement interdits récemment [43]. Les malversations sont simplement présentées dans un habit plus élégant et plus trompeur. L'on pense également à la banque UBS, extrêmement intransigeante sur le dress-code et l'apparence de ses cadres, pratiquant le blanchiment de façon courante depuis des années [44]. L'exigence d'une propreté de façade cache les tonnes de fumier entreposées dans l'arrière-cour.

Ceci est d'autant plus dommageable que le secteur financier et le métier de la banque doivent jouer un rôle prépondérant dans l'économie de marché. Nous sommes loin de la description faite par Joseph Schumpeter concernant le rôle de la banque, lorsque celle-ci servait d'auxiliaire précieux et de « guardian angel » à l'entrepreneur. Un bon financier est avant tout un professionnel du risque : le banquier pour les risques a priori, l'assureur pour les risques a posteriori. Depuis, le secteur financier, notamment par son mode d'intervention sur les marchés, a presque totalement perdu cette vocation. Il fonctionne en autarcie, n'ayant plus qu'un très lointain rapport avec le financement des entreprises, entravant souvent au contraire l'entrepreneuriat.

---

[40] https://bfmbusiness.bfmtv.com/monde/comment-l-allemagne-a-gagne-29-milliards-d-euros-grace-a-la-crise-grecque-1475622.html

[41] https://www.courrierinternational.com/article/2012/03/14/pourquoi-je-quitte-goldman-sachs

[42] https://www.nytimes.com/2012/03/14/opinion/why-i-am-leaving-goldman-sachs.html?hp

[43] https://deontofi.com/les-options-binaires-et-cfd-deux-arnaques-financieres-enfin-interdites/

[44] https://www.lacote.ch/articles/economie/fraude-et-blanchiment-ubs-risque-une-amende-de-plus-de-5-milliards-en-france-790382

Une mécanique complexe lui permet de privatiser les profits et publiciser les pertes, le rendant totalement irresponsable en matière de comportement à risque. Enfin, l'arme du Quantitative Easing couplée à une inflation très basse sur les biens des particuliers permet d'agir comme une véritable pompe à spoliation, fondée sur une inflation masquée n'apparaissant dans aucune statistique et dont le bénéfice est réservé aux acteurs du secteur [45].

2.2.5.3 Compétences du contenu extorquées / Compétences relationnelles absentes (les hommes sont des pions) / Secteur des biens marchands

Nous passerons rapidement sur cette combinaison des deux extorsions de la compétence, car s'agissant des biens marchands elle s'identifie rapidement à des trafics connus.

2.2.5.3.1 Trafiquants divers

Au-delà des trafics directement interdits (drogue, trafic d'êtres humains, armes prohibées ...), nous savons que nombre d'activités de recyclage légales masquent des sociétés criminelles, avec la culture des 3 modes de management noir qui l'accompagne.

Le recyclage des déchets ou l'activité des ferrailleurs et épaviers, sont de fréquentes couvertures légales pour les activités mafieuses. Ce n'est toutefois pas l'aspect qui nous intéresse, car nous ne traitons pas des sociétés criminelles, mais de savoir dans quelle mesure leurs mœurs se sont étendues à l'économie légale en matière de modèle de management.

Le recyclage des déchets peut se prêter à des malversations de la part de sociétés parfaitement légales, parce que les tentations sont attisées par tout flux logistique. Voir par exemple le cas de l'entreprise GDE : [46]. Certaines matières premières devenues rares, telles que le cuivre, attisent également le trafic de matière première, avec une frontière souvent poreuse entre le vol pur et simple et le recyclage dans des fonderies tout à fait autorisées : [47].

---

[45] http://le-troisieme-homme.blogspot.com/2018/01/la-mondialisation-heureuse-contre.html#comment-form

[46] https://www.capital.fr/entreprises-marches/recyclage-de-dechets-ces-ex-salaries-qui-accusent-le-geant-gde-d-escroquerie-1234108

[47] https://www.ladepeche.fr/article/2007/04/03/3822-trafic-la-mafia-du-cuivre.html

Les trafics de matière première, de déchets ou de tout autre flux logistique illustrent une fois de plus que des stratégies simples, directement lucratives, présentant un faible risque de sanction, deviendront très vite un attracteur de « business », quel que soit leur niveau d'éthique.

2.2.5.3.2 L'industrie de la Junk Food

Nous n'insisterons pas non plus longuement sur cet exemple, abondamment relayé et illustré dans la presse.

Le mode de travail et de management dans les industries de la Junk Food ressemble en tous points à ce que nous avons décrit des SSII : un turn-over ne cherchant surtout pas à rentrer de façon approfondie dans les compétences de chacun, un flux d'embauches et d'éjections rapides, celui-ci étant beaucoup plus simple à mettre en place.

Disons que pour l'industrie de la Junk Food, l'ingurgitation et la régurgitation mécanique des humains par le diable de Da Modena vient mettre en résonance avec humour le style de management et le mode de consommation des produits.

2.2.5.4 Extension du domaine du proxénétisme

Les comportements précédents montrent qu'une partie importante des modes de management se ramène au plus vieux métier du monde. Les décisionnaires de ce type d'activité peuvent s'assimiler à des proxénètes : sans que le bien vendu soit le même, le soubassement mental et le mode de management de leurs équipes sont identiques. Il s'agit de consommer et exploiter au maximum les personnes dont on est responsable pour les jeter, une fois vidées de leur substance. Il faut pour cela n'avoir aucun scrupule moral, une mentalité de pervers narcissique considérant autrui comme un objet au seul service de ses ambitions, une autosatisfaction infinie permettant de juger les hommes pour les « profiler » de façon très superficielle, en fonction de leur seule utilité immédiate.

L'aspect redoutable de ces stratégies est qu'elles sont extrêmement simples à mettre en œuvre et fortement rémunératrices sur le court terme. Des stratégies alternatives, à la fois plus souhaitables sur le plan humain et plus efficaces nécessitent beaucoup plus de temps, d'effort et de talent, celui de s'intéresser véritablement aux hommes, d'aller au-delà des apparences et de se méfier de ses propres préjugés, toutes qualités rares chez quiconque.

Les effets de seuils, de vagues de propagation et de masse critique observés dans le dilemme du prisonnier itéré peuvent rendre les stratégies noires invinciblement verrouillées, comme lorsqu'un clan mafieux a réussi à mettre toute une ville en coupe réglée, au point que même les magistrats ou la police ont été infiltrés par eux.

Le Manager client doit être considéré selon sa vraie nature : un « Mac », se contentant de faire trimer chacun pour son seul avancement personnel et « relevant les compteurs », sous le mode de l'extorsion et du racket. De nombreux départements fonctionnent ainsi dans la grande entreprise : les véritables forces vives entrepreneuriales sont placées sous un boisseau lourd, les présentations de leur travail aux comités de direction étant toujours faites par un « intermédiaire » spécialisé dans l'autopromotion de sa carrière.

Il est fondamental, lorsque l'on défend véritablement l'économie de marché, de savoir que ceci existe et que cela possède un pouvoir de séduction très puissant. Ces jeux d'acteurs sont si ancrés dans le comportement humain que les nier les fait ressurgir et s'imposer avec une force décuplée : telle est la leçon à tirer du socialisme utopique (pléonasme). L'entrepreneur actif de l'économie de marché rencontrera en permanence les gouffres profonds du capitalisme et devra s'attacher en permanence à résister à leur attraction, pour lui-même et pour les autres.

L'honnêteté ne consiste pas à se déclarer pur et à pourchasser ces dérives en inquisiteur, mais à développer des stratégies alternatives montrant qu'un meilleur versant des systèmes d'action économiques est possible. « Montrer l'exemple n'est pas la meilleure façon de convaincre, c'est la seule » (Gandhi). Il faut d'abord être conscient que l'effet d'accaparement du travail d'autrui est quasiment impossible à éviter, parce que les nécessités de la vitesse de transmission de la connaissance et de la coordination d'équipes sont plus rapides que les limites que l'on peut fixer dans ce domaine. Pour parler un peu grossièrement, l'on est toujours un peu prostitué et toujours un peu maquereau lorsque l'on pratique l'économie de marché, et ce de façon inévitable. Je me suis moi-même appliqué cette réflexion au cours de ma carrière professionnelle.

Une recherche de la pureté dans ce domaine aboutit à bloquer tout le fonctionnement entrepreneurial. Aussi la recherche de la meilleure stratégie ne passe pas par des règles d'interdiction qui seront contournées, mais par un état d'esprit et un mode de management des hommes plus respectueux de leur mérite et leur permettant de développer leurs qualités profondes.

Nous allons maintenant aborder la dimension plus lumineuse de l'économie de marché, celle qui permet de révéler les meilleurs aspects de l'homme et de rendre possible une société plus juste et plus libre. Cela se fera progressivement, car nous devons examiner d'abord les organisations qui ne valorisent que l'une des deux moitiés de la compétence du contenu et de la compétence humaine, avant d'aborder les « étoiles » qui se sont montrées capables de faire les deux.

Il était nécessaire de commencer par la connaissance du versant noir du capitalisme pour éviter toute naïveté et toute hypocrisie : l'entrepreneuriat est d'abord affaire de lucidité. Visiter les Sith en premier est une bonne école pour celui qui veut devenir Jedi. Ceux qui ont chuté dans la célèbre saga spatiale l'ont toujours fait par ignorance et par peur de la connaissance.

2.2.5.5 Compétences du contenu valorisées / Compétences relationnelles absentes (les hommes sont des pions) / Secteur des connaissances :

Les chapitres qui suivent vont examiner des entreprises qui sont à mi-chemin du bon fonctionnement entrepreneurial. Notre jugement sera donc nuancé. Selon les phases de leur histoire, elles peuvent être amenées à penchant vers le bon ou le mauvais versant de leurs pratiques, parfois proches des « étoiles », parfois des bas-fonds examinés auparavant.

Les entreprises dont nous parlons maintenant ont une compétence reconnue et ont tendance à valoriser ces compétences : elles sont au moins partiellement méritocratiques. En revanche, leurs mœurs humaines sont dures, sans guère de considération de la personne. Elles peuvent être dans le mode de la consommation et du rejet brutal des personnes qu'elles emploient. Leur mode de communication humain peut être extrêmement brutal.

On peut au moins s'en consoler en se disant que cette règle d'airain sert une hiérarchie juste du service rendu. Tout ceci est évidemment à prendre avec des nuances : leur méritocratie n'est pas parfaite et souffre parfois de tristes exceptions. A contrario, leurs relations humaines peuvent parfois devenir authentiques derrière un aspect rugueux et brutal.

2.2.5.5.1 Hollywood, une machine à rêves très professionnelle, obligée de se réinventer :

Il est impossible d'avoir un jugement définitif sur Hollywood, tantôt objet de fascination tantôt de détestation. Le piège à éviter est le discours moralisant de la contre-culture, mettant en scène les « méchantes » majors contre les courageux indépendants.

La réalité est beaucoup plus complexe. Toute industrie du spectacle et du rêve doit en effet tenir en permanence une position paradoxale. Comme toute entreprise, elle se soucie de rentabilité et cherche à obtenir le maximum de rendement. Mais une démarche trop systématique ou « téléphonée » échouera : ce monde de l'artifice recherche l'authenticité des rapports humains. Il ne s'agit que de mise en scène, mais sur des émotions vraies.

Aussi, même les « majors » sont tenues de se réinventer en permanence, sous peine d'être taxées de conformisme, qui signifie la mort économique dans ce milieu.

Une bonne illustration de ce paradoxe nous est donnée par le studio A24 [48], [49]. Il appartient à l'écosystème hollywoodien, mais est un label indépendant des grands groupes. Il a promu des créations très originales, par exemple l'excellent « Ex Machina », l'un des meilleurs films traitant du sujet de l'IA et du test de Turing passé par une machine. La frontière entre cinéma indépendant et machinerie hollywoodienne est en réalité très floue.

Les majors elles-mêmes sont obligées de se réinventer en permanence. Les « blockbusters » apparaissent comme une recette simple de très gros retours sur investissements. Mais lorsque l'un d'eux n'a pas de succès, les conséquences sont d'autant plus dramatiques, étant donné leurs frais de production. Pour des raisons strictement économiques, plusieurs majors ont donné leur chance à un cinéma plus intimiste ou psychologique au scénario puissant, parce que beaucoup moins cher à produire donc minimisant le risque, mais pouvant toucher un vaste public.

Que dire enfin de certains réalisateurs qu'il est très difficile de classifier ? Un Steven Spielberg oscille sans cesse entre la grosse production assez mièvre et le chef-d'œuvre, parfois mélangeant un peu les deux dans des films semi-réussis. Tout le dilemme économique des « majors » est résumé dans ce cinéaste.

Quant aux mœurs humaines d'Hollywood, la façon dont les acteurs en recherche de notoriété sont traités, ainsi que les différents scandales Weinstein, nous ne nous appesantirons pas dessus. Au-delà de ces faits largement repris dans la presse, il serait hypocrite de limiter la critique au seul producteur Weinstein : c'est un ensemble de jeux sociaux qu'il aurait fallu dénoncer, plus ou moins pratiqués par tous, dont Weinstein n'était que la partie émergée.

Un aspect plus inquiétant tient au fait qu'Hollywood sert très souvent de machine de guerre politique et idéologique au gouvernement américain, comme s'il obéissait docilement à ses injonctions. Par exemple lors du déclenchement de la seconde guerre contre l'Irak et à la suite du refus français d'y participer, une série de films mit très vite en scène des personnages de méchants fourbes, sophistiqués, lâches et manipulateurs d'origine ou de langue française.

Je ne défends pas ici mon pays contre un autre : je n'ai jamais caché mon admiration pour les Etats-Unis et pour leur culture économique, à maints

[48] https://www.theguardian.com/film/2017/nov/20/ex-machina-moonlight-how-a24-disrupted-hollywood

[49] https://www.gq.com/story/a24-studio-oral-history

égards bien plus louable que la nôtre. Et concernant l'intervention irakienne, je suis de ceux qui étaient d'avis d'y participer comme pour la première, aux côtés de nos alliés : si la décision était mauvaise, il fallait faire preuve de soutien une fois celle-ci engagée.

Mais l'action quasi réflexe d'Hollywood pour répondre aux désirs des gouvernants de l'époque me gêna profondément, ainsi que l'hystérie quasi raciste manifestée dans les portraits des personnages de « méchants » français.

On attend d'un milieu artistique qu'il ne suive pas docilement les injonctions des gouvernants, qu'il fasse preuve d'impertinence critique, voire produise des charges sans concessions vis-à-vis des pouvoirs en place. Puisque c'était la « lâcheté » française qui était clouée au pilori, se mettre à plat ventre devant le gouvernement Bush Jr de l'époque n'a pourtant rien de glorieux. Les producteurs, metteurs en scène et artistes qui se sont prêtés à ce jeu de scénarios sur commande pour plaire aux puissants auraient dû y songer. En France nous appelons cela des artistes de cour.

Pour autant, les Etats-Unis peuvent se mettre à produire des charges au vitriol contre leurs gouvernants ou contre certains aspects de leur société, avec une vigueur et une sincérité que l'on ne rencontre que rarement en France. Nous y reviendrons plus loin concernant les lois extraterritoriales, les Etats-Unis peuvent aller très loin dans la malversation, mais tout aussi loin dans le contre-pouvoir roboratif.

Ainsi des productions telles que « House of Cards » ou « Green Zone » (non uniquement américain, mais financé en grande partie par Universal Pictures avec Matt Damon dans le rôle principal) prennent le contrepied des discours attendus. Pour ce dernier, la seule conclusion logique qui ressort à la fin du film est que la moitié du gouvernement Bush Jr mérite de nombreuses années de prison ferme.

La dualité américaine de la transgression et de la rédemption force l'admiration, sans que celle-ci soit sans nuances [50]. Hollywood est sans doute l'un des lieux critiques de ce paradoxe : je ne boude pas mon plaisir devant le professionnalisme de « l'entertainment » lorsqu'il est bien fait, tout en sachant qu'une usine à rêves a tôt fait de produire un brouet insipide si elle ne se met pas en question constamment.

Terminons cette visite d'Hollywood par l'évocation de l'un des plus grands cinéastes américains : Elia Kazan. Toute la vision duale des Etats-Unis et son expression exacerbée à travers Hollywood sont incarnées par ce cinéaste.

---

[50] http://le-troisieme-homme.blogspot.com/2017/02/le-plus-seduisant-de-tous-les-monstres.html

Fraîchement débarqué aux Etats-Unis, Kazan eut constamment le souci de plaire et de se faire accepter par sa nouvelle patrie, jusqu'à la déférence excessive en se compromettant avec le Mc Carthysme. C'est en même temps un réalisateur de génie, exprimant à la fois son admiration pour son pays d'adoption et un regard parfaitement lucide et acéré sur ses pires défauts.

« Un homme dans la foule » n'est pas le plus connu de ses films, comparativement à ses chefs-d'œuvre connus du grand public. Mais il résume à lui tout seul cette ambivalence. L'ascension et la chute d'un démagogue en politique lui permettent de visiter tous les travers et faux-semblants de la société américaine. Les dernières images sont celles d'une enseigne lumineuse de Coca-Cola se fondant petit à petit dans la nuit. Tout Kazan est là et avec lui la séduction du monstre hollywoodien, machine à rêves portant tantôt des espoirs sincères magnifiquement fabriqués, tantôt de tristes caricatures d'elle-même.

2.2.5.6 Compétences du contenu valorisées / Compétences relationnelles absentes (les hommes sont des pions) / Secteur des services :

2.2.5.6.1 Opérateurs Telecom : Wild Wild West :

Le cas France Télécom évoqué plus haut est un dérapage au sein d'une industrie qui n'atteint pas de telles turpitudes en temps normal, mais qui a développé une culture peu enviable sur le plan du management humain. Les quatre opérateurs français (Orange, SFR, Bouygues, Free) démontrent une bonne compétence à plus d'un titre, mais au prix d'un management versant dans les défauts de l'extorsion de l'excellence.

Les impératifs de l'adaptation économique dans le secteur des Télécoms expliquent cette douloureuse mutation, comme le montre un excellent article du blog hubone [51]. La concurrence sur les seules infrastructures et sur les plages de couverture a nivelé le métier d'opérateur par le bas, comme s'il commercialisait un bien de consommation matériel sur lequel seule compte la concurrence des prix.

Autrefois métier technique de haute qualification tant qu'il était en situation de monopole, le métier d'opérateur ne devient guère différent de celui de

[51] https://www.hubone.fr/oneblog/quelles-strategies-pour-les-operateurs-de-telecommunications/?cn-reloaded=1

vendeur de chair à saucisse s'il se limite à la puissance des infrastructures et à l'extension de couverture.

Ceci a poussé les opérateurs à une diversification de leur production vers des contenus médias ou de services, avec les difficultés de rentrer dans des cœurs de métier qui ne sont pas les leurs et des barrières légales concernant la commercialisation de contenu dans leur activité.

Il en a résulté un changement de culture dans le management des hommes. Dans ce Far West, les illusionnistes peuvent faire plus facilement recette que les véritables entrepreneurs. Les offres de services connectés ont attiré les plus belles brochettes de bonimenteurs, de consultants restant toujours en surface, de professionnels du *bullshit job.*

Les véritables compétences internes sur ces nouveaux métiers existent chez les opérateurs, mais elles sont fréquemment mises sous le boisseau par les professionnels de l'autopromotion et leur valeur ajoutée plus extorquée que récompensée.

Dans un autre secteur que les Télécoms, celui de l'industrie automobile, la nécessité de proposer des services connectés, ceux de l'internet à bord, a laissé le champ ouvert à tous les opportunistes vis-à-vis de hauts décisionnaires qui n'y connaissaient rien et que l'on pouvait capter par de simples phénomènes de mode.

Certains constructeurs automobiles qui pensaient mettre la main sur un eldorado ont dû rapidement déchanter lorsqu'ils comprirent qu'ils ne ramasseraient que les miettes de ce que les grands acteurs de l'e-commerce et du contenu média digital faisaient depuis des années et qu'ils installèrent à bord via les smartphones beaucoup plus agilement qu'eux.

Il est possible de marier de façon beaucoup plus solide l'offre de services connectés avec l'industrie traditionnelle automobile ou télécom, encore faut-il éviter de se prendre pour un GAFA ou un géant du média digital.

Il n'y a pas de fatalité à ce que le marketing digital soit uniquement un art de la superficialité : en réalité lorsqu'il est bien fait, il est même un métier particulièrement exigeant et rigoureux : nous le verrons dans la présentation des « étoiles ». Mais lorsqu'il doit être greffé à une ancienne industrie, il faut se méfier des effets d'aubaine pour tous les parasites qui prospèrent sur le flou de ces services.

Espérons que le secteur des télécoms achève cette mutation de façon moins chaotique que depuis ces dernières années. L'anomie provoquée par la conversion aux services digitaux a entretemps tétanisé les relations humaines dans ce secteur, bien que technologiquement il recèle des compétences exceptionnelles et reconnues.

2.2.5.7 Compétences du contenu valorisées / Compétences relationnelles absentes (les hommes sont des pions) / Secteur des biens marchands :

2.2.5.7.1 La dure loi de la grande distribution :

Les enseignes commerciales de la grande distribution (Leclerc, Intermarché, Carrefour, Auchan, Lidl, ...) ont pour réputation de gérer les hommes brutalement, qu'il s'agisse des forces de vente ou des employés responsables de l'approvisionnement et des réassorts de stocks.

Les employés de ces groupes se décrivent souvent comme de simples rouages auxquels leurs hiérarchiques s'adressent comme tels : ordres brefs, injonctions, parfois insultes, dans un flux ininterrompu d'actions immédiates. Le professionnalisme logistique de ces enseignes et de leurs employés est en revanche remarquable dans son ensemble. La rudesse semble être dictée par l'efficacité immédiate.

Ce modèle de management est difficilement évitable lorsqu'il s'agit de biens marchands très concrets. Il y a peu de conception amont, essentiellement de l'exécution, du flux et du volume.

Ces milieux rudes montrent un très intéressant paradoxe des relations humaines. Les communications rugueuses ne traduisent pas nécessairement un irrespect humain : parfois oui et parfois non. Une certaine brutalité des relations peut créer une solidarité et un esprit d'équipe, à l'exemple de sports tels que le rugby. J'ai souvent vu au sein des forces de vente ou de la logistique cette rudesse partagée qui caractérise les équipes soudées.

Ce mode de communication est dur en apparence, parfois bien moins pénible que les assassinats feutrés commis dans les directions de siège, tout en diplomatie et en hypocrisie. Les témoignages sur les conditions de travail dans la grande distribution doivent toujours tenir compte de cette nuance. Est-ce vraiment un management considérant les hommes comme des pions et s'autorisant à exercer une pression par n'importe quel moyen - y compris les plus sales - ou bien la rugosité des équipes soudées et authentiques ?

L'on côtoie les deux dans la grande distribution. Les décisionnaires de ce secteur doivent s'attacher à savoir de quel côté l'on penche, car vue de loin, cette nuance est indiscernable.

2.2.5.7.2 Culture de la rugosité dans certaines industries :

Les pratiques et l'atmosphère de la grande distribution se retrouvent dans certaines industries : sidérurgie, transport de fret, équipementiers automobiles. La logique en est la même : ces secteurs comportent beaucoup d'exécution immédiate et concrète. Même en ne le voulant pas, l'incitation à employer les hommes comme des rouages est forte.

Il n'y a cependant aucune fatalité à cela : suivant l'analyse de Michel Crozier, l'on sait qu'il subsiste de nombreuses marges de différenciation même dans des milieux ultra-contraints. La mutation de la production d'acier a ainsi été poussée par la concurrence japonaise puis massivement chinoise. Elle a conduit à considérer l'acier comme un matériau vivant pouvant être diversifié en de nombreuses gammes, non comme un bien unique à débiter le plus rapidement possible.

Dans le domaine des équipementiers automobiles, réputé pour des relations de travail brutales et dures, nous nous permettrons de citer le cas de l'entreprise Valeo, car il en sera dit du bien : s'étant très intelligemment diversifié, Valeo a montré qu'un équipementier pouvait n'être pas du tout à la remorque de ses clients constructeurs et s'imposer comme acteur d'innovation dans nombre de domaines.

Aujourd'hui, Valeo possède des équipes de machine learning parmi les plus réputées de tout le secteur automobile, constructeurs compris, couvrant le contrôle industriel, les capteurs embarqués, la connectivité à bord ou la conduite autonome. Ses percées technologiques dans le domaine de l'aide au parking, ayant stupéfié ses propres clients, sont un succès à verser à son actif.

Le management des hommes s'en est positivement ressenti, cherchant à développer plus qu'à consommer, sans pour autant perdre son rude pragmatisme dont nous avons vu qu'il avait de bons côtés en matière de sincérité des relations.

Il subsiste sans doute encore des travers historiques des relations humaines chez l'équipementier, qui ne nous le fait pas mentionner parmi les « étoiles ». Mais Valeo en est sans doute proche, sur les deux secteurs du management humain et de la compétence qualifiée, dans un domaine qui semblait fermé à toute ouverture. Toute entreprise possède des marges de manœuvre, même lorsqu'elle semble subir des impératifs de production hautement cadencés.

2.2.5.8 *Compétences du contenu extorquées / Compétences relationnelles valorisées / Secteur des connaissances :*

Nous allons à présent examiner le troisième quadrant de notre profilage d'entreprises, celles qui mettent en œuvre un bon management humain de développement des capacités de chacun, mais ne cultivent que peu la compétence sur le contenu.

Comme pour le chapitre qui précède sur les entreprises n'ayant que la moitié de ce qui est conseillé, la nuance s'impose : les compagnies ou institutions en question (il peut s'agir d'organismes publics et non d'entreprises) peuvent déraper vers la tendance sombre dans laquelle compétences et hommes sont méprisés, ou au contraire tendre vers les « étoiles » si elles se mettent à cultiver davantage leur contenu.

Comme précédemment, il ne faut pas non plus se fier aux apparences. L'aspect rugueux des entreprises précédentes ne recelait pas nécessairement un mépris humain. Ici, le côté un peu superficiel des organisations que nous allons examiner en est le symétrique : leur relativisme n'est pas toujours synonyme d'hypocrisie. Entrons maintenant dans le monde de ces organisations souvent liées à la communication et aux médias, sans s'y attarder excessivement, car leur profil se montre plus uniforme.

2.2.5.8.1 Vitrines technologiques : de belles images de compétences clés montées par ceux qui n'en ont pas

Nous ne parlons pas ici d'entreprises, mais plutôt de structures temporaires montées souvent par des équipes ministérielles : incubateurs, « hubs », « factories », plateaux ... toutes structures censées montrer l'exemple et développer des start-up.

L'approche peut être sympathique et rendre de réels services en tant que business angels, par exemple en fournissant aux jeunes pousses le matériel ou les locaux qui leur manquent et en facilitant leurs relations avec les grands groupes. Les équipes de cabinets ministériels montant ces structures peuvent être sincèrement motivées et croire en leur mission.

Mais il apparaîtra toujours un fort contraste entre l'image que celles-ci veulent donner et ce qui fait la réalité d'une jeune entreprise qui se monte. La communication d'Emmanuel Macron sur ce type de sujets est emblématique : brillante, clinquante, souvent bienveillante... et totalement ignorante de ce dont elle parle. Ainsi l'actuel président appelait à ce que davantage de jeunes entrepreneurs souhaitent devenir milliardaires. Aucun entrepreneur véritable n'est attiré en premier par l'argent, mais par son indépendance qu'il considère comme sacrée. Si celle-ci est récompensée par le succès, tant mieux, mais être entrepreneur est avant tout un mode de vie, non un simple appât du gain.

Les équipes publiques chargées de la « facilitation » entre start-up et grands groupes font souvent preuve de naïveté. Elles pensent qu'une mise en contact, l'organisation d'un événement ou au mieux une série d'entretiens avec une grille d'évaluation suffisent à insuffler de l'innovation dans l'économie.

Des liens solides entre start-up et grands groupes nécessitent beaucoup plus. Les grandes sociétés sont toutes dotées d'une direction des achats ayant des critères drastiques de pérennité, de propriété intellectuelle et de robustesse financière qui interdisent rapidement à toute start-up de conclure un contrat.

Dans les grandes entreprises privées elles-mêmes, les initiatives de contacts avec les start-up se terminent souvent de façon pathétique : des équipes opérationnelles compétentes et motivées se rencontrent de part et d'autre, définissent un partenariat viable et profitable … avant que celui-ci ne soit anéanti par le veto des achats.

Il existe pourtant des parades au cercle vicieux qui interdit la confiance à celui qui n'a même pas eu une chance d'essayer de la gagner.

Les GIE permettent à des groupements de petites sociétés de candidater à des appels d'offres en ayant une chance réelle de l'emporter.

Une start-up peut aussi candidater en ayant la garantie d'un grand groupe qui la soutient, selon une forme de parrainage inverse de la spin-off. Ces accompagnements bienveillants sont souvent issus d'une première expérience réussie entre le grand groupe et la start-up sur un périmètre bien délimité. Par la suite, le grand groupe apporte son soutien financier par des prises de participation et son soutien commercial, le parrainage permettant de convaincre de nouveaux investisseurs ou de nouveaux partenaires commerciaux. L'alliance entre Waga Energy et Air Liquide est un bon exemple d'une telle symbiose.

Enfin, des efforts de transformation réelle du département des achats et de sa culture sont possibles. La première chose à faire est de ne pas croire un département des achats jurant ses grands dieux que cette fois-ci il fera preuve de plus de souplesse et est devenu pleinement conscient que les règles de l'innovation nécessitent de nouveaux processus. Cette évolution n'advient jamais d'elle-même, le naturel revenant au galop. Dès que des questions de pérennité sont en jeu, les grilles de scoring sont bien vite ressorties, même si elles ne sont pas du tout adaptées aux nouvelles industries. Un critère révélateur de la mauvaise santé d'une entreprise est un pouvoir de décision excessif donné aux achats, au détriment des équipes « cœur de métier » de conception, fabrication et commercialisation.

Essayez de convaincre un département des achats « classique » de l'emploi d'un logiciel open source et vous mesurerez le cœur des difficultés d'introduire des innovations dans la grande entreprise. Tout bon professionnel de l'IT sait qu'une homologation d'un open source par le W3C vaut mille fois la garantie des plus puissants groupes, mais que ceci ne sera pas pris en compte par les acheteurs, par manque de culture. Une norme de développement internet telle que J2EE présente des risques beaucoup plus faibles de disparaître qu'un logiciel couvert par la licence du plus puissant des groupes privés.

Le département des achats ne peut évoluer sur ce point qu'en « l'inséminant » avec d'anciens ingénieurs dans les hautes technologies afin d'éviter les processus d'évaluation bureaucratiques.

Toutes les initiatives publiques et privées de développer des « hubs », « labs » et autres « factories », rentrent rarement dans ce niveau de profondeur et mettent plus en œuvre des événements que de véritables partenariats. Les équipes de soutien à l'innovation qui font l'effort de passer cette barrière, en comprenant les réticences rencontrées avec les achats ou le juridique, ou les conflits de loyauté avec des directions métier menant à des stratégies du charognard à l'encontre du « Lab », verront leur persévérance récompensée.

Là encore, c'est la compréhension interne des jeux d'acteurs qui détermine la réussite globale de l'initiative économique, non les intentions affichées par la communication Corporate.

Mettre en place des incubateurs nécessite de jouer vraiment le jeu des « business units », c'est-à-dire des entités ayant une réelle autonomie d'action et de budget, détachées de la tutelle des directions métier. Ce type d'initiative souffre souvent à la fois de la tiédeur et de la superficialité : afin de ménager toutes les susceptibilités, l'on ne prend que de semi-décisions comme cela arrive trop souvent dans les groupes français. L'on crée un « Lab », mais entravé par une multitude de rattachements en « dotted line » à de nombreuses directions métiers, et surtout par des freins importants à la maîtrise de son budget et de ses ressources humaines.

Ces compromis douteux et souvent politiques sont les germes quasi garantis de stratégies du charognard qui se déclareront un peu plus tard. Les directions métiers surpuissantes sauront à merveille travestir en arguments rationnels ce qui n'est en réalité qu'un simple problème d'ego pour garder un contrôle serré sur le pilotage des « Labs ». Le niveau exécutif doit toujours avoir ces phénomènes en tête et faire preuve d'autorité pour imposer l'autonomie des Labs : accorder l'indépendance à quelqu'un et faire le pari que tout le monde y sera gagnant est une qualité managériale et psychologique qui n'est pas donnée à tout le monde.

2.2.5.9 Compétences du contenu extorquées / Compétences relationnelles valorisées / Secteur des services :

2.2.5.9.1 Régies publicitaires sans technique : si votre ramage se rapporte à votre plumage

Nous parlons ici de sociétés qui semblent bien sympathiques et qui peuvent même l'être en réalité, les agences de communication, de contenu média digital, très orientées sur le seul habillage du message, mais ayant peu de compétences techniques en interne pour le doter de services au client.

Ces sociétés ont beaucoup prospéré pendant quelques années avec l'essor des smartphones et des réseaux sociaux, offrant des contenus attractifs et partageables, parfois le temps d'un simple événement. Elles disposent de peu d'équipes techniques en interne, sous-traitent beaucoup la réalisation et leurs techniciens propres ne possèdent que les bases de la programmation.

Leurs développements sont « ad hoc », réalisés pour une annonce précise, mais incapables d'être généralisés et étendus pour offrir de véritables services commerciaux tels que la présentation de toute la gamme de produits avec un configurateur et un calcul actualisé et précis des tarifs. Également, ces sociétés montrent leurs limites dès que des services de commande en ligne et de lien avec des plateaux de logistique physique sont à mettre en place.

C'est là toute la différence entre une simple agence de communication et une agence digitale développant des solutions d'e-commerce. Ces dernières ne sont nullement un art approximatif et superficiel, elles ressemblent au plan de bataille militaire d'une véritable armée, nous le verrons dans la présentation des « étoiles ».

Les agences solides savent que la communication la plus brillante ne vaut rien si elle n'est pas sous-tendue par des équipes techniques de premier plan. Un tel dispositif d'excellence coûte cher en talents, car il faut faire cohabiter les meilleurs créatifs avec des « geeks » de premier choix, mais c'est là le prix à payer.

Les agences qui s'arrêtent à mi-chemin et sont composées en grande partie de seuls communicants peuvent réaliser quelques percées brillantes, surtout à l'occasion de salons ou d'événements, mais ont généralement une existence courte.

Il ne faut pas voir uniquement avec ironie leur discours relationnel sur l'ambiance de travail, clamant qu'il n'y a de richesse que d'hommes (ce qui est malheureusement faux) cassant les liens hiérarchiques traditionnels. Ces sociétés cherchent souvent à entretenir plus une vie communautaire qu'une vie d'entreprise. Elles ressemblent à un groupe de hippies californiens, cultivant par leur coiffure, leur habillement ou leurs accessoires un style décalé. De brillantes idées émergent parfois de cette ambiance de contre-culture.

Le modèle communautaire ne doit pas être balayé d'un revers de main comme « non sérieux », car il n'est pas impossible qu'il s'impose comme un concurrent alternatif très puissant aux structures entrepreneuriales classiques : nous y reviendrons.

Un certain malaise dans le monde du travail et les modes de contestation récurrents de l'économie de marché traduisent sans doute le fait que nos modèles de management sont périmés, qu'ils reproduisent de façon mécanique et presque comique les trois Parques noires du management : stratégie du charognard, manager client et loi de Parkinson qui polluent presque tous les grands groupes se voulant « sérieux ».

Les modèles contre-culturels sont une tentative de s'affranchir de ces travers. Cela ne signifie évidemment pas que d'autres jeux d'acteurs ne surgiront pas de ces villages communautaires : tout bon crozérien sait que les jeux de pouvoir sont consubstantiels à l'homme et que l'on n'y remédie surtout pas en prétendant les éliminer. Mais au moins ces autres modes de management permettent d'enrichir la palette des jeux d'acteur et de sortir de l'ornière des extorsions classiques.

Les régies éphémères, à défaut d'être exemplaires, sont un cas d'école intéressant montrant les prémisses de nouveaux modèles de management, nous apprenant beaucoup lorsqu'elles finissent par faillir sur ce qu'il est nécessaire de faire pour transformer l'essai.

2.2.5.10 Compétences du contenu extorquées / Compétences relationnelles valorisées / Secteur des biens marchands :

2.2.5.10.1 Gadgets, bio, tendances : l'insoutenable légèreté de l'être

Des marques telles que Pylônes ou Nature&Découvertes ont habilement investi l'attrait écologique, le goût pour les gadgets décalés explorant de nouvelles tendances et l'ambiance plus ou moins new age des urbains à bonne situation, se piquant d'autant plus de naturel et de spiritualité qu'ils en sont dépourvus.

Ce marketing des bonnes intentions, des tendances soft ou naturelles, peut tomber d'autant plus facilement dans le travers de négliger la structure de ses sociétés qu'il pense que la bonté de son produit l'en dispense.

Ces enseignes se caractérisent par un très fort turn-over, un management brouillon ou inexistant, voire des pratiques qui les rapprochent davantage de la grande distribution une fois la façade de rêve oubliée.

Comme pour les agences de services digitaux précédentes, une telle culture s'est développée de par la nature même des produits : à fort effet émotionnel et effet d'images, ils ne sont pas conçus pour durer ou rendre un véritable service pratique. Il n'est pas non plus question d'en remplacer certaines parties pour les faire évoluer progressivement, comme le sont tous les produits qui ont été bien pensés pour être étendus et maintenus : ce monde qui se veut défenseur de la planète est le règne du jetable et du remplacement par de nouveaux objets d'adoration.

Les questions de maintenance et de scalabilité sont – nous le verrons – des indices sûrs de la bonne gestion d'une société et plus en amont de modes sains dans les jeux d'acteur humains.

Comme pour nos agences digitales douces et superficielles, ces enseignes de produits à la mode peuvent inventer une culture humaine qui n'est pas que de pacotille, inspirée de la communauté plus que de la firme. Il leur suffit d'un souci un peu plus réel pour la qualité et la pérennité de ce qu'ils vendent pour se rapprocher des étoiles, ou a contrario se complaire dans la facilité et les gains à court terme pour développer la culture humaine qui l'accompagne, faite de non-respect de la personne humaine derrière une image angélique.

Quittons maintenant ces mondes de l'artifice, qui nous rappellent toujours le paradoxe que le superficiel touche parfois au profond de façon inattendue, et en fait ainsi de bons objets d'étude du monde entrepreneurial. Certaines sociétés valorisent suffisamment les compétences pour que leurs dirigeants les possèdent et valorisent l'humain pour chercher à ce qu'il se développe dans toute sa complexité.

2.2.6 Les « Etoiles »

Nous abordons maintenant la face lumineuse du capitalisme, celle qui valorise l'initiative et la responsabilité sans comparaison possible avec d'autres systèmes économiques. Les entreprises dont nous allons parler représentent la mince frange sur laquelle l'économie de marché devient vivable et profitable à tous. Il y en a bien sûr de multitudes d'autres. Ceci clôturera le paysage contrasté que nous voulions dépeindre, avec l'objectif de montrer qu'un jugement univoque est impossible sur l'économie de marché et que les moyens d'en tirer le meilleur parti sont complexes, mais possibles.

Ces réussites sont souvent dues à un homme ou quelques-uns. Il ne s'agit pas toujours du dirigeant de la société : l'esprit d'un entrepreneur est beaucoup plus important en matière économique que le niveau hiérarchique de décision. Ceux qui sont devenus dirigeants de telles sociétés ont d'abord inscrit son fonctionnement dans ses gènes lorsqu'ils en ont été les entrepreneurs.

Les hommes à qui l'on doit ces réussites sont paradoxaux. Ils ont su maîtriser des environnements très complexes, mais ont toujours été des personnes simples. Ils vont droit à l'essentiel et poursuivent avant tout une idée bien précise de ce qui doit être fait et pourquoi. Ils sont très lucides quant aux jeux d'acteurs d'une entreprise et s'ils sacrifient à sa forme extérieure, ils savent parfaitement combien le réel pouvoir ne se lit pas dans l'organigramme et à quel type d'homme une entreprise doit sa réussite. Ils sont lucides au point de se méfier d'eux-mêmes : il y a dans tout entrepreneur d'exception un Ulysse demandant à ses propres hommes de l'enchaîner s'il entend le chant des sirènes.

Enfin, ils ont pour principe de management de ne négliger ni mépriser personne, de vouloir développer les capacités de chacun au maximum de ce qui est possible, à tout moment et tout le long de la vie de ses collaborateurs. Ils sont très humbles sur ce sujet : autant ils seront sûrs d'eux quant à l'objectif qu'ils poursuivent et au moyen de le réaliser, autant ils évitent d'avoir trop d'idées préconçues dans le jugement sur les hommes : ils acceptent de pouvoir être surpris et d'apprendre de chacun.

Le manager client, l'opposé des « étoiles », a décidé par avance de ce que serait chacun, quels que soient les efforts que ceux-ci peuvent faire par la suite.

Les étoiles sont passionnément attachées au contenu de leur société, à ce qui fait la spécificité de ses produits : ils ont une âme de designer cherchant jour et nuit de nouvelles améliorations et ont l'amour de ce qui en fait le cœur de métier. C'est la raison pour laquelle ils prennent les bonnes décisions de sous-traitance, gardant toujours près d'eux l'essentiel de ce qui doit être maîtrisé et qui fait l'âme de leur compagnie.

Nous nous permettrons dans ce chapitre de citer nommément certains d'entre eux : nul complexe à cela, puisqu'il s'agit d'en faire l'éloge.

2.2.6.1 Compétences du contenu valorisées / Compétences relationnelles valorisées / Secteur des connaissances :

2.2.6.1.1 L'INRIA : quand les conceptuels sont aussi des praticiens, ils sont invincibles

Un bon indicateur d'excellence pour un institut de recherche tient moins au nombre de publications qu'il produit, qu'aux tentatives de débauches de ses membres par des entreprises privées.

Selon ce critère, l'INRIA est un institut de recherche de premier plan, pas au niveau français, mais au niveau mondial. Les GAFA sont très friandes des « frenchies » versés dans la data science que produit l'institut, les directeurs de laboratoires ayant toutes les peines à les retenir étant donné les sommes qui leur sont proposées.

L'INRIA a été également le fer de lance de la « mission Villani », sous la houlette du célèbre médaillé Fields, visant à analyser les forces et faiblesses de l'IA en France et en Europe. Cédric Villani s'était adjoint Marc Schoenauer, directeur du laboratoire TAU à l'INRIA, comme bras droit pour cette mission.

Une telle reconnaissance provient de raisons précises. En quoi l'INRIA diffère-t-il de nos autres instituts de recherche (CNRS, CEA, etc.) ? L'un de ses secrets est que ses membres sont à la fois très forts conceptuellement et excellents praticiens.

Il est possible de trouver en grand nombre en France des mathématiciens de haut vol. Il est également possible de trouver de très bons développeurs informatiques. Mais il est très rare de dénicher ceux qui savent faire les deux : atteindre un très haut niveau conceptuel, mais savoir mettre ses idées en pratique en développant le code informatique qui leur correspond.

Lorsqu'une entreprise ou une organisation produit un bien rare avec lequel il n'est pas possible de tricher, c'est-à-dire pour lequel la compétence reconnue est entre les mains de ceux qui agissent sur le terrain, elle développera nécessairement une culture humaine saine de management.

L'INRIA illustre au meilleur point un adage connu : quel est le plus gros défaut des Français ? Celui d'être conceptuels. Et leur plus grande qualité ? Celle d'être conceptuels.

Lorsque l'on est conceptuel, mais insuffisamment proche du terrain et de la réalisation, cela produit le verbiage et les réunions interminables malheureusement trop fréquentes dans nombre de grands groupes français. Lorsque l'on est conceptuel, mais que l'on n'oublie pas de se frotter à la réalisation pratique, l'on est quasiment invincible. Les développeurs informatiques français sont souvent appréciés pour savoir penser à long terme, ne pas faire de développements ad hoc et imaginer tout de suite l'extension et la généralisation de leur programme.

L'INRIA représente aujourd'hui l'un de nos meilleurs atouts dans la compétition autour de l'IA et de la Data Science. Il faut développer constamment l'extraordinaire culture de mathématiques de haut vol implémentées dans des programmes concrets, d'ouverture d'esprit et d'exigence extrême qu'elle a su mettre en œuvre. Il y règne également une culture humaine à la fois chaleureuse et exigeante, qui devrait servir de modèle à nombre d'entreprises privées.

2.2.6.2 Compétences du contenu valorisées / Compétences relationnelles valorisées / Secteur des services :

2.2.6.2.1 AKQA : la véritable relation client

Notre visite auprès des agences digitales aurait pu faire croire qu'elles étaient vouées à la superficialité. AKQA en est le contre-exemple : cette agence ne cède rien à la créativité nécessaire à ce milieu, mais elle le concilie avec une rigueur d'exécution digne d'un plan de bataille.

La comparaison avec l'INRIA peut paraître audacieuse pour des domaines aussi éloignés, mais les clés de leurs succès sont finalement les mêmes : concilier les penseurs avec les praticiens, voire faire en sorte qu'ils soient la même personne.

AKQA dispose d'excellents créatifs, mais n'oublie pas de soutenir leurs efforts par des équipes de développeurs web de premier choix. Il ne faut surtout pas donner dans le travers de certaines agences qui veulent séparer à tout prix créatifs et « geeks ». L'inventivité provient de l'interaction entre les deux, voire de leur conflit.

La réussite de l'agence est due en grande partie à son fondateur, Ajaz Ahmed, qui en a défini la culture et le modèle de développement. Son fameux livre, *Velocity*, devrait être enseigné dans tout cursus de management digital : en fait, il en est la bible.

Velocity ne peut être résumé en quelques lignes tant son contenu est riche, mais il développe une idée maîtresse extrêmement simple : le marketing n'existe que si le produit que vous voulez promouvoir rend un service concret à son utilisateur. Ce ne sont pas forcément de grandes choses : il peut s'agir de gagner quelques secondes dans la journée, mais sur une opération répétitive ou de bénéficier d'un confort physique ou mental dans son milieu de travail ou dans les transports.

Il faut être « truly useful » et ne pas tenter de tricher en vantant des qualités qui n'existent pas. Un bon résumé du livre se trouve ici [52], même s'il s'agit d'ailleurs d'une critique assez sévère à la suite du résumé : nous sommes justement dans l'esprit d'Ajaz Ahmed de l'accepter !

AQKA se ramène à un fondamental économique qui est celui de la différenciation et prend le contrepied de beaucoup de littérature en marketing et communication : vous ne réussirez que si vous disposez d'une base réelle. Il ne s'agit pas de « vendre du vent » et d'argumenter n'importe quoi à partir de pure communication, aussi brillante soit-elle.

Organisé autour de 7 lois, *Velocity* résume ce point par une formule provocatrice et très vraie : « **The best advertising isn't advertising** ». Nous sommes loin de la communication bruyante et tonitruante cherchant à imposer son point de vue par des slogans répétitifs : ce type d'annonce est maintenant très mal perçue, à l'heure des médias sociaux où chacun aime à se faire sa propre opinion et où toute communication verticale est considérée comme suspecte. La nouvelle communication est humble, axée sur l'utilité réelle, participative, car requérant l'avis de chacun.

Vanter exagérément ses propres mérites suggère qu'ils ne sont pas au rendez-vous. Ajaz Ahmed cite Jeff Bezos: "Advertising is the price you pay for having an unremarkable product or service". Également, la communication de Nike, forgée en grande partie avec AKQA, dit dans le même registre : "We need to do fewer things better, and make sure our innovation is built around true deep consumer value, not gimmicks".

---

[52] https://blog.oxfordcollegeofmarketing.com/2012/11/19/summary-of-ajaz-ahmed-stefan-olanders-book-velocity-the-seven-new-new-laws-for-a-world-gone-digital/

AKQA peut à ce titre être qualifiée d'« **anti-agence de publicité** », au meilleur sens du terme, car prenant le contrepied de tout ce que le marketing classique enseigne pour se révéler bien plus efficace.

Ajaz Ahmed se méfie également des fonctionnements institutionnels, la routine des jeux d'acteurs des grandes sociétés qui prétendent garantir le succès, mais ne font que s'endormir doucement dans l'habitude puis le déclin. Les règles de fonctionnement Corporate sont trop souvent le prétexte aux jeux de pouvoir malsains que nous avons analysés dans la première partie. L'orientation vers le client et ses besoins concrets permet d'éviter cette autarcie politique qui engendre des monstres organisationnels.

Velocity insiste sur les vertus de l'action et de l'exécution. Il faut éviter de séparer concepteurs et réalisateurs, « donneurs d'ordre » et exécutants, aboutissant à des rôles déresponsabilisants et à connotation négative pour chacun. Il faut dépasser le snobisme ampoulé des « tâches nobles » et « tâches viles » et favoriser la mise en pratique par l'action de ses idées, par la même personne.

Pour ce faire, l'appel au prototypage est fortement conseillé. « Execution is all », nous dit Ajaz Ahmed. Nous sommes loin de la structure "aristocratique" de certaines sociétés pour qui effectuer une tâche concrète est considéré comme déchoir.

Le respect du client est la pierre angulaire de ce mode d'action. Cela signifie ne pas compter ses propres heures afin que celles des clients soient les meilleures possible. L'inverse de la culture interne de Goldman Sachs qui se faisait une gloire de mépriser ses propres clients.

Un dernier point très intéressant concerne la prise de décision. Dans le dilemme de savoir s'il faut être très participatif et demander l'avis de chacun ou décider verticalement sans rechercher le consensus, Ajaz Ahmed propose une troisième possibilité en disant qu'il faut faire les deux ! Les idées doivent être débattues, parfois très vigoureusement avec la règle de ne pas craindre d'être contredit. Puis l'exécutif prend sa décision après avoir écouté les termes du débat, mais sans suivre nécessairement l'opinion majoritaire et au risque de ne pas choisir l'option la plus populaire. Tous les termes du débat sont ainsi examinés sans que la décision soit un consensus mou ou la « synthèse » d'un parti politique.

Cette culture de l'action authentique, du respect du client et du travail interne, de la conciliation entre créativité et rigueur, d'inventivité impertinente tout en restant humble, était quasi matérielle lors de mes rencontres avec des membres d'AKQA.

J'ai eu la chance d'assister à leur intervention lors d'un *Adobe Summit* à Londres. Sur scène, deux consultants d'AKQA se relayaient, l'un ressemblant furieusement à Richard Branson, l'autre à son opposé, nœud papillon et complet impeccables. Ce contraste voulu, une bonne dose d'autodérision, un discours rigoureux, mais humble sur le peu qu'ils pouvaient apporter qui était en réalité beaucoup, m'avait favorablement impressionné.

J'ai eu un peu plus tard à travailler avec l'une de leurs équipes sur un projet complet, pour confirmer que cette culture exemplaire était réelle : mener à bout un projet est une épreuve du feu révélatrice qui teste une société aussi bien dans ses compétences que dans sa culture. AKQA était parmi les toutes meilleures sur les deux tableaux.

2.2.6.2.2 Amazon : responsabilisation et réalisme

J'entends déjà les cris d'indignation dans le choix des « étoiles ». Une GAFA ! En France, il est de bon ton de les dépeindre comme de grands méchants loups en lieu et place d'analyse : le discours ambiant sur les GAFA est le degré zéro de la pensée économique.

Si l'on examine ce qui est reproché la plupart du temps à Amazon, c'est principalement de faire du profit. Cela semble être une insulte suprême en France, sans aucun questionnement de savoir si ce profit est légitime ou non.

Je n'ai franchement pas ménagé les travers de l'économie de marché, lorsque le profit est obtenu par des moyens détestables, dans la toute première partie de cette cartographie. Il est très malvenu de critiquer le capitalisme sur ses réussites légitimes sans les dissocier de ses malversations : cet amalgame revient à condamner toute prise d'initiative, bonne ou mauvaise, pour ne lui opposer qu'un discours castrateur et aigri.

Amazon est critiqué comme signant la mort des petits commerces, revendeurs ou réseaux secondaires de contenu média (ou autre). Outre qu'Amazon a au contraire revivifié certains de ces circuits en les invitant dans son réseau de distribution, de façon à proposer des contenus rares et anciens, personne n'a songé à proposer des services équivalents, voire meilleurs, plutôt que de geindre contre celui qui avait une longueur d'avance.

Plutôt que de porter des jugements simplistes, il faut analyser ce qui a fait le succès d'Amazon, qui ne doit rien au hasard et provient d'un mode de conduite de la société en tous points exemplaire.

Jeff Bezos est extrêmement lucide sur les travers des grandes sociétés, sur les jeux d'acteur fallacieux qui peuvent s'y dérouler et y a remédié par des règles très pratiques et concrètes.

L'une des plus connues est le bannissement de PowerPoint. Tout exposé dans un comité de décision chez Amazon ne se fait jamais par PowerPoint. L'auteur de l'exposé doit rédiger un mémo de 4 à 6 pages. Les participants au comité doivent prendre 20 minutes pleines à lire ce mémo en début de réunion. Puis ils posent leurs questions et le débat d'idées commence sur la proposition.

Le génie de Jeff Bezos est d'arriver à condenser en actions très simples et pratiques des antidotes à toutes les perversions du management.

La règle du mémo évite en premier lieu les communications superficielles, les jeux entretenus par les communicants de grandes entreprises qui supplantent le travail sérieux des opérationnels, voire qui les en spolie. Au passage, cette règle prend le contrepied du culte de la vitesse et du simplisme que l'on rencontre trop souvent dans les conseils en management, confondant la véritable vitesse d'action avec l'agitation superficielle (cf. notre chapitre « Théorème de la vitesse »).

L'obligation de lire un texte pendant 20 minutes oblige également à la concentration, une qualité qui se perd dans la grande entreprise. Il paraît incroyable de devoir instaurer un contrôle presque scolaire de ce type à des décisionnaires de haut niveau, mais la pratique des comités exécutifs donne pleinement raison à Jeff Bezos : il est incroyable de voir à quel point certains décisionnaires peuvent venir en réunion sans aucune préparation ni aucune connaissance réelle de leur sujet et vont tout de suite se ruer sur la bataille politique de leur propre intérêt sans aucun souci d'analyse.

Ce qui devrait être un lieu d'excellence est trop souvent à mi-chemin entre la foire d'empoigne et la cour de récréation, environnement dans lequel les bateleurs et charlatans auront partie facile pour spolier des mois de travail d'équipes opérationnelles très investies.

Jeff Bezos parvient à contenir l'une des grandes sources des 3 stratégies noires par une règle de fonctionnement très concrète. Ceci est caractéristique des managers d'exception, capables de voir très loin tout en restant des personnes simples et proches des autres.

Une autre moins connue est la « Two pizza rule » [53]. Elle stipule simplement que toute équipe interne doit rester suffisamment petite pour que deux pizzas

[53] https://www.forbes.com/sites/quora/2017/10/11/what-is-the-internal-culture-like-at-amazon/

suffisent à la nourrir pour un repas. Avec des pizzas au format américain, l'on peut imaginer que cela signifie une taille critique n'excédant pas douze personnes.

Au-delà de la boutade, la « Two pizza rule » est une façon très pratique de promouvoir la notion de « Business Unit » dans l'entreprise, de petite équipe autonome à qui on laisse une grande indépendance d'action et de budget.

Jeff Bezos est très conscient des défauts de lourdeur et de conflits de loyauté de l'organisation matricielle. Une organisation réticulaire en petites unités indépendantes se révèle bien plus efficace et évite les tentations de spoliation précédemment décrites. Il faut en revanche avoir le courage de ne pas ménager les susceptibilités de ceux voulant se construire des baronnies au sein de l'entreprise.

On m'opposera sans doute les conditions de travail et le mode de management dans les centres d'expédition d'Amazon dans chaque pays. Certainement, cette partie de l'entreprise liée à chacune de ses chaînes logistiques locales ne peut maintenir la culture dont nous avons parlé : ne soyons pas naïfs, le mode d'organisation de ces centres doit ressembler bien plus à ce que nous disions de la grande distribution qu'au modèle d'Amazon.

Nous parlons donc ici des équipes qui mettent en place en permanence l'offre CRM, d'e-commerce et de distribution du groupe depuis les USA. Il n'y a pas de miracle : une entreprise de la taille d'Amazon et de son niveau de diversité géographique ne peut maintenir un mode de fonctionnement univoque partout.

En définitive, la réussite de Jeff Bezos a été réalisée a contrario de tous les clichés que l'on accumule souvent à l'encontre d'Amazon : Réflexion approfondie et non-superficialité comme garante de la véritable vitesse, culture de petites équipes pour éviter les directeurs / manipulateurs et leurs effets de bord politiques, souci du service long terme respectueux de ses clients et non du profit immédiat.

Les contempteurs des GAFA comme archétype des « méchants capitalistes » devraient prendre un peu de recul sur leur propre simplisme et sur leur incapacité à distinguer une réussite légitime de celle qui doit être condamnée.

Pour notre part, l'odyssée de Jeff Bezos depuis son modeste garage jusqu'à maintenant ne nous fait exprimer qu'un seul sentiment : un immense respect.

2.2.6.2.3 Parenthèse : et les autres GAFA ?

Vient une question naturelle : si nous avons placé Amazon parmi les étoiles, quid des autres GAFA ?

2.2.6.2.3.1 Google : proche des étoiles, mais…

Concernant Google, je serais tenté de la placer proche des étoiles. Mais mon sentiment est plus mitigé vis-à-vis de la firme de Mountain View que pour Amazon. Certains aspects de Google suscitent mon admiration voire mon émerveillement. Le niveau atteint par leur IA à travers AlphaZero ne peut que fasciner les amateurs de jeux de stratégie dont je suis. Je ne pensais pas voir de mon vivant une machine vaincre le champion du monde de Go; or cela n'a été l'affaire que de quelques années. Quant au jeu d'AlphaZero aux échecs, il a tellement fasciné les amateurs du noble jeu que l'on pense que l'IA de Google a fait mieux que très bien jouer : elle a extrait la quintessence des échecs [54].

De même, les performances de leur voiture autonome Waymo sont ce qu'il y a de plus avancé dans ce domaine, même si la voiture autonome est un cas d'école passionnant poussant l'IA à ses limites sans qu'elle parvienne à un plein succès. En tous les cas, le mode d'introduction des Waymo sur la route

[54] https://www.europeanscientist.com/en/features/properly-used-ai-could-pave-the-way-for-a-new-renaissance/

- contrôlé et responsable - contraste avec ce qui a été dit plus haut à propos d'Uber...

Du strict point de vue tactique, la mise en place progressive de Google Maps force l'admiration. Présentée quasiment comme une entreprise philanthropique pendant des années, financée à perte pour la pure beauté du lien entre les hommes, Google Maps a été pensé dès le départ pour s'emparer de l'énorme business des services connectés géolocalisés. Une stratégie d'entrisme incroyablement audacieuse pour rendre indispensable un produit gratuit qui se révélera être un levier d'affaires gigantesque par la suite.

L'initiative alla au-delà de toutes les espérances, car je pense que même les stratèges de Google n'imaginaient pas s'imposer comme la solution de GPS majoritaire, tuant presque tous les GPS dédiés (Tom-Tom, Here), obligés de se reconvertir dans les niches de la cartographie HD, grâce au rachat de Waze. Tout ceci est de bonne guerre et extrêmement bien joué.

Sur le plan humain, Google semble être une compagnie respectueuse de ses collaborateurs et promouvoir un management agile évitant les pires travers des trois Parques. Il semble tout de même que les illusionnistes prédateurs puissent s'y glisser plus facilement que chez Amazon, sans toutefois prendre le pouvoir. Plusieurs témoignages font état d'entorses sérieuses à la méritocratie, d'une présence trop lourde de politique interne, de managers-clients extorquant le talent de meilleurs qu'eux, bien que cela reste minoritaire.

La taille de Google ainsi qu'une politique managériale sans doute moins déterminée que celle de Jeff Bezos à chasser les vendeurs d'illusions ont dû permettre ces quelques dérives.

Ajoutons-y l'utilisation contestable des données personnelles de leurs clients et utilisateurs, tentation extrêmement puissante lorsque l'on possède une part de marché aussi écrasante sur les moteurs de recherche. Google étant plus un lieu de passage nodal qu'une entreprise commercialisant un produit ou un service, selon un business model publicitaire inédit, la relation passionnée au client et la culture d'un service impeccable sont certainement moins prégnantes. Or, nous l'avons vu, une culture orientée client requiert nécessairement une organisation humaine saine, car préférant l'utilité concrète et démontrée aux jeux de politique interne. Google bénéficie dans une moindre mesure de ce garde-fou.

Enfin, la politique de rachats tous azimuts de toute start-up pouvant leur faire de l'ombre et sur des domaines de plus en plus étendus pose la question de la situation de monopole et d'abus de position dominante. Si un Larry Page et un Sergey Brin arrivaient sur le marché d'aujourd'hui, ils seraient sans doute fauchés avant d'avoir pu monter une quelconque affaire par la politique de rachat de Google.

En définitive, Google est certainement une entreprise qui mérite beaucoup d'estime et dont les réalisations dans certains domaines forcent l'admiration, mais dont la culture humaine recèle encore quelques défauts l'empêchant d'atteindre tout à fait les étoiles sur lesquelles prendre modèle.

2.2.6.2.3.2 Apple : un OVNI hors catégorie

Il ne nous est pas possible de situer Apple au sein du paysage des entreprises que nous avons esquissé. Apple n'est pas seulement l'une des GAFA parmi d'autres, elle est une compagnie inclassable, hors normes. Elle est issue de la vision si personnelle d'un homme que nul ne sait si l'entreprise lui survivra. Sa fondation repose moins sur un projet entrepreneurial que sur une philosophie de la vie et un regard très particulier sur le monde, qui en ont fait un modèle unique en son genre : Apple est une singularité, au point que certains l'ont qualifiée de « secte ».

La seule entreprise qui pourrait être comparée à Apple est Tesla, Musk et Jobs ayant en commun de faire porter à leur entreprise leur vision du monde à un point tel qu'elle en devient une fenêtre sur leurs rêves intimes.

Nous n'irons donc pas plus loin dans l'analyse économique. Il y a cependant une leçon à tirer d'Apple sur ce plan, qui est la possibilité de changer totalement de modèle de développement, de faire absolument tout ce qui est contre-indiqué par n'importe quel manuel de management. Si un directeur financier avait eu un quelconque rôle auprès de Steve Jobs, il aurait fait 3 ou 4 crises cardiaques au cours de la vie de la compagnie. Mais Jobs, heureusement, n'en a jamais écouté aucun.

L'expérience que Jobs a faite dans un Ashram ou sa proximité avec l'All One Farm, c'est-à-dire des modèles de vie communautaire, nous indiquent une piste très intéressante. L'immensité de l'océan des jeux est telle que certains modes de fonctionnement économiques peuvent ne ressembler à rien de ce que nous connaissons. L'enseignement de l'économie est beaucoup trop étroit, dans le sens où il ne donne pas même une idée de ces *terra incognita*.

Nous devons admettre que l'économie de marché telle que nous la connaissons n'est pas nécessairement le mode de fonctionnement le plus efficace, mais le petit endroit local et historique où nous nous trouvons actuellement au XXIe siècle, pouvant être bouleversé à tout moment par l'immensité inexplorée des jeux d'acteur humains. L'expérience de Jobs conduit à nous ouvrir à des points de fonctionnement inédits de l'économie, montrant que nous ne sommes peut-être qu'à la préhistoire de celle-ci. Des modèles de sociétés beaucoup plus perfectionnées que la nôtre peuvent modifier notablement le paysage économique. Nous y reviendrons.

2.2.6.2.3.3 Facebook : certainement pas une étoile

L'usurpation de ConnectU par Mark Zuckerberg et la création de faux profils par le fondateur de Facebook pour couler ses anciens coéquipiers sont des faits connus : Facebook est né d'une stratégie du charognard comme acte fondateur. Cela s'en ressent dans l'historique du développement de la société comme dans la culture qu'elle favorise.

Je ne m'étendrai pas sur les nombreuses malversations dont le réseau social s'est rendu coupable, Cambridge Analytica n'étant que l'une d'entre elles. Il y aurait aussi beaucoup à dire sur la politique de modération de Facebook et sur ses rêves subliminaux d'influencer l'opinion de façon masquée.

En tous les cas, dans ses méthodes comme dans ses résultats, Facebook ne figure certainement pas parmi les étoiles qui valorisent à la fois la compétence et le développement humain.

2.2.6.2.3.4 Microsoft : justement, nous allons y venir

Les GAFA sont appelées de plus en plus souvent GAFAM, afin d'y inclure la firme de Redmond. Donné pour quasi mort et obsolète il y a quelques années, devenu l'exemple de ce qu'il ne faut pas faire en termes d'usage simple et pratique pour ses clients, Microsoft a réussi un redressement stupéfiant que personne ne conteste guère aujourd'hui.

Nous en analyserons les ressorts, car un chapitre des « étoiles » lui est consacré un peu plus loin : le nouveau Microsoft, renouant avec celui imaginé au tout début par Bill Gates, en fait certainement partie.

2.2.6.2.4 La Redoute : Nathalie Balla et Eric Courteille redessinent les nouveaux chemins du marketing

En janvier 2014, personne ne donnait cher de l'existence de La Redoute. Vendue à ses dirigeants par le groupe Kering pour un euro symbolique, ses ventes baissaient de 10 % chaque année depuis 2010 et le groupe perdait plusieurs dizaines de millions par an.

La concurrence des plateformes de vente en ligne, Amazon en tête, ne semblait laisser aucune chance au groupe nordiste. L'e-commerce fonctionne à l'heure voire à la minute près, entre observation individuelle du comportement client, mise à jour personnalisée de l'offre, transmission immédiate de la commande au centre logistique, enfin expédition dans les quelques heures.

L'ancien métier de vente par correspondance ne ressemblait qu'en apparence à l'e-commerce : en réalité, les deux n'ont rien à voir. La réduction drastique des cycles de temps n'est pas qu'une différence de quantité : elle induit des changements qualitatifs considérables en termes d'organisation et de moyens.

En plus de la concurrence d'Amazon, de plus petits acteurs avaient déjà investi les niches traditionnelles de l'habillement dans l'e-commerce, Zalando et Asos par exemple. La situation semblait totalement sans avenir.

La très belle sortie par le haut réalisée par Nathalie Balla et Eric Courteille montre qu'aucune fatalité ne résiste à une bonne organisation et d'autre part qu'à la litanie sur les « méchants GAFA », la meilleure réponse qui soit est d'en faire autant plutôt que de geindre et taxer.

La réussite de Jeff Bezos ne doit rien au hasard comme nous l'avons vu, celle de Nathalie Balla et Eric Courteille également. Dans ce contexte, une saine concurrence est toujours possible : ceux qui crient contre les GAFA le font par peur, sans avoir le courage de les affronter sur leur terrain.

Le business case de La Redoute devrait être enseigné dans toutes les écoles [55], [56], [57]. Le principal mérite de leurs deux dirigeants est d'avoir remis en question tous les modes de fonctionnement traditionnels de l'entreprise. Les hauts faits de management proviennent de dirigeants faisant l'inverse de ce à quoi ils sont habitués, également qui ne se fient pas aux apparences immédiates.

L'e-commerce n'est pas la vente par correspondance en un peu plus rapide. Là où les prévisions de vente calendaires étaient maîtresses, il fallait dorénavant mesurer les « visites », les « leads » et les ventes en ligne, avec le taux de transformation entre chacune de ces étapes. Il a fallu aussi beaucoup de courage à l'équipe dirigeante pour se séparer de son centre de logistique

[55] https://business.lesechos.fr/directions-generales/strategie/transformation/030553225783-la-redoute-les-3-clefs-du-redressement-313243.php

[56] https://www.challenges.fr/femmes/comment-nathalie-balla-a-redresse-la-redoute_626493

[57] https://bfmbusiness.bfmtv.com/entreprise/la-resurrection-de-la-redoute-1133086.html

historique et en bâtir un adapté aux contraintes de la commande en ligne : passer de 2 jours à 2 heures !

Enfin, les nouveaux entrepreneurs de La Redoute mirent en place une participation au capital pour tous les salariés. Ce type de restructuration nécessite l'adhésion de tous. En ouvrant un fonds de participation au capital, Nathalie Balla et Eric Courteille faisaient un pas vers un modèle économique dont nous reparlerons.

2.2.6.2.5 Le nouveau Microsoft : la reconnaissance des aptitudes

Savoir quel fut le premier succès de Microsoft qui permit à Bill Gates de lancer la société est un point très débattu. Beaucoup citeront le premier contrat le liant à IBM et lui permettant de toucher un pourcentage sur chaque PC équipé de MS-DOS. Si la signature de ce contrat au détriment de Digital Research permit incontestablement à Bill Gates de prendre son essor financier et de disposer de fonds suffisants à tous ses projets, il ne s'agit que d'une négociation bien menée. Microsoft n'aurait pas acquis l'envergure qu'elle possède maintenant sur la seule base d'une négociation réussie à sa naissance.

Nous pensons que le point qui fut déterminant est un constat extrêmement simple fait par Bill Gates. Il date des premières versions de Windows et non de l'essor de MS-DOS : ce qui intéresse la grande majorité des gens n'est pas d'avoir la machine technologique la plus perfectionnée qui soit, mais avant tout de pouvoir s'en servir simplement et rapidement.

Le coup de génie de Bill Gates fut de faire porter par Windows la gestion de tous les pilotes de périphériques compatibles PC, tandis que cette tâche était à la charge de chaque éditeur de logiciel sous MS-DOS. Peu s'en souviennent, mais les problèmes de compatibilité d'imprimantes avec tel PC et tel logiciel étaient un véritable cauchemar. Bill Gates avait compris que le principe du « plug & play » était beaucoup plus important que n'importe quelle sophistication technologique. Les entrepreneurs légendaires doivent être des hommes simples pour cette raison : ils remarquent ce qui va servir à M. tout le monde, mais qui avait échappé à tous.

Après la conquête d'une position qui semblait le rendre inattaquable à la place de n°1 – via l'adoption de Windows sur la presque totalité des PC - Microsoft fut attaqué par ses concurrents selon des chemins que personne n'avait imaginés. Le règne des données résidant physiquement sur un PC arrivait à son terme, l'ère du cloud et des clients légers fit des postes de travail davantage un réceptacle qu'un objet de valeur. Microsoft manqua également le virage des smartphones à double titre : ils ne purent imposer leur OS comme ils l'avaient fait pour les PC et leur store d'application resta loin derrière celui d'Apple et de Google. Enfin, Windows devint souvent la risée du public en comparaison d'Apple, par son ergonomie lourde et les mille recommandations qu'il était nécessaire de savoir pour s'en servir, quand l'aspect intuitif d'Apple le rendait accessible à des enfants de 4 ans [58].

Le repli de Microsoft qui lui valut de connaître les enfers pendant quelques années au point de se demander s'il n'allait pas disparaître est extrêmement instructif. Il montre qu'une société, aussi puissante soit-elle et qui semble tenir une position dominante pour l'éternité, peut toujours être renversée.

L'attaque provient toujours d'un endroit que l'on n'attend pas. Les sociétés qui mettent à bas le groupe dominant ne l'attaquent pas frontalement sur ses points forts – où la barrière d'entrée sur son marché est exorbitante – mais sur toutes ses lacunes qui font de ses points forts de futures coquilles vides.

La leçon est darwinienne, mais au sens véridique du terme, non par la loi du plus fort, mais celle de l'adaptation au changement. Un titan économique n'est jamais défait par un autre titan comparable, mais par une colonie de fourmis qui le grignotent jusqu'à le faire s'effondrer.

Microsoft n'est pas passé loin de cette chute, mais sa renaissance est le deuxième point instructif, après celui de son premier déclin depuis une position qui semblait imprenable.

Certains signes avant-coureurs annonçaient l'arrivée d'un nouveau Microsoft. La sortie de la *Kinect*, quelles que soient les critiques portées sur les finitions techniques de cette interface, montrait une grande originalité : après un très fort engouement, les ventes de la Kinect s'érodèrent puis le produit fut retiré, mais l'idée d'une interface purement corporelle n'a certainement pas dit son dernier mot.

L'arrivée de Windows 8 traduisit un complet changement de philosophie au sein de Microsoft. Comme toutes les versions de Windows, celle-ci peut être critiquée sur plus d'un point. Mais elle permit à la firme de Redmond de reprendre le leadership sur l'interfaçage en tuiles, en ayant l'audace de bouleverser la présentation d'écran en autant de blocs indépendants et fluides. Ce ne sont pas Apple et Google qui firent la course en tête du *Responsive Design* sur tous les supports, mais bien Microsoft.

Avec Windows 8, Microsoft décida aussi d'une ouverture partielle puis totale de son store d'applications à la communauté libre des développeurs. Cette acceptation de développements qu'il ne contrôlait plus entièrement et

---

[58] https://www.youtube.com/watch?v=EUXnJraKM3k

accueillant des initiatives totalement externes fut encore renforcée avec Windows 10, s'ouvrant nativement aux développeurs Linux sous Unbutu en le rendant directement téléchargeable depuis le Microsoft Store.

Steve Ballmer accompagna la sortie de Windows 8 avec l'humour de l'autodérision, toujours bon signe dans la culture humaine d'une compagnie, osant déclarer que le nouvel OS allait surprendre tout le monde parce que ce serait un produit Microsoft et que pour une fois il serait bon.

Plus récemment, Microsoft a montré qu'il savait investir de nouveaux domaines hors de son cœur de métier traditionnel, achevant de quitter le monde du PC fermé et autarcique. Azure, sa solution de Cloud, est devenue l'une des plus appréciées du marché. Et Cortana, son interface vocale bourrée d'IA, s'est révélée plus performante que Siri sur plus d'un point.

Cette mutation d'ensemble de Microsoft peut être résumée d'un trait, qui est une loi importante du management de toute société : **ne pas imposer au client l'organisation interne de l'entreprise, mais au contraire imposer le client à tous niveaux de l'organisation**. Les sociétés mal gérées reflètent leurs particularités d'organisation, notamment les cloisonnements ou conflits internes entre leurs directions, dans la relation au client final. Celui-ci doit subir et résoudre par lui-même le fait que c'est tel ou tel service qui gère un aspect de son problème et entamer un parcours du combattant à travers les différents services, en étant renvoyé sans cesse de l'un à l'autre.

Ce n'est pas au client de subir les guerres politiques ou cloisonnements territoriaux entre services et devoir s'y adapter. Ainsi certains opérateurs Télécoms infligent à leurs clients de devoir se débrouiller en appelant plusieurs fois, si lors d'un déménagement ils passent de l'ADSL à la fibre ou l'inverse, sans suivi de dossier et en devant tout réexpliquer et négocier à chaque nouvel interlocuteur. Les garages automobiles présentent souvent le même défaut entre les ateliers de mécanique et de carrosserie.

Avant sa mutation que l'on peut dater de l'année 2012, les produits de Microsoft reflétaient ses difficultés d'organisation interne et les faisaient subir à ses clients. La non-ouverture à la communauté des développeurs en était le symptôme corrélatif. Depuis, la firme de Redmond a eu pour souci de ne pas plonger ses clients au centre de ses propres jeux d'acteurs et propose des approches unifiées, quels que soient les départements qui en sont chargés.

Sur le plan des conditions de travail de ses salariés, Microsoft a toujours eu une bonne réputation. Il ne faut bien sûr pas compter ses heures et la pression est forte, mais un management réussi se montre toujours exigeant : le stress véritable ne provient pas de la surcharge de travail, mais du sentiment de manipulation et d'injustice décrit dans la première partie de notre cartographie.

Un principe a guidé Microsoft dans le management de ses salariés dès le départ : ils sont déchargés le plus possible de toutes les tâches annexes et bureaucratiques qui ne concernent pas leur métier. Ils peuvent ainsi se concentrer sur des activités qui nécessitent une grande continuité de concentration. Si la bureaucratie n'est pas absente, elle est prise en charge par des secteurs supports dont c'est le métier.

Les entreprises qui demandent à chaque salarié de gérer par lui-même tous ses méandres bureaucratiques en plus de sa mission se préparent des lendemains difficiles. Il ne s'agit pas seulement d'une gestion absurde revenant à payer des tâches de peu de valeur à un taux horaire élevé, mais également de non-respect de ses propres employés.

Microsoft s'est toujours montrée exemplaire sur ce point, révélateur de la reconnaissance des aptitudes de chacun. Sa mutation - qui lui a permis de sortir de ses travers de fermeture et de bureaucratie - lui fait rejoindre sans conteste à nouveau les étoiles.

2.2.6.3 Compétences du contenu valorisées / Compétences relationnelles valorisées / Secteur des biens marchands :

2.2.6.3.1 Fabrice Brégier chez Airbus : Master and Commander :

Entre 2013 et 2017, Airbus a signé les résultats commerciaux les plus considérables de son histoire, parfois les plus élevés de toute l'histoire de l'aéronautique toutes entreprises confondues, qu'il s'agisse de chiffre d'affaires, de résultat net ou de résultat d'exploitation.

Cette santé, portée par les modèles A320Neo et A350, est due en grande partie à un homme : Fabrice Brégier.

Infatigable capitaine d'industrie, passionné par tous les détails de son produit, discutant directement avec les bureaux d'étude et les chaînes de montage pour court-circuiter la politique des hiérarchies intermédiaires, Fabrice Brégier est l'inverse de ces dirigeants qui ont peur de leurs propres équipes et de la confrontation avec leurs compétences, en se réfugiant derrière des tableaux de bord et des ratios financiers.

Les restructurations et optimisations de processus ont été nombreuses sous le règne de Fabrice Brégier. Mais jamais elles ne furent menées pour des raisons arbitraires et superficielles, par des règles de trois simplistes de réduction de coût : **tout accroissement de l'efficacité économique était dû à une**

amélioration industrielle réelle, c'est-à-dire intégrant l'ensemble du processus de fabrication et de commercialisation.

Ce refus de la superficialité et des discours convenus des comités de direction se reflètent dans la personnalité du capitaine d'industrie. Fabrice Brégier est décrit comme un homme réservé, presque timide, mais intraitable dès lors qu'il s'agit de la réalité factuelle de son produit.

« Préférant le tarmac aux dîners en ville » [59], peu enclin aux mondanités, Fabrice Brégier est de cette étoffe authentique dont sont faits les entrepreneurs véritables : modeste, mais implacablement déterminé, exigeant jusqu'à être cassant, mais toujours respectueux des hommes, ce sont les attitudes médiocres et les « bobards » qu'il ne supporte pas. **L'exigence dure, mais non arbitraire est une forme de respect humain bien plus poussé que la complaisance lâche**.

Fabrice Brégier a porté l'une des plus grandes réussites de l'histoire de l'industrie. Comme pour les dirigeants de La Redoute, elle est le fait de personnes peu remarquées médiatiquement, mais infiniment plus solides et authentiques que les patrons férus de communication et d'indicateurs superficiels, arrivés par les seuls moyens de la politique et de la stratégie des trois Parques.

Connaître véritablement l'économie, c'est savoir apprécier ce type de personnalité, ne pas se fier aux apparences. Trop souvent en France, nous valorisons les dirigeants qui savent surtout se mouvoir entre les jeux d'appareil. Est-ce pour cette raison que Fabrice Brégier s'est tourné après Airbus vers la filiale française d'un groupe américain de haute technologie, sa passion première ?

A l'heure où la France recherche de véritables capitaines d'industrie pour diriger ses grands groupes, par exemple un Renault bien pris en main par Jean-Dominique Sénard, mais qui ne pourra être qu'un patron de transition du fait de son âge, nous ferions bien de nous en souvenir. L'or n'est pas là où on le pense et les véritables décisionnaires économiques ne sont pas ceux qui diffusent le verbiage habituel de la rentabilité et de l'efficacité tout en ignorant leurs leviers parce qu'ils ne les ont jamais pratiqués.

Que les dirigeants français qui recherchent un candidat au pilotage d'un de nos fleurons industriels le sachent : il existe tout près d'eux un véritable *Master and Commander*.

---

[59] https://www.lepoint.fr/economie/airbus-fabrice-bregier-patron-exigeant-et-cheville-ouvriere-de-la-branche-aviation-19-02-2018-2196151_28.php#

2.2.7 Comment naviguer ?

La complexité de l'océan des jeux en découragera certains : elle semble livrer le monde économique à des affrontements incessants dont la profondeur et la variété aboutissent à un résultat aléatoire. Les facteurs d'alliance et de trahison entre les différentes entités rendent le jeu hypersensible. Il semble impossible de savoir de quel côté la pièce va tomber. L'on pourrait être tenté de s'en tenir au « laisser faire » et se ranger au résultat de l'affrontement. C'est cependant cette attitude fataliste qui peut mener à rester indéfiniment coincé dans des équilibres sous-optimaux en économie, iniques vis-à-vis de l'organisation de la société.

Certaines mesures peuvent être prises pour s'orienter dans l'océan des jeux. Comme toujours, il faut les appliquer avec humilité : elles permettent de se frayer un chemin au sein de l'océan, non de décider du rythme des vagues. L'on ne dirige pas l'océan, cela n'empêche pas de vouloir nous mener à bon port.

Voici quelques parades contre les différents effets pervers énumérés plus haut :

- Toujours ménager des contre-pouvoirs. Eviter que l'un des pans de l'entreprise accapare son pouvoir de décision. Une direction dominant l'ensemble des jeux de l'entreprise, quelles que soient la qualité et l'intelligence de ses membres, tombera dans les travers de « qui contrôlera le contrôleur ». Il faut prendre garde en particulier à deux types d'entités prenant un pouvoir exorbitant : 1. Celle regroupant les « sachants » de l'entreprise, par exemple l'ingénierie dans une entreprise industrielle ou les forces de vente dans une entreprise de services. 2. Celle mettant des personnes dans la position de juger sans jamais être jugés eux-mêmes, ce qui peut être le cas des directions de la qualité, du contrôle de gestion ou des achats lors de certaines dérives. "Tout pouvoir corrompt et le pouvoir absolu corrompt absolument", disait Lord Acton. L'on pourrait ajouter qu'aucune intelligence ni aucune volonté humaine, aussi hautes soient-elles, ne résistent longtemps à cet effet dissolvant du pouvoir, notamment au sentiment d'impunité et d'invincibilité.

- Surveiller de très près le conflit de loyauté entre directions de projets et directions métier lors de grands projets d'entreprise. En particulier, veiller à ce que tout grand projet bénéficie d'une autonomie budgétaire, d'une autonomie de ressources humaines et matérielles et d'une autonomie de décision. Tout projet important doit être structuré en « business unit » : l'entreprise doit être prête à en jouer le jeu.

Souvent, par cet effet de compromis propre aux grandes entreprises, des décisions timorées sont prises. L'on n'accepte pas de jouer entièrement le jeu de la Business Unit et l'on conserve une dépendance importante de la direction de projet auprès des directions métier, souvent pour ménager politiquement la toute-puissance de ces dernières. Lorsqu'un projet conserve encore de tels carcans, il est certain qu'il sera victime un peu plus tard d'une stratégie du charognard : l'apparition de celle-ci pour des équipes projet dont on a gardé des chaînes bien serrées a la même certitude qu'une loi scientifique.

- Favoriser les initiatives de « Petite entreprise dans la grande ». Les dérives de jeux d'acteurs apparaissent le plus souvent dans de grandes structures, où il est beaucoup plus facile de jouer sur les apparences et où la création de postes n'ayant pas une utilité opérationnelle immédiate permet tous les détournements. Plus que jamais, « small is beautiful ». Une entreprise intelligente et adaptative est celle qui autorise en son sein l'existence de « pirates », créant des projets par des voies non officielles. Ramener systématiquement les créateurs de projet aux standards de l'entreprise correspond généralement à une stratégie de recherche de pouvoir et de contrôle absolus.

- Surveiller les « stratégies du charognard » lors des fins de projet et ne pas hésiter à sanctionner lourdement ceux qui en jouent. Afin de déterminer si une alerte lancée sur la qualité d'une fin de projet est objective ou non, se ramener à des prototypes fonctionnant réellement, non à des KPIs sur d'hypothétiques processus censés garantir la réussite du projet. On ne juge pas un projet à sa conformité à des indicateurs de processus, mais à ses livrables intermédiaires.

- Contrer les communications superficielles : revenir à la pratique des dossiers de décision. cf. l'interdiction de PowerPoint par Jeff Bezos dans tout comité de décision à fort enjeu.

- Réinternaliser la qualité dans les équipes projet : l'indépendance de jugement doit provenir d'un rôle, non d'une direction séparée. Le souci de qualité est évidemment louable. Mais comme pour beaucoup de notions importantes, l'on pense résoudre le problème en créant une direction spécialisée dans celle-ci, ce qui fait irrésistiblement penser à la création d'une commission chaque fois qu'un problème se présente, avec les résultats que l'on sait.

Une direction de la qualité totalement séparée des métiers finit rapidement par devenir non compétente dans les cœurs d'activité qu'elle doit évaluer. Elle finit par s'attacher plus à la forme qu'au fond, devient une usine à production d'indicateurs éloignée des enjeux réellement importants, oblige davantage à des vérifications tatillonnes qu'à de véritables améliorations de la qualité.

Ceci est encore le meilleur des cas. Dans le pire, elle devient le refuge de tous les opportunistes, de ceux qui emploient la position de juger sans jamais être jugés, qui brandissent des méthodologies sans rien connaître du terrain, qui agitent le sérieux et la rigueur comme des mantras quand eux-mêmes ne savent produire que des graphiques sans analyse approfondie d'un processus industriel. Les méthodes de pilotage de la qualité fondées uniquement sur des indicateurs d'avancement et de livrables de projet ont pour trait caractéristique qu'elles pourraient s'appliquer aussi bien à la production de voitures que de savonnettes, ce qui signe leur imposture. L'aspect métrologique de leur présentation impressionne les comités de direction, mais est le fait de bateleurs et de lanceurs de paillettes.

La qualité véritable nécessite de connaître intimement le processus industriel sur lequel on travaille, non de le survoler par des signaux extérieurs le considérant comme une boîte noire. Il est pour cette raison indispensable que l'ingénieur qualité appartienne à l'équipe projet et qu'il partage ses objectifs. On se récriera en disant que la qualité doit être une fonction indépendante, afin d'éviter l'effet de juge et partie. C'est ici qu'il ne faut pas confondre un rôle et un département. Il est tout à fait possible de définir des contre-pouvoirs à l'intérieur même d'une équipe. J'ai vu ainsi des ingénieurs assurance qualité appartenir pleinement à un plateau projet, mais être d'une intransigeance absolue vis-à-vis de leurs propres collègues, considérant qu'il s'agissait de leur mission. Des acteurs intelligents comprennent ce type d'action : ils savent que leur ingénieur qualité est la rude meule à laquelle ils doivent confronter leur conception. La qualité est une chose trop importante pour en faire une direction à part séparée des cœurs de métier.

- Veiller aux conflits entre instances Corporate et Régionales. Appliquer les notions de contre-pouvoir. Nous l'avons vu, les conflits entre le siège et les instances locales sont l'un des principaux leviers des stratégies des trois Parques. Suivant l'enseignement de Michel Crozier, nous savons que l'on ne résout pas ces difficultés en prétendant supprimer les conflits, mais en les équilibrant, de façon à ce que l'un des acteurs n'abuse pas de son jeu. Les abus peuvent provenir aussi bien du siège que des entités régionales, selon la configuration. Une direction centrale trop écrasante et ignorante de spécificités régionales ou une cabale montée par les régions pour prendre le pouvoir sur un projet stratégique à la place des équipes Corporate sont également possibles. C'est là encore la notion de « cœur de métier » et de connaissance réelle de ce qui fait l'ADN de l'entreprise qui peut nous guider : l'équilibre se produit lorsque l'on dissémine ceux qui maîtrisent le cœur de métier de l'entreprise aussi bien au siège qu'en régions, en veillant à ce qu'il n'y ait aucune notion de supériorité acquise de l'un sur l'autre. Le dialogue et l'estime réciproque qui naissent de la connaissance du produit et de son orientation centrée sur le client prennent alors le pas sur le clivage politique de la structure, même si celui-ci existe toujours de façon sous-jacente.

- Ne pas laisser les fonctions support prendre le pouvoir de décision et imposer leurs propres procédures de façon opaque. Un signe révélateur d'une entreprise se laissant aller aux trois Parques est qu'elle finit par remettre le pouvoir de décision aux fonctions support plus qu'aux directions opérationnelles. C'est un effet par ricochet des stratégies du charognard, des coteries de managers client et de la loi de Parkinson : les opportunistes préfèrent les fonctions de contrôle à celles d'exécution. Plus que jamais, il faut refuser la séparation stricte entre ceux qui font et ceux qui font faire, entre « donneurs d'ordre » et « exécutants ». Ces distinctions à connotation méprisante et aristocratique sont la plaie de l'entreprise et se montrent particulièrement redoutables en France, pays n'ayant jamais totalement rompu avec l'ancien régime. Il faut comprendre que c'est l'exécution qui est noble et qui apporte de la valeur, un travail gigantesque sur soi-même pour les Français. Un véritable concepteur est quelqu'un qui n'instaure aucune séparation entre conception et exécution, entre pensée et action : il exige de réaliser jusqu'au bout son idée, la fois par passion et par honnêteté intellectuelle.

2.2.8 L'entreprise sans managers

La structure idéale d'une entreprise serait de se passer totalement de managers, les niveaux hiérarchiques étant réduits à leur plus simple expression.

Dès lors que le mérite en entreprise est mesuré par l'accession à un poste élevé et non par la maîtrise d'une compétence, il est impossible d'empêcher que la course aux postes ne devienne le seul et unique objectif de tous, jusqu'à l'obsession.

Idéalement, l'entreprise devrait récompenser (par le niveau salarial, par des codes ou titres de reconnaissance) ceux qui ont pris des responsabilités de conduite de projets complexes et qui détiennent des compétences rares, et n'accorder qu'une très faible importance aux positions de manager hiérarchique.

Ce déplacement de l'incitation a pour but de revaloriser la compétence, l'engagement et les savoir-faire authentiques et de combattre les méfaits de la course aux postes. Le seul véritable moyen de promotion ne serait pas de monter dans la hiérarchie, mais de démontrer des compétences et un savoir-faire supérieurs. Ces derniers seraient rétribués fortement par le salaire et non par une place dans un organigramme, nécessairement génératrice d'effets pervers.

Les analyses de Gary Hamel ou Isaac Getz et Brian Carney doivent être lues : investir sur la liberté et la confiance placées dans ses employés est un placement à haute rentabilité. Il faut se méfier comme de peste des titres et des positions prestigieuses : le prestige doit provenir de ce que l'on fait. Il n'y a qu'un besoin très faible de ces fonctions de représentation regroupant des centaines de personnes sous une direction.

L'organisation réticulaire en petites équipes indépendantes doit prendre le pas sur l'organisation matricielle, devenue un véritable outil d'extorsion de la valeur. Ce changement n'ira pas sans difficulté, car il fera perdre beaucoup à certains décisionnaires actuels, ceux qui doivent leur carrière à la pratique des trois Parques. Tant que cette structure de la grande entreprise ne sera pas changée, elle attirera et promouvra les pervers narcissiques, aboutissant à des structures efficaces, mais très iniques et cyniques. Comme le montre « l'entreprise libérée » [60], une efficacité supérieure est possible, dans un mode de management des hommes bien plus souhaitable.

[60] https://www.amazon.fr/dp/2081379511/ref=cm_sw_em_r_mt_dp_U_UzdMCb3VBBTNK

2.3 Misère de la macro-économie

Sans compréhension des jeux d'acteurs dans l'entreprise, la macro-économie est une ratiocination vide ayant toujours un temps de retard sur la vie économique. La macro-économie comme discipline isolée commet l'erreur d'assimiler la science économique à une sorte de physique, au sein de laquelle le bilan des forces exercées sur chaque entité permettrait de prédire leur trajectoire. Elle est une transposition dont la rationalité se comprend, mais fondamentalement fausse, biaisée – et c'est heureux – par le libre arbitre humain.

L'analyse des jeux d'acteurs ne doit pas, pour cette raison, tomber dans la même ornière. C'est la raison pour laquelle la théorie des jeux ne doit être comprise que comme un élément incomplet d'explication, non comme un modèle dont le déterminisme s'imposerait aux hommes. Nous pouvons construire une science économique à partir d'une systémique des relations de pouvoir au sein de l'entreprise, mais sans jamais oublier que cette systémique ne doit pas être appliquée comme un calcul déterministe du comportement des hommes.

La systémique permet seulement de repérer dans quel paysage et dans quel contexte s'exercent les jeux de pouvoir, quelles sont localement les stratégies à disposition des acteurs en présence. Elle permet de savoir si nous sommes dans une ornière ou un jeu admettant des stratégies saines de développement économique. Mais elle ne permettra jamais de connaître de façon infaillible laquelle de ces stratégies sera appliquée.

Il n'y a pas d'exploration des jeux d'acteurs sans considération du système dans lequel ils sont plongés et qui les contraint, ni a contrario de système s'imposant de façon infaillible au point de dicter les rôles à chaque acteur. L'analyse est celle des jeux d'acteurs au sein des contraintes du système, acteur et système ne cessant de s'interstructurer mutuellement.

Nous défendons une liaison forte entre micro et macro-économie, entre compréhension des jeux de pouvoir au sein de l'entreprise et situation économique à l'échelle d'une nation, voire mondialement entre pays pratiquant l'économie de marché. Seulement à cette condition, la macro-économie permet de fournir des prédictions efficaces, ainsi que des recommandations d'action.

Concrètement, comment fonctionne cette liaison forte entre micro et macro-économie ? Deux exemples nous permettront de mieux la comprendre et d'illustrer son efficacité.

Le premier exemple est celui déjà cité de la « Loi de Parkinson » en économie publique. [61]

La loi de Parkinson explique que toute administration publique grossira inexorablement, jusqu'à atteindre une taille sans aucun rapport avec la tâche qui lui incombe, si rien ne vient barrer son expansion.

La raison de cette expansion indéfinie, propre à toute bureaucratie, réside dans deux jeux d'acteurs :

Le premier est le travers humain bien connu, qu'un responsable de département cherchera à asseoir son importance en ayant les effectifs les plus importants possible. L'augmentation des effectifs de départements concurrents ne répondra à aucune nécessité véritable, mais uniquement à des besoins de valorisation d'ego. Parfois, ce n'est pas l'inflation d'effectifs qui est au préalable de l'expansion, des quotas d'embauches pouvant exister. En revanche, de nouvelles règles et règlements seront créés, toujours pour des questions d'ego et d'autovalorisation, qui finiront par exercer une pression sur les embauches.

Créer de nouveaux règlements pour laisser sa marque et se sentir exister est une dérive fondamentale de toute administration. Bien évidemment, les conséquences pour les administrés seront catastrophiques, avec des codes (du travail, des impôts, de la création d'entreprise …) de plus en plus artificiellement complexes et incompréhensibles. Mais une administration hors de contrôle possède son autonomie propre et suivra la logique de la flatterie de ses barons internes, bien avant celle du service de ses bénéficiaires.

Un second facteur vient aggraver la tendance au sureffectif : la croissance exponentielle des relations interpersonnelles entre acteurs. Dès que les effectifs augmentent, les communications deux à deux croissent de façon exponentielle pour que tous soient au même niveau d'information. L'administration génère ainsi sa propre charge, avec un ratio entre discussions entre ses membres et travail immédiatement utile chutant vers des rendements de plus en plus faibles. L'augmentation d'effectifs n'accroit que de façon dégressive la puissance de travail : une grande partie de celle-ci est réabsorbée par le maintien de la cohérence interne, plus lourde avec de grosses équipes. L'adage bien connu selon lequel « doubler les effectifs sur un projet aboutira à doubler la durée du projet » relève de cette observation.

Nous voyons ainsi une stratégie d'acteur micro-économique, la volonté de s'autopromouvoir en grossissant ses équipes ou en inventant de nouvelles règles pour la seule et unique raison d'en être à la source, entrainer immédiatement une conséquence macro-économique : le creusement des

[61] https://fr.wikipedia.org/wiki/Loi_de_Parkinson

déficits publics. La croissance jamais interrompue des effectifs publics en France et l'inefficacité toujours plus importante entre dépenses investies provenant de l'impôt et services obtenus n'ont pas d'autre explication.

Nous subissons des dépenses publiques de plus en plus exorbitantes pour un résultat toujours moindre, non pour des questions de « rationalisation » des organisations ni de « modèle » de service public qui serait défaillant, mais parce que les guerres de pouvoir narcissiques au sein d'une bureaucratie aboutissent inévitablement à une explosion des effectifs si personne ne vient les arrêter. De surcroît, les nouveaux postes créés le seront sur des tâches d'une utilité douteuse : non seulement les effectifs croissent, mais le ratio entre postes véritablement utiles et postes « paperassiers » se dégrade.

Les opérationnels de terrain de la fonction publique croulent sous le poids d'armées d'administratifs de plus en plus nombreux. A titre d'exemple, le ratio entre administratifs et médecins est deux fois plus élevé dans les hôpitaux publics que dans les cliniques privées[62]. L'hôpital public ne manque pas de moyens : ceux-ci sont absorbés par des armées de « gestionnaires » et de bureaucrates dont les personnels soignants sont les premières victimes.

La compréhension du mécanisme entre micro et macro-économie permet de prendre les bonnes décisions de réformes. Les incitations vagues à « rationaliser » les organisations ou encore à remettre en question la nature des prestations rendues par le « service public à la française » sont un faux débat. Nos services publics, tant en santé, en éducation que dans les fonctions régaliennes de l'état de police et de justice ont été il y a quelques décennies parmi les meilleurs du monde avec moitié moins d'effectifs administratifs. Là est le vrai problème.

Sa solution ne passe que par la suppression pure et simple d'un grand nombre de postes qui viennent alourdir l'administration et pénalisent les véritables fonctionnaires, ceux qui accomplissent une tâche opérationnelle d'utilité immédiate. L'utilité d'une infirmière, d'un professeur, d'un policier est immédiatement visible et incontestable. Celle des armées croissantes de bureaucrates qui les accompagnent et qui se mettent en tête de les encadrer beaucoup moins.

Comme bien souvent, les décisions douloureuses de réduction d'effectifs versent toujours dans la même et dramatique erreur. L'on réduit encore un peu plus les effectifs des opérationnels de terrain, mais l'on ne touche pas à ceux des administratifs. L'on sectionne encore un peu plus les muscles, mais l'on

---

62 https://www.lecourrierdesstrateges.fr/2020/01/19/pour-en-finir-avec-limposture-des-hopitaux-publics-qui-nauraient-pas-de-moyens/

ne touche pas à la graisse. Les forces vives encore existantes sont encore un peu plus faméliques tandis que les poids morts ne sont jamais inquiétés.

La raison de cette étrange erreur est simple : ce sont les administratifs qui élaborent et présentent les dossiers de décision de réduction des effectifs. Nous retrouvons l'un des jeux d'acteurs précédents et un principe stratégique maintenant bien reconnaissable : se débrouiller pour occuper les positions permettant de juger sans jamais être jugé soi-même. Les administratifs se constituent rapidement en caste s'autoprotégeant. Ils jouent à un jeu similaire à celui des directions métier contre les directions projets, représentées par les opérationnels utiles, pour obtenir un pillage toujours croissant à leur avantage.

Chacun connaît la plaisanterie profonde de la compétition d'aviron. Normalement, les équipages d'aviron sont constitués de 5 rameurs et d'un barreur. A la fin de la compétition, la France arrive bonne dernière. A la surprise générale, son équipe est constituée d'un seul rameur et de 5 barreurs. L'on demande alors au capitaine d'équipe de la France ce qu'il va faire, en lui faisant comprendre qu'il est urgent d'agir. « Nous allons prendre des mesures immédiates », répond-il. « Nous allons licencier le rameur ». Cette blague bien connue est en réalité un cours d'économie magistral, valant bien plus que les pénibles modèles enseignés à l'université.

Les administratifs présenteront toujours leur point de vue en montrant – graphiques à l'appui – que leur charge de travail rend déjà leurs effectifs tout juste suffisants. En réalité, ces calculs de charge ne tiennent pas compte de l'explosion des communications interpersonnelles, qui vient grever le travail utile. La notion intuitive de « réunionite » est la traduction concrète de cet effet : dans les organisations en sureffectif, les employés ont l'impression de consacrer tout leur temps en réunions et communications entre services au détriment du travail utile.

Les réformes de la fonction publique oscillent ainsi en France entre deux propositions inacceptables : celle de ne jamais réduire les effectifs, en arguant de « la défense du service public » et celle de tailler dans les maigres forces opérationnelles existant encore, aboutissant à dégrader encore un peu plus la qualité de service.

L'action juste réconcilierait pourtant libéraux et défenseurs du service public. En rétablissant un ratio correct entre opérationnels et administratifs, non seulement les effectifs diminueraient radicalement, mais la qualité du service public redeviendrait bien meilleure. Les premiers pénalisés par la croissance pléthorique du service public sont les fonctionnaires eux-mêmes, ceux qui font œuvre utile et s'engagent dans une mission d'intérêt public.

Une telle réforme n'est jamais mise en œuvre en France parce que les chefs de file des administratifs sont les hauts fonctionnaires français. L'ensemble de l'économie française et les fonctionnaires subissent une pression devenue intolérable, de par les guerres narcissiques menées entre membres de cette caste ou par des accroissements d'effectifs et d'émoluments dans des proportions scandaleuses, assimilables à un racket d'état. [63] [64]

L'exemple de la loi de Parkinson montre comment s'articulent la compréhension de jeux d'acteurs au niveau micro-économique et la façon dont ces jeux sont intégrés au niveau macro-économique, avec une résultante très néfaste pour l'ensemble des politiques publiques. L'analyse reliant ces deux niveaux permet d'éviter les écueils, faux problèmes et fausses justifications, pour s'orienter vers une action véritablement efficace.

La micro-économie, à travers l'analyse stratégique des jeux de pouvoir entre acteurs, redonne son « âme » à la macro-économie. Il n'y a pas de science économique véritable si le libre arbitre humain n'est pas présent. Ceci rend impossible l'établissement de l'économie comme science dure. Il faut admettre que l'économie demeure et demeurera toujours à mi-chemin entre sciences exactes et sciences humaines.

L'erreur serait en effet de représenter le libre arbitre humain comme l'un des paramètres d'un modèle mathématique, pour dire qu'il a été pris en compte. Ceci explique la mise en garde crozérienne de ne pas prendre la théorie des jeux comme une modélisation absolue, aussi puissante soit-elle. La théorie des jeux est un outil très utile à l'analyse des stratégies d'acteurs, en rien un modèle déterministe de leurs comportements.

L'analyse stratégique permet de retrouver une rationalité (limitée) dans l'analyse des comportements économiques, tout ayant sous les yeux les différentes intentions possibles des acteurs en présence. Elle sera infiniment plus efficace que la macro-économie mathématique pour prévoir les prochains coups de chaque acteur, les cercles vicieux et vertueux, passer des modèles de comportement et de management aux impacts globaux de politique économique.

Le second exemple d'un passage entre les niveaux micro et macro-économique nous est fourni par le modèle central qu'est « la stratégie du charognard ». Je ne reviens pas sur sa description en termes de jeux d'acteurs, ses variantes ayant été longuement approfondies.

Le jeu d'acteur micro-économique du charognard explique à un niveau macro-économique ce que des ouvrages comme « La médiocratie » [65] d'Alain

---

[63] https://www.contribuables.org/2018/03/les-primes-illegales-des-hauts-fonctionnaires-de-bercy/

[64] https://fr.irefeurope.org/Publications/Articles/Remunerations-a-Bercy-exces-opacite-et-illegalite

[65] https://www.amazon.fr/m%C3%A9diocratie-Alain-Deneault/dp/2895961956

Deneault ou « Snakes in suits » [66] de Paul Babiak et Robert D. Hare décrivent. Nous obtenons, dans le monde des entreprises comme dans le monde des organisations publiques, des dirigeants superficiels, narcissiques (jusqu'à la perversion), centrés sur des effets de communication et sur des jeux financiers plutôt que véritables pilotes de leurs sujets.

Comme mentionné plus haut, l'organisation de la Camorra décrite par Roberto Saviano dans Gomorra [67] n'est pas seulement une excellente analyse d'un célèbre syndicat du crime. Elle est aussi un modèle central de jeux d'acteurs pouvant se transposer au monde de l'entreprise. **Ce que montre très bien Saviano est qu'une mafia se caractérise avant tout par le pillage et l'extorsion du talent des autres, non par une activité criminelle.** Le crime n'en est qu'une des conséquences logiques, lorsque le jeu de pouvoir est poussé jusqu'au bout.

Gomorra doit être considéré comme un très grand livre, pas seulement un documentaire sur la criminalité organisée en Italie, mais un modèle général d'organisation propagé dans tout le monde économique. La description poignante que fait Saviano de personnes prêtes à tout pour briller ne serait-ce que 5 minutes dans le modèle de société de la Camorra, fait irrésistiblement penser à la course aux postes dans les grandes entreprises.

La seule chose qui différencie une grande partie du monde économique actuel de l'organisation de la Camorra est l'usage de l'élimination physique, encore que les jeux de pouvoir économiques puissent aller jusqu'à cette extrémité dans l'entreprise classique. Il peut s'agir également d'une mort sociale extrêmement dure, suffisante pour que sa victime en ressorte brisée. L'exemple de l'emprisonnement de Frédéric Pierucci (Alstom) par la justice américaine pour d'uniques raisons de prédation économique entre pays montre que les comportements camorristes sont maintenant courants dans les comités exécutifs des grands groupes.

L'analyse de la stratégie du charognard comme attracteur fort de l'océan des jeux nous permet de comprendre un équilibre sous optimal de l'ensemble de l'économie : celui dans lequel il devient de plus en plus évident que nous sommes plongés et coincés. Le paysage économique actuel ressemble à l'un des scénarios du dilemme du prisonnier itéré, celui dans lequel les stratégies de prédation ont vaincu les stratégies d'entrepreneuriat, où la population des dirigeants applique une stratégie autorenforcée de récupération et d'extorsion du travail de plus talentueux qu'eux, parce que la configuration du jeu rend cette stratégie plus payante et plus simple que les autres.

---

[66] https://en.wikipedia.org/wiki/Snakes_in_Suits
[67] https://fr.wikipedia.org/wiki/Gomorra_(roman)

Rappelons trois choses concernant la possibilité de ce sous-équilibre :

1. Il n'est pas en contradiction avec l'efficacité globale de l'économie, la valeur continuant d'être produite par ceux dont le travail et l'imagination sont extorqués, une prime marginale étant simplement prélevée par les dirigeants qui les encadrent.

2. La « révolte » de ceux qui apportent de la valeur – s'ils décident de ne pas se laisser faire - est étouffée par le fait que la stratégie du charognard s'autorenforce au-delà d'un certain seuil de domination. Les acteurs qui l'appliquent agissent de façon synchronisée pour préserver le privilège qu'ils ont obtenu, ce que les sciences cognitives expliquent bien : chaque stratégie s'autorenforce à chaque confirmation, jusqu'à devenir imprenable.

3. Il n'est nullement le résultat d'un « complot » ou d'une connivence consciente de la part d'une caste ayant réussi à prendre les manettes : nous ne sommes pas en train de réécrire une nouvelle « lutte des classes ». L'intérêt de l'analyse par la théorie des jeux est qu'elle explique très bien la formation de noyaux durs de comportement, sans verser dans le complotisme. Les « castes et cliques » sont simplement le résultat final de processus d'autorenforcement et d'organisation spontanée d'automates cellulaires. Au point que les membres de ces castes ne sont même plus conscients de leur comportement, voire en sont prisonniers pour être allés trop avant dans son engrenage.

   La capacité d'autorenforcement des sciences cognitives aboutit à une synchronisation et une cohérence effrayantes des jeux d'acteurs, capables de réagir à toute contre-stratégie de façon fulgurante pour la tuer, sans même que les acteurs aient conscience d'y participer. Cette capacité d'action fulgurante est la marque des processus cognitifs, car un complot explicite n'atteindrait jamais un tel niveau de précision et de profondeur. **Il y a donc des complots, mais pas de comploteurs**, tous se trouvant engagés et prisonniers de la logique d'acteur qui acquiert son autonomie propre.

   Lorsqu'un mode de fonctionnement mafieux préside au pilotage de l'entreprise, chaque acteur pris individuellement en sera conscient, le regrettera et s'en plaindra, y compris les principaux bénéficiaires du système. Mais chacun continuera d'entretenir ces comportements, selon le raisonnement typique du dilemme du prisonnier : « si je ne le fais pas, quelqu'un d'autre le fera avant moi, même s'il s'agit d'un comportement répréhensible ».

Saviano décrit également très bien cette logique : les dirigeants de la Camorra sont « à cheval sur un tigre ». Une fois engagés dans la logique criminelle de l'organisation, ils ne peuvent plus en sortir même s'ils le veulent, car ils seront promptement éliminés s'ils ne renforcent pas constamment leur stratégie de prédation. Contrairement aux théories complotistes, ceux que l'on croit manipuler les manettes ont en réalité des marges de manœuvre très restreintes, l'engrenage des jeux d'acteur prenant le pas sur leur liberté propre.

Un symptôme classique du sous-équilibre de dirigeants vainqueurs par la stratégie du charognard est que les décisionnaires se focalisent sur le « quoi » et sur les cibles finales et non sur les « comment » et sur le pilotage des phases intermédiaires.

Les dirigeants superficiels se gargariseront de « vision », « cible stratégique » les mettant en valeur, sur des objectifs finaux que personne ne conteste parce qu'évidents. Les véritables entrepreneurs passent très vite à la question du « comment », la recherche de solutions, plutôt que de tourner indéfiniment autour de la description de ce qui doit être.

Certains économistes dénonceront ainsi à l'envi le problème des dépenses publiques, des taxes excessives et des règlements hypertrophiés. Tous ces éléments sont parfaitement exacts, mais ils sont connus depuis très longtemps, y compris au cœur même de la fonction publique. Le système généralisé d'extorsion de fonds par une frange minoritaire de fonctionnaires privilégiés, au détriment des Français et au détriment de la fonction publique opérationnelle et active est un phénomène largement connu [68] (cf. également les rapports annuels de la Cour des comptes).

Si vous interrogez individuellement un haut fonctionnaire, il déplorera la plupart du temps cet état de fait, à titre personnel. Mais par le mécanisme du dilemme du prisonnier, il continuera de se servir dans la caisse, de façon à ne pas être désavantagé vis-à-vis de ses pairs et rivaux : « je sais que ce que je fais est condamnable, mais si je ne le fais, un autre en profitera avant moi ».

La question n'est donc pas de répéter indéfiniment la description du symptôme, comme le fait l'économiste autodidacte pensant avoir fait une grande découverte que tout le monde connaît depuis 40 ans. La question est de savoir pourquoi, alors que le problème est reconnu depuis longtemps, personne n'a engagé de réformes.

Lorsqu'un problème est patent, mais que personne n'est parvenu à le résoudre, voire n'a jamais osé s'y attaquer, il est certain que c'est une

---

[68] https://www.albin-michel.fr/ouvrages/les-fonctionnaires-contre-letat-9782226219244

stratégie de jeux d'acteurs qui en est à l'origine. La dénonciation du problème ne sert à rien, il faut orienter tous les efforts vers la conduite du changement, savoir comment casser l'entente implicite qui verrouille le système à réformer. **Le gouvernement Balladur avait identifié avec raison ce qu'il appelait les « noyaux durs », le cœur du capitalisme de connivence à la française.** Le chemin à suivre se trouve ici, vers le démantèlement de ces noyaux durs.

Un autre exemple d'action par de faux dirigeants obnubilés par le « quoi » plus que le « comment » nous a été donné par les récentes taxes sur les carburants ayant provoqué la crise des gilets jaunes. L'impact de ce qui allait advenir après une telle mesure avait été parfaitement prévu un an auparavant par l'INSEE, qui en avait alerté Bercy[69].

La haute fonction publique du ministère des Finances a choisi délibérément d'ignorer l'avertissement de l'INSEE, en se fondant sur un raisonnement faux : les taxes n'auraient pas un impact si dramatique sur le pouvoir d'achat, car la base d'imposition diminuerait par effet de désincitation : les gens prendraient simplement moins leur voiture, plutôt que d'avoir à assumer ce surcoût.

Ce raisonnement est typique de décisionnaires superficiels, car il n'intègre aucun calcul temporel. Les effets de substitution tels que ceux attendus ne se font pas du jour au lendemain : un petit artisan ne peut se passer de sa voiture individuelle et posséder une autre solution de mobilité en quelques semaines ou quelques mois ni le simple employé ou ouvrier situé dans une zone mal desservie. Toute mesure possède une « élasticité », un « temps de relaxation » pour reprendre un vocabulaire économique, qui peut s'échelonner parfois sur plusieurs années. Les « raisonnements » tels que ceux de Bercy sont le fait d'esprits superficiels se gargarisant à longueur de journée de généralités sur l'avenir de la planète, que personne ne conteste en tant que tel, mais qui n'ont aucune utilité opérationnelle.

L'article mentionné en référence du Figaro conclut à bon escient. Les couloirs de Bercy, encombrés d'énarques, ne possèdent qu'un vernis économique. La rigueur et la précision avec laquelle un institut comme l'INSEE peut travailler sont totalement hors de portée de leurs esprits. Les manettes de la politique économique du pays sont confiées à des mondains dissertant sur le devenir de la planète dans 40 ans et prenant des décisions lourdes de conséquences sur cette base. La ruée irrationnelle et idéologique des modes de propulsion

69 http://premium.lefigaro.fr/conjoncture/2018/12/18/20002-20181218ARTFIG00180-comment-bercy-a-refuse-de-voir-l-impact-desastreux-des-taxes-sur-le-pouvoir-d-achat-en-2018.php

automobiles vers le tout électrique en est une autre illustration. Un parc automobile mondial composé majoritairement de voitures électriques serait un désastre économique et écologique.

Les phases de transition font beaucoup moins rêver que les envolées politiques sur les cibles finales. Dommage, car c'est bien leur pilotage qui distingue le véritable décisionnaire. Ce sont elles qui nécessitent finesse, profondeur d'analyse et imagination, ancrées dans l'expérience du réel.

3 Le Tao de l'économie

Formons à présent une synthèse, pour extraire quatre principes fondamentaux de l'économie.

3.1 Premier principe : supériorité de l'économie de marché

Entre la foi aveugle dans le marché et son bannissement par des idéologies qui le contestent intrinsèquement, il y a sa nécessaire critique. Oui, l'économie de marché est, jusqu'à nouvel ordre, le mode de fonctionnement de l'économie qui se révèle supérieur à tous les autres. Aussi est-il inquiétant de voir le monde politique faire ressurgir toutes les chimères de l'économie planifiée ou d'autres utopies fondées sur de bonnes intentions.

Mais l'arrogance avec laquelle les tenants de l'économie de marché la défendent est le plus mauvais service qui peut lui être rendu. L'argument qui en plaide la cause est churchillien et modeste : elle est le pire des systèmes à l'exception de tous les autres. Toute prétention plus élevée que celle-ci n'est pas seulement agaçante sur le plan moral, elle sera implacablement mise à bas par les faits.

Les « mondialistes » geignant en permanence contre la montée des populismes devraient y penser : c'est leur arrogance et leur attitude d'esprit encore plus fermée que celle de leurs adversaires qui est responsable de leur montée. Selon un mot d'ordre qu'ils invoquent pourtant bien souvent, ils n'ont à s'en prendre qu'à eux-mêmes et à leur propre responsabilité.

Car défendre l'économie de marché requiert de comprendre **pourquoi** elle est un système pour l'instant inégalé, non de le faire par réflexe ou par des arguments superficiels que tout le monde connaît, mais qui relèvent de la pensée magique. Le libéralisme moderne a trahi ses propres fondements en jetant aux orties tout esprit critique et tout usage sagace de la raison humaine. Ceci provient ironiquement de ceux qui se targuent de représenter les « cercles de la raison », les plus dogmatiques et les plus creux « penseurs » économiques contemporains, n'ayant jamais mis les pieds dans l'entreprise réelle.

Le bagage conceptuel du dernier siècle permet de comprendre de manière claire pourquoi l'économie de marché supplante tout autre mode d'organisation. La main invisible n'est plus un mécanisme mystérieux : elle trouve son fondement et son explication dans une science récente dont Hayek fut l'un des précurseurs.

La main invisible n'est autre que la capacité d'auto-organisation que l'on rencontre dans les sciences cognitives. Il faut envisager l'économie comme une immense machine autoapprenante, un réseau d'automates cellulaires faisant émerger une organisation spontanée selon les stimuli qu'elle reçoit.

L'efficacité de l'économie de marché en découle directement : au-delà d'un certain niveau de complexité, un problème ne peut s'aborder qu'à l'aide d'une heuristique. Lorsqu'un problème atteint la NP complexité, l'on sait qu'il ne peut être traité de façon satisfaisante sans la gamme des méthodes d'optimisation du « machine learning ».

Dès lors, toutes les propositions d'économie planifiée sont vouées à l'échec. Aborder un problème NP complet avec de l'algorithmie classique au lieu du « machine learning » revient à mener un combat avec des arcs et des flèches contre un adversaire muni de fusils.

Hayek fut l'un des premiers à avoir formulé ces intuitions. Beaucoup d'arguments de « La route de la servitude » ressemblent à ce que l'on peut lire dans un cours de recherche opérationnelle. Une intervention directe sur le marché fait diminuer le domaine sur lequel l'optimisation se déroule, aboutissant à une sous-classe de solutions moins bonnes que si l'on avait laissé l'algorithme opérer sans contraintes. On sait également qu'Hayek fut l'un des premiers à s'intéresser à la naissance des réseaux de neurones.

L'analogie entre capitalisme et machine learning est si importante qu'elle rend compte de nombreuses nuances de l'économie libre. En particulier, elle précise le sens exact de ce qu'est le non-interventionnisme sur le marché. On le sait, il ne faut surtout pas interrompre une heuristique en cours de route par une intervention manuelle. Des opérations qui nous paraissent aboutir à l'optimalité selon notre seule compréhension locale sont vite dépassées par la puissance des combinaisons librement déployées de l'heuristique. Dans son principe même, l'heuristique fait surgir des combinaisons inattendues, auxquelles les conditionnements de l'entendement humain n'auraient pas songé. Il faut ainsi laisser « converger » un réseau de neurones ou un algorithme de recuit simulé jusqu'à son terme, sans quoi l'on n'en obtient pas toute la puissance.

La nuance fondamentale que cette analogie introduit est que s'il ne faut pas intervenir en cours de processus de convergence, rien ne garantit que celui-ci parvienne à l'optimalité. Les heuristiques des sciences cognitives sont les meilleures tentatives possible, mais elles ne marchent pas à tous les coups !

Ceci définit très exactement les frontières du non-interventionnisme sur le marché. Il faut laisser le marché agir librement, mais il n'aboutit pas nécessairement à la meilleure solution. Lorsqu'il devient patent qu'il nous a conduits dans une ornière, il est nécessaire d'intervenir. Hayek lui-même avait relevé cette importante nuance dans « La route de la servitude ». Ceux qui lui prêtent une pensée dogmatique à ce sujet en seront pour leurs frais.

Le « machine learning » nous permet de comprendre précisément la raison d'une telle nuance : le domaine d'optimisation comprend des sous-équilibres locaux, des ornières, dans lesquelles l'heuristique peut tomber. Si le puits de potentiel est trop important, le mouvement induit par la seule heuristique ne lui permet pas de s'en échapper.

Les professionnels du machine learning connaissent bien ce type de situations. Ils laissent l'heuristique s'étendre au maximum de sa puissance, mais surveillent régulièrement l'algorithme pour savoir s'il ne tombe pas dans un surapprentissage ou dans un état d'équilibre intéressant, mais non souhaité. Auquel cas, ils réinterviennent pour « rebooter » les conditions initiales de l'algorithme et l'engagent sur une nouvelle trajectoire dont ils estiment qu'elle aura plus de chance de converger vers l'objectif souhaité.

Tel est aussi le marché. Le non-interventionnisme n'est pas dû à une sorte de superstition magique qui nous ferait révérer un Dieu puissant et inconnu. Il est simplement le fait qu'une heuristique dans sa nature ne doit pas être dérangée en cours de processus. Cela n'empêche en rien d'avoir conscience qu'elle peut se retrouver coincée dans un sous-optimum et de lui donner l'impulsion nécessaire pour en sortir. Le dilemme étant bien sûr de savoir à quel moment effectuer cette intervention, qui doit survenir ni trop tôt ni trop tard.

La nuance que nous enseigne le machine learning justifie pleinement la distinction commune faite entre libéralisme et néo-libéralisme, entre la valorisation du sens de l'initiative et de responsabilité de l'homme, et une croyance qui relève de la pensée magique et de l'obscurantisme. Un libéral véritable sait que nous devons rentrer dans un jeu heuristique, que les meilleures tentatives ne peuvent provenir que de telles démarches d'essais et d'erreurs. Un néo-libéral est celui qui croit que cela va marcher à tous les coups, que cela garantit le résultat.

L'erreur provient du fait que l'on confond meilleure tentative à un instant donné et meilleure tentative dans l'absolu. Ou en d'autres termes : le marché tel qu'il se déroule n'est que l'une des réalisations possibles des milliards de marchés potentiels qui auraient pu se réaliser. Il n'est qu'un des jeux possibles au sein de l'immensité des jeux. Le dogmatisme et l'obscurantisme consistent à penser que le marché que nous vivons actuellement est déjà l'optimum de la totalité des jeux possibles.

Il faut jouer et rentrer dans le jeu, c'est-à-dire ne pas chercher à tout planifier et compter sur le libre jeu des acteurs humains. Mais le jeu que le monde a emprunté n'est que l'un de ceux-ci, parmi l'infini des potentialités. Nous devons ainsi vivre constamment selon deux niveaux de réalité, celle qui s'est effectivement réalisée et l'immensité des univers parallèles possibles, des variantes qui auraient pu se produire de la réalité.

Il ne s'agit pas que d'un exercice intellectuel, car la conscience de ces autres réalités potentielles est la marge d'exercice de notre libre arbitre : les réalités potentielles sous-jacentes à la réalité que nous vivons, les variantes de ce qui aurait pu se passer, ouvrent les portes de ce qui peut se passer dans le futur, permettent d'emprunter d'autres bifurcations. Ce qui frappe dans le dogmatisme néo-libéral est son fatalisme, confinant à la bigoterie, à l'obscurantisme des religions les plus arriérées. « There is no alternative », « Le marché a toujours raison » : il ne peut y avoir d'attitude plus éloignée de l'exercice de la liberté humaine que ce corridor étroit de la pensée.

Il faut ainsi renvoyer dos à dos deux attitudes. Celle de l'autoritarisme et du planisme qui empêche le libre jeu des facultés humaines. Et celle qui déifie ce libre jeu au point d'en faire une baguette magique, justifiant les ordres sociaux les plus iniques, oubliant que le résultat de ce libre jeu doit lui-même être remis constamment en question. Que l'ordre qu'il induit a pu s'enfoncer dans une impasse.

Nous vivons à chaque instant dans un jeu. Mais celui-ci est plongé dans l'immensité des autres jeux. Il y a ainsi une heuristique des heuristiques, que les *data scientists* connaissent bien : l'heuristique actuelle qu'ils explorent doit elle-même être réévaluée, selon des phases régulières, parmi l'ensemble des heuristiques possibles. La puissance de l'esprit humain est d'être capable de juger à l'intérieur de ses propres conditionnements des limites de ceux-ci : la conscience n'est peut-être que cela, de savoir se hisser périodiquement au-dessus de ce qui nous conditionne et de modifier par nous-mêmes nos trajectoires.

C'est donc encore une fois le libre arbitre humain et lui seul qui mérite d'être déifié. Non un état particulier du monde, que la bigoterie et l'avidité nous font confondre avec un absolu.

En définitive, si l'économie de marché est aujourd'hui indépassable, il faut la présenter comme **le pire des systèmes à l'exception de tous les autres**, tout comme la démocratie à l'égard des autres régimes politiques. C'est là la seule présentation honnête que l'on peut en faire, sortant du dualisme infantilisant entre les contestataires de pacotille et les laudateurs sirupeux.

Rappelons à nouveau cette magnifique citation de Machiavel :

« Dans les républiques, il y a plus de vie, plus de haine, plus de désir de vengeance ; la mémoire de leur ancienne liberté ne les laisse pas, ni ne peut les laisser se reposer, de telle sorte que la voie la plus sûre est de les anéantir, ou d'y habiter. » (Le Prince)

Ainsi l'un des plus grands philosophes politiques de tous les temps louait-il la République face aux monarchies, a contrario des préjugés dirigés contre lui. La vie ne donne toute sa mesure qu'en économie de marché. Pour le meilleur et pour le pire. Les meilleures qualités de l'homme peuvent en ressortir, comme les manipulations les plus viles. Et il ne faut nullement se priver de vivre ces expériences, même les plus néfastes, pour se porter au-delà du jugement, mais selon le principe d'avoir pleinement vécu.

Tel le Balzac de la Comédie Humaine, les pires travers de l'humanité comme ses aspirations les plus nobles sont emportés dans le tourbillon truculent de l'ogre goûtant à la vie. L'on trouvera ainsi dans le monde de l'entreprise une faune infiniment riche, des entrepreneurs courageux et imaginatifs, des employés engagés et maîtres de leur métier, des manipulateurs diaboliques, des dilettantes astucieux profitant des autres, des enthousiastes, des aigris, des naïfs, des cyniques.

C'est cet ensemble qu'il faut aimer : l'amoindrir ferait peut-être moins souffrir, mais nous abaisserait à la sujétion de l'enfant. Nous l'aimons comme nous aimons la chienne de vie. Mais jamais comme ces images inoxydables et ridicules que l'on trouve sur les réseaux sociaux professionnels ou dans la communication interne des entreprises, où tout est beau et bénéfique : elles sont l'esthétique réaliste socialiste du capitalisme.

Il faut plutôt dire que l'économie de marché ne se déroule correctement que dans 10 % de ses modes possibles de fonctionnement et de façon très médiocre, voire catastrophique dans les 90 % restants. Mais pour ajouter aussitôt que dans les autres systèmes, l'échec est quant à lui garanti à 100 %. Cette vision réaliste conçoit l'économie comme un paysage de montagne, grandiose et extrêmement dangereux, parsemé de crevasses, de ravins à pic, d'ornières redoutables, déchirant sans cesse le chemin. Seules d'étroites bandelettes représentent notre marge de liberté.

Apprendre à se mouvoir dans cet espace est similaire à l'expérience du navigateur au long cours. Ni triomphalisme ni cymbales de mauvais goût : seulement une concentration modeste, lucide et permanente, afin de peser chacun de ses pas. Un art de l'équilibre et de la tension permanente, où le juste n'est pas nécessairement récompensé, où l'inique triomphe parfois, où les hommes véritablement libres savent recevoir les deux menteurs du succès et de l'échec d'un même front, comme le veut le poème de Kipling.

3.2 Second principe : la tension entre compétitivité et concurrence

Comme toute grande idée, l'économie de marché repose sur une contradiction et sur un paradoxe. La concurrence semble être un principe sain dans l'absolu : « que le meilleur gagne ». En dehors des tenants de l'égalitarisme à tous crins, cette règle doit être considérée comme inattaquable. Elle arbitre idéalement le compromis entre récompense du mérite et justice sociale que recherche chaque société. Elle possède le très grand avantage d'être totalement non discriminatoire : les classes sociales, les préjugés de tous ordres, les ghettos ethniques, sont abolis par le principe de concurrence. Il se décline dans la société civile par la notion d'égalité des chances.

Il est inattaquable de revendiquer qu'au départ d'une course, tous partent de la même ligne de départ et que la victoire soit accordée aux plus méritants, quelles que soient leurs origines. Ce paradigme est ainsi le point de départ de « De la démocratie en Amérique », et fait dire à Alexis de Tocqueville qu'il s'imposera invinciblement au cours de l'histoire, qu'on le veuille ou non. Nul ne peut soutenir longtemps que la ligne de départ de la course ne soit pas équitable.

La concurrence permet ainsi de solliciter le meilleur de chacun, sans que cela soit la contrainte autoritaire qui le fasse. Mais un paradoxe apparaît, dû à la notion de différenciation. La mise en concurrence repose sur le fait que chaque compétiteur essaie de présenter ce qui le différencie des autres et lui confère un avantage.

Or, la construction et l'élaboration de ce caractère différenciant supposent de se soustraire dans un premier temps à la concurrence. Et ceci pour deux raisons.

La première est que la mise en concurrence ouvre aux autres nos secrets de fabrication, du moins en partie. Au bout d'un certain temps, ce qui nous différenciait d'autres acteurs se dilue. Sur le cycle de vie d'un produit, le profit marginal baisse constamment, jusqu'à être réduit à zéro en état de concurrence maximale. Le caractère différenciant doit être introduit sur le marché pour faire reconnaître sa valeur. Mais en même temps, sa présence sur le marché diminue petit à petit son avantage. **De sorte que la concurrence doit être considérée comme la meilleure façon de consommer la valeur produite par les entreprises et de la réinjecter dans le circuit économique, mais non de la créer**.

La seconde raison est qu'un caractère différenciant s'élabore dans le secret intime de son concepteur. Avant d'affronter le marché, l'entrepreneur fait appel à son univers intérieur. La créativité est un plaisir pur et gratuit (nous y reviendrons), d'exploration de la connaissance, des hommes, des mondes, sans que des notions de rivalité viennent s'y mêler.

Ce qui constitue le moteur même de l'économie, la création de richesse, est précisément un facteur extraéconomique : la créativité humaine. Cela ne signifie pas que la créativité soit une activité de solitaire. Elle s'alimente de nos rencontres, de l'opportunité du moment, de dialogues avec nos amis, de spectacles artistiques, de nos souvenirs d'enfance, bref d'activités hautement sociales. Mais dans lesquelles les rivalités sont mises temporairement entre parenthèses. Où le plaisir gratuit de la connaissance et de l'initiative prédomine. **Entreprendre, c'est avant tout affirmer son univers personnel, non se placer en rivalité constante avec les autres**. La gestion saine de la rivalité consiste à trouver un juste compromis entre les activités nobles qui y sont soustraites et la nécessaire confrontation qui les mettra à l'épreuve.

Tout ceci n'a rien de neuf. Joseph Schumpeter, l'économiste le plus profond et le plus sagace qui ait existé, en a très bien décrit le mécanisme dans sa « Théorie de l'évolution économique ». Si l'entrepreneur place trop tôt son innovation sur le marché, il n'en touchera jamais le bénéfice : elle sera immédiatement copiée et dissoute par la baisse du taux de profit. S'il la place trop tard, il ne la confrontera pas assez aux offres existantes et perdra l'occasion de mettre au point ses derniers perfectionnements. L'art de l'entrepreneur est celui de l'escrimeur : tenir sa garde ni trop ferme ni trop souplement, juste entre les deux. Il n'est guère étonnant que nous devions cette juste mesure à un maître de Vienne.

Afin que le marché demeure méritocratique, l'entrepreneur doit ainsi toucher une « quasi-rente », selon le vocabulaire schumpéterien. Ni une rente à vie, qui est celle de l'abus de position dominante, ni un profit qui s'évanouit immédiatement entre les mains des autres.

Le moteur de l'économie réside ainsi dans une tension contradictoire. La compétitivité s'élabore et se fabrique selon une démarche personnelle, dans laquelle la rivalité n'intervient pas ou peu, et la concurrence en éprouve la solidité et la robustesse.

Il est insupportable d'entendre parler de « concurrence pure et parfaite » dans encore trop de cursus d'économie. La formulation absolutiste de cette expression est la marque des esprits faibles qui la propagent. Et qu'ils ne viennent pas proposer comme une « concession », l'idée selon laquelle il y a certes des impuretés résiduelles qui empêchent que ce modèle soit réalisé, mais qu'il constitue néanmoins la meilleure approximation de premier ordre du marché. Toute contestation de ce modèle univoque et stupide est ainsi réduite à l'état de termes imparfaits, de frictions résiduelles qu'il faudrait éradiquer le plus possible.

En réalité, les « résidus » sont le moteur même de l'économie de marché et les zélotes attachés passionnément à les éradiquer ont les mêmes compétences que les charlatans de Molière en médecine. Ce qui tire l'économie, l'écart à l'équilibre que provoque l'initiative de l'entrepreneur, repose sur la tension entre une information cachée et sa révélation progressive sur le marché. Une concurrence omnisciente et omnipotente, qui obligerait à la transparence en temps réel de l'information, est le plus sûr moyen d'amener au nivellement par le bas, à une paupérisation bien pire encore que celle du planisme : un règne de copieurs et de suivistes, fait de coups bas, nous amenant toujours vers plus de médiocrité.

La rétention temporaire de l'information selon une juste période est le moteur même de l'économie. Maintenir le plus possible cette tension contradictoire est le véritable générateur de richesse. La « concurrence pure et parfaite » n'a pas même la dignité d'un modèle approximatif : elle est intégralement fausse et manque son sujet principal. Ses thuriféraires sont aussi dogmatiques que le sont les Khmers rouges et ont provoqué dans le monde des dégâts comparables, voire supérieurs.

L'on trouve les spécimens les plus grotesques de cette triste espèce au sein de la Commission européenne. Leur attachement au dogme de la « pureté » et de la « perfection » les pousse à une vision manichéenne du monde, un clivage infantilisant entre gentils ouverts et méchants fermés, aussi appauvrissant intellectuellement qu'économiquement.

L'action de la commission est criminelle, car empêche les entrepreneurs européens de faire valoir leurs points forts et de bénéficier de leurs avantages comparatifs. Son action relève pour moitié de la bêtise satisfaite et pour l'autre moitié d'une profonde malhonnêteté née de la corruption : entretenir ce monde artificiel de l'ouverture béate nécessite une armada de fonctionnaires qui en touchent la rente. La Commission européenne a intégré en elle ce trait caractéristique du socialisme, de présenter la cupidité personnelle d'une clique arcboutée sur ses privilèges comme une suite d'actions généreuses au service du bien commun.

3.3 Troisième principe : interventionnisme sur des processus libres

Le débat sur le « laisser-faire » en économie révèle un clivage important. L'on peut choisir de s'en tenir aux deux positions caricaturales de l'absence totale d'action pour laisser agir « les libres forces du marché » et du planisme volontariste cherchant à tout contrôler. Le « débat » entre ces deux pôles considérés comme inconciliables tournera rapidement à la foire d'empoigne inintéressante.

Notons déjà que lorsqu'elles se retranchent uniquement dans leur point de vue, ces deux positions se contredisent elles-mêmes. Le total « laisser-faire » se réclame du libéralisme, mais prône un fatalisme en pure contradiction de l'exercice du libre arbitre et des qualités de volonté de l'entrepreneur. Le planiste met précisément la volonté humaine en avant pour s'opposer au « libéralisme sauvage », mais fait de l'homme un rouage plus qu'un être autonome.

Philosophiquement, ces contradictions s'enracinent dans le débat bien connu entre déterminisme et liberté : l'homme est privé de son libre arbitre dans une vision du monde totalement déterministe, mais tout autant s'il livre sa vie au gré du hasard. Le libre arbitre ne peut être défini selon les catégories simples du déterminisme présent ou non, qui procède d'une analogie trompeuse entre l'univers et une grande horloge. Il ne sert à rien de continuer d'interminables parties de ping-pong verbales autour du déterminisme et du libre arbitre, comme peuvent le faire des adolescents s'essayant aux débuts de la philosophie : si ce débat tourne en rond, cela signifie simplement que nous ne possédons pas le concept adéquat de ce qu'est le libre arbitre, qui ne relève pas d'une analogie mécaniste. En revanche, la stérilité adolescente de ce débat nous fournit un renseignement utile : elle est aussi à la base du clivage entre planisme et « laisser-faire » dogmatique. Il faut dans ce cas refuser ces deux alternatives et penser en dehors de ce cadre. Nous n'aimons pas seulement Michel Crozier, mais également Paul Watzlawick.

Les « libres forces du marché » ne sont rien d'autre que les phénomènes d'auto-organisation et d'émergence des sciences cognitives. Il faut les laisser agir librement, mais dans un certain but : celui de rechercher les meilleurs équilibres, qu'aucun processus défini de façon totalement explicite par l'esprit humain ne pourra égaler. Le marché est une connaissance procédurale, non une connaissance purement déclarative, si l'on emprunte ces catégories aux sciences cognitives.

Dès lors, l'entrepreneur, le gouvernant ou l'économiste sont pareils à un data scientist essayant de « dompter » son réseau de neurones. Chacun essaye d'infléchir le marché, même sans le vouloir, par sa seule activité. Le dogme du « laisser-faire » est pareil à celui d'une information « neutre » ou « impartiale ». Ils recherchent le fonctionnement « pur » et « non biaisé » du marché, ce qui est bien entendu une totale chimère : si tant est qu'il en existe un, son fonctionnement « idéal » consisterait donc à se passer des êtres humains et de leur volonté d'infléchir le cours des choses.

Un partisan du « laisser-faire » objectera que les initiatives humaines sont intégrées à son calcul : il faut laisser les volontés partielles et partiales des hommes opérer afin qu'elles s'équilibrent d'elles-mêmes. Mais ceci est une contradiction dans les termes : cela suppose que les actions humaines se situeraient sur un plan de réalité et l'équilibre du marché à un niveau « méta », au-dessus des intentions individuelles.

Or les actions humaines interviennent à tous niveaux, aussi bien dans la maximisation de l'intérêt immédiat que dans le point d'équilibre qui en aura résulté. L'être humain ne se contente pas de jouer au jeu que lui propose le marché à l'instant t : il cherchera aussi à modifier le jeu lui-même et ses règles si elles ne lui conviennent pas.

L'analogie des libéraux classiques est trompeuse dans la mesure où elle décrit un homme « aveugle » jouant seulement selon les limites qui lui sont données, tandis que seul « le marché », être quasi divinisé, serait l'ordonnateur des règles du jeu. Contrairement à un jeu comme les échecs, les dames ou le go, **l'être humain en économie passe son temps à modifier les règles en même temps qu'il joue**. Il passe sans cesse du jeu au métajeu. C'est d'ailleurs la meilleure définition que je puis donner du libre arbitre humain : ne pas subir un contexte donné, mais savoir à quel moment il faut jouer dans le contexte ou bien remettre ce contexte en question et changer de jeu.

La contradiction se résout en adoptant le point de vue suivant : l'acteur économique est pareil à un data scientist. Il compte sur la puissance des forces d'auto-organisation pour chercher les meilleures solutions à son problème. Mais il passe son temps à essayer plusieurs tentatives, à envoyer la puissance auto-organisatrice sur d'autres pistes dont il aura préparé l'environnement et les conditions de départ. Il « surfe » sur la puissance d'auto-organisation lorsqu'il estime qu'il est bien plus profitable de lui laisser la main. Mais si celle-ci est tombée de toute évidence dans une ornière, un équilibre sous-optimal, il modifie son terrain de recherche, il change les règles du jeu.

Croire en la toute-puissance du marché reviendrait à croire qu'une puissance serait capable de jouer à tous les jeux possibles en même temps, ainsi qu'à tous les métajeux consistant à prendre la décision de changer de jeu et d'en assurer les transitions. La croyance en une telle puissance relève de la religion et même de la religion fanatique.

Une façon plus humble - et semble-t-il plus réaliste - de décrire la pratique économique est de dire que nous sommes seulement sur un morceau de tissu très local et limité de l'immense nappe économique et que nous explorons seulement les quelques jeux et métajeux présents sur cet espace. Nous employons le puissant moteur des forces d'auto-organisation pour se faire, car l'économie est si complexe que même sur une parcelle minuscule de son immense nappe, l'exploration dépasse le contrôle humain explicite.

Mais c'est bien l'humain qui définit les différentes tentatives au cours desquelles il va lâcher les puissants chevaux du marché, de même que c'est l'humain qui pourra un jour décider que le morceau de tissu qu'il explore n'est pas satisfaisant et qu'il faut aller trouver de nouvelles règles de fonctionnement ailleurs dans l'océan des jeux. Le tâtonnement de la main invisible est lui-même instrumenté par les métatâtonnements du data scientist qui va tenter d'orienter cette puissance dans d'autres directions.

Ceci est corroboré par la pratique : contrairement aux idées reçues, la *Valley* n'est pas uniquement une jungle où tous les coups sont permis (même si elle est aussi cela). Une articulation intelligente entre les initiatives privées, les pouvoirs locaux de l'état de Californie et l'Etat fédéral permet de faire fonctionner cet excellent écosystème. Les forces publiques et étatiques n'interviennent pas directement en tant qu'agents économiques, mais aident, sponsorisent, régulent et ouvrent de nouvelles pistes à la puissance des initiatives privées.

Une telle vision est à la fois fidèle à la liberté des initiatives individuelles et à la tradition humaniste du libéralisme véritable, fondée sur l'autonomie de la volonté et la prise d'initiative. Nul besoin d'une « force occulte » qui subsumerait la volonté humaine et dont on rechercherait l'expression « à l'état pur ». L'on joue dans le marché aussi bien que l'on cherche à intervenir sur le marché, et l'ensemble fait partie de l'économie de marché elle-même.

L'être humain laisse ainsi libres les initiatives de chacun, mais sans remettre son avenir et sa destinée à ce qui n'est nullement une divinité, mais une simple méthode d'optimisation, faillible comme toute méthode qu'il faut sans cesse perfectionner et retravailler.

3.4 Quatrième principe : Mérite et efficacité

Comprendre l'économie de marché c'est comprendre et accepter l'existence et la pression constante des trois Parques, stratégie du charognard, manager-client et loi de Parkinson. C'est aussi admettre deux choses qui choquent tout autant notre éthique que notre sens commun :

1. Il est tout à fait possible de mettre en place des entreprises et des sociétés très efficaces, mais iniques. L'efficacité et l'éthique ne correspondent pas nécessairement, ou dit plus crûment par Bill Gates : « Le monde est injuste, il va falloir vous y faire ».

2. On ne se débarrassera jamais de ces stratégies noires, l'erreur étant de vouloir totalement les éradiquer comme l'on supprimerait le mal de la nature humaine : toute tentative de solution radicale à ce sujet aboutira à des conséquences pires encore, un triomphe des trois Parques y ajoutant de surcroît l'hypocrisie d'une société œuvrant pour le bien. Comme le souligne Michel Crozier à la fin de « L'acteur et le système », l'on ne se débarrassera jamais des jeux d'acteur et des jeux politiques dans une société, aussi haïssable le jeu social puisse-t-il paraître. Au lieu de le haïr, il faut comprendre qu'il est un effet corrélatif inévitable de notre liberté : c'est parce que nous nous inventons sans cesse de nouvelles marges de manœuvre que les Parques noires existent. Les éradiquer reviendrait tout simplement à éradiquer la liberté humaine. Les catastrophes provoquées par toute expérience socialiste ne sont pas dues à autre chose.

L'homme parvenu à maturité abandonne pour cette raison deux chimères dans ce qu'il demande à la société :

1. Une recherche de liberté totalement indépendante de l'existence de ses semblables, débarrassée des jeux et anticipations des autres. Cette liberté-là n'est en fait que le stade de toute puissance de l'enfant qui persiste chez beaucoup à l'âge adulte.

2. Une aspiration au bonheur qui ne peut constituer un but en soi, dans la mesure où il n'est jamais indépendant des jeux de la société humaine.

La seule façon de négocier avec les Parques est de tenir une navigation serrée évitant de tomber dans leurs pièges. Leur défaite la plus sûre ne consiste pas à les vaincre, mais à éviter qu'elles ne nous fassent chuter, en se tenant à l'écart de leurs eaux.

Nous demandons à ce titre ce qui se trouve en exergue de « La République » platonicienne : une société la plus juste possible. Dans nos termes, une société dans laquelle le jeu des libertés individuelles sera préservé sans pour autant aboutir à des situations d'extorsion et d'usurpation.

Aussi devons-nous sans cesse nous poser la question de savoir si notre équilibre économique récompense le mérite ou l'apparence du mérite. Le jeu des illusions peut être redoutable sur ce plan. Il faut aller au-delà des apparences, des communications trop brillantes, des résultats trop parfaits.

Nous ramenons le lecteur aux différentes parades énumérées dans le chapitre précédent contre les Trois Parques :

- Valoriser les opérationnels de terrain.
- Se fier à des réalisations concrètes et non à des présentations ou des indicateurs.
- Se méfier de manière systématique du management intermédiaire et du management de façon générale.
- S'alerter vis-à-vis de managers cherchant à accaparer et contrôler toute communication dans les moindres détails.
- Ne prendre des décisions que si elles mettent en action le fonctionnement organique de l'entreprise et non son fonctionnement de surface c'est-à-dire les missions de chacun et l'organigramme.
- Lutter en permanence contre les dérives de l'organisation matricielle, notamment la formation de coteries aboutissant à l'extorsion de ceux qui prennent les initiatives et les risques.
- Fonctionner avec de petites business units indépendantes et autonomes budgétairement, en ayant le courage de froisser au passage les susceptibilités et l'ego des managers historiques constitués en baronnies.

Je ne suis pas aussi pessimiste qu'il peut y paraître : je suis persuadé qu'une organisation plus éthique, telle que celle des « étoiles » de notre cartographie, sera également plus efficace.

Mais cela sera toujours temporaire, une course-poursuite entre nous et les trois Parques est inévitable. Nous oscillerons toujours entre les sorties par le haut que nous pourrons imaginer et le fait qu'elles seront inévitablement perverties et rattrapées un jour par des stratégies qui les instrumenteront à des fins d'extorsion. L'homme libre doit sans cesse se réinventer s'il veut le demeurer.

3.5 Synthèse : la logique du vivant

Le Tao de l'économie est l'affirmation d'une analogie complète entre l'économie et la biologie. Comme en biologie, l'économie procède par tâtonnements, par recherche des différentes possibilités dont il ne faut pas interrompre le cours. Il faut en revanche intervenir lorsqu'elle s'est enfoncée visiblement dans une ornière : la machine du vivant est merveilleuse, mais pas au point qu'un organisme ne puisse jamais tomber malade. Et la maladie peut survenir en ayant laissé le cours du vivant se dérouler, sans intervention.

Tout principe et toute action génèrent dès leur mise en application des principes et des actions contraires. Toutes les notions importantes en économie sont pour cette raison des notions paradoxales, qu'il est impossible d'appliquer de façon univoque, unilatérale et mécanique. Il faut donc n'agir en économie qu'en ayant prévu le plus possible les effets secondaires de notre action : tout principe sain peut potentiellement être perverti de multiples façons, tout usage peut faire l'objet de détournements. Il est impossible de prévoir l'ensemble de ces effets secondaires, mais tout au moins peut-on anticiper ceux dont l'apparition accompagne systématiquement leur effet primaire avec la sûreté d'une science. Quels sont-ils ? Au vu des analyses précédentes, il s'agit :

- De l'effet de copiage et de destruction du mérite qu'entraine une mise en concurrence trop précoce. La parade consiste à ne pas forcer le dévoilement des secrets de fabrication de l'entrepreneur, suffisamment longtemps pour qu'il touche la rétribution de son mérite (quasi-rente), sans secret excessif afin d'éviter qu'il ne dégénère en abus de position dominante. Cela signifie également que les blocs économiques (USA, Europe, Russie, Chine, Japon, Brésil ...) doivent protéger la créativité et l'inventivité de leurs entrepreneurs par une politique de brevets et par une culture de bassins de compétitivité (Silicon Valley, Shanghai, Nijni Novgorod, Paris Saclay ...) permettant de faire jouer les avantages comparatifs de Ricardo en préservant le caractère différenciant des meilleurs acteurs.

  Il s'agit de l'exact inverse des politiques appliquées par la Commission européenne, celle-ci n'étant capable que de forcer à des mises en concurrence « pures et parfaites », de façon dogmatique. Le nivellement par le bas et la destruction de valeur des concurrences « pures et parfaites » constituent une certitude tellement confirmée par l'expérience qu'elle devrait être enseignée comme un théorème de l'économie.

Il faut également avoir le courage de résister aux pressions politiques et économiques des autres blocs pour préserver ces bassins de compétitivité. Enfin, ceux-ci ne fonctionnent qu'à partir d'une articulation intelligente entre puissances privées et publiques. Les forces publiques ne doivent pas intervenir directement dans l'économie, mais peuvent agir indirectement en jouant un rôle de « Business Angel ».

- De la conduite d'une entreprise à partir de « KPIs », d'indicateurs chiffrés, selon l'idéal du « tableau de bord » permettant aux dirigeants d'actionner simplement certaines manettes. Comme nous l'avons vu, les indicateurs sont infailliblement pervertis, la stratégie d'acteurs opportunistes amenant nécessairement à ce qu'ils soient détournés de leur usage, en respectant la lettre au millimètre, mais en en trahissant l'esprit.

  La parade consiste à mesurer la performance sur des prototypes et des expériences pilotes, obligeant à intégrer l'ensemble du processus entrepreneurial et non à l'isoler de façon artificielle dans un chiffre abstrait.

  L'autre parade est simplement de ne pas couper le contact avec les équipes opérationnelles : court-circuiter volontairement les intermédiaires hiérarchiques, obliger à ce que les opérationnels directement en charge présentent leurs actions aux décisionnaires, sans échelons intermédiaires qui en récupèrent le travail. Cela suppose que les décisionnaires en question ne demeurent pas dans la superficialité et s'intéressent au contenu de leur produit, non uniquement aux flux financiers et à la communication qui les accompagnent.

- De la reconnaissance que l'organisation matricielle est devenue aujourd'hui le bras armé le plus efficace et l'explication de la médiocratie : gouvernement par les médiocres et les petits hommes. L'organisation matricielle est devenue une structure-piège, dans laquelle tout ce que l'humanité comporte de médiocre peut patiemment attendre que ceux qui sont meilleurs qu'eux aient suffisamment progressé pour les faire chuter par des moyens uniquement négatifs et par une forme d'étouffoir récupérant la communication sur ce qu'ils auront réalisé. La concentration élevée de pervers narcissiques, de médiocres et de pauvres types aux plus hauts niveaux de décision politique et économique [70] n'a pas d'autre

[70] https://www.babelio.com/livres/Deneault-La-mediocratie/795824

> cause. Comme le lecteur l'aura remarqué, je ne suis pas idéaliste : ce phénomène a toujours existé, c'est en revanche son taux quantitatif qui est nouveau. Je n'en demande pas beaucoup : 50 % de dirigeants véritables et 50 % d'usurpateurs seraient déjà une organisation saine. Lorsque 95 % sont du dernier type, il ne s'agit plus de l'acceptation d'impuretés propres au corps biologique, mais d'un cancer. Il faut remettre totalement en cause l'organisation matricielle et envisager sa suppression pure et simple, car elle est en fin de vie : issue d'une bonne idée de départ, elle est un cas d'école de l'inventivité des stratégies perverses.

La logique du vivant peut nous faire connaître aussi bien les paradis luxuriants de la liberté et de l'inventivité que l'enfer de l'extorsion. L'ordre biologique n'est bénéfique que lorsque l'on accepte d'être surpris, de voir surgir d'autres chemins que les nôtres et que l'on se persuade que l'on pourra en tirer bénéfice.

« Se vouloir libre, c'est aussi vouloir les autres libres », disait Simone de Beauvoir, l'une des plus belles phrases qu'il m'ait été donné de lire. Je suis très loin d'apprécier le couple sartrien, bien que j'aie toujours considéré qu'elle était bien meilleure que lui. Disons que cet hommage est précisément l'acceptation de la surprise.

La phrase du « castor » n'est pas seulement belle philosophiquement : elle résume en un trait ce qui devrait être le principe premier du management ainsi que la clé qui rend l'ordre biologique vivable.

La logique du vivant peut aussi bien être cette implacable mécanique qui extorque et usurpe tout, lorsqu'elle est employée comme une simple usine, que l'instrument d'une grande sensibilité qui permet à l'homme de ne pas se laisser enfermer dans ses jeux, si nous comprenons comment elle épouse l'univers des possibilités qui s'offrent à nous.

Le Tao de l'économie est cette voie du milieu qui n'a rien à voir avec les compromis médiocres et les complaisances douteuses. Il est le maintien en permanence des tensions contradictoires nous permettant de rester sur le chemin de crête de la liberté, qui accroit notre acuité et notre sensibilité au monde, permettant de voir dans la liberté des autres une opportunité et non une menace.

4 L'équilibre du libéralisme

La mise en tension constante des notions clés de l'économie aboutit à un type d'équilibre, cependant bien différent de celui de l'équilibre général. Il serait plus proche du régime stationnaire des systèmes dissipatifs d'Ilya Prigogine - c'est-à-dire précisément de systèmes « hors de l'équilibre » - que de celui des classiques. L'économie a trop longtemps souffert de travailler sur une forme d'équilibre qui, transposée au monde du vivant, ne serait autre que celle de la mort. Voyons à présent à quoi ressemblerait cet équilibre des mises en tension permanentes.

4.1 Les trois niveaux de protectionnisme : sur les biens marchands, sur les services, sur les connaissances clés.

Pour des raisons déjà expliquées plus haut, il n'existe pas de réponse univoque à la question du protectionnisme et du libre-échange. Schématiquement, il faut être totalement libéral sur les biens marchands, semi-protectionniste sur les services et totalement protectionniste dès qu'il s'agit de connaissances à haute valeur ajoutée (algorithmes, plans de fabrication, formules de composition, etc.).

La dualité libre-échange / protectionnisme est une conséquence directe des avantages comparatifs de Ricardo, lorsqu'ils sont compris dans leur entièreté, c'est-à-dire non réduits à une ouverture des frontières tous azimuts.

Le mécanisme de Ricardo ne fonctionne que grâce à un double courant contradictoire. Chaque acteur doit se différencier sur ses savoir-faire, et donc maintenir des compétences qui le démarquent des autres. Ce maintien de taux de productivité différenciés ou de niveaux de qualités différenciés n'est possible que par un secret gardé sur les méthodes de conception et de production. La quasi-rente Schumpétérienne répond en écho à cette partie des avantages comparatifs : c'est l'entrepreneur, en se différenciant, qui provoque un écart à l'équilibre du système économique et lui fait produire de la valeur. La quasi-rente nécessite un masquage de l'information pendant une durée assez longue, afin de ne pas faire agir trop vite le pouvoir dissolvant de la concurrence.

Les biens produits par ces savoir-faire différenciés doivent quant à eux être échangés dans la dérégulation la plus totale : l'optimum n'est ici qu'affaire de recherche du mieux-disant, et le raisonnement libéral selon lequel le protectionnisme se paiera plus cher en réorientant violemment tous les acteurs vers de nouveaux marchés, est ici pleinement fondé.

Au total, les avantages comparatifs de Ricardo doivent être compris comme un double flux contraire. Celui d'une accumulation de tensions créatrices en information imparfaite, conduisant à ce que chaque acteur conserve jalousement ses recettes de conception, et celui des biens produits par ces procédés, qui eux au contraire sont échangés dans un marché sans aucune contrainte.

Le marché des services constitue un intermédiaire très intéressant, dans la mesure où un service est un hybride entre le bien marchand et la connaissance de conception. L'erreur d'un raisonnement de pur libre-échange sur les services est de penser qu'il y a une substituabilité totale entre eux : dans le monde trop simpliste de certains décisionnaires, une pomme vaut une autre pomme. Ceci est vrai des biens marchands purs (en tenant compte bien sûr des différents niveaux de qualité d'un même bien), mais certainement pas des services.

L'externalisation des call-center en *offshoring* en est le contre-exemple parfait. Vu de très loin, un call-center se résume à des procédures simples, entièrement formalisables sur des fiches, permettant à chaque employé de n'appliquer qu'une procédure. S'il le pouvait, le décisionnaire raisonnant ainsi automatiserait entièrement ses call-centers, plutôt que de les délocaliser dans des pays à bas coûts.

Mais un service suppose toujours une part importante de contexte local, relatif à ce qu'il vend. Dans le cas bien connu des opérateurs Télécoms qui délocalisent leur call-center à tout va, les limites sont très vite atteintes dès lors qu'une petite opération imprévue ne figure pas dans la procédure standard. Et les imprévus existent toujours : une procédure qui n'est pas robuste aux aléas est toujours inefficace. Très souvent, la solution d'un problème client de Télécom passe par une intervention locale ou au moins par la connaissance de contextes locaux relatifs à des fournisseurs de pièces, et de services connexes. Un bon assistant téléphonique d'un service client doit savoir faire preuve de débrouillardise et posséder une connaissance des environnements de service du pays dans lequel son client appelle. Sans quoi, il butera très vite sur la multitude de cas imprévus sur sa petite fiche.

Beaucoup d'opérateurs Télécoms ont fait sciemment le choix d'ignorer de tels facteurs, principalement pour continuer de diminuer leurs coûts d'assistance au client. Est-ce un choix gagnant ? Rien n'est moins sûr. Le paradoxe est qu'il n'a jamais été autant question dans nombre d'entreprises de « CRM »,

« Client au centre de l'organisation », « Service client » dans les mots, avec l'exact contraire dans les actes.

L'assistance au client était, à quelques rares exceptions près, bien meilleure il y a 20 ans qu'actuellement. Notamment, et tous les clients d'opérateurs Télécoms ou de compagnies d'assurance s'y reconnaîtront, les services d'assistance commettent l'erreur très classique d'imposer l'organisation interne de l'entreprise au client et non l'inverse. C'est au pauvre abonné d'aller par lui-même de service en service parce qu'il apprend au fur et à mesure que l'ADSL et la fibre ne sont pas gérés par les mêmes équipes, et que c'est à lui de faire le raccord entre deux entités internes totalement cloisonnées.

Ce type de raisonnement court-termiste est fragile : il suffirait qu'un seul des opérateurs Télécoms du marché décide de mettre en place un service client digne de ce nom pour rafler rapidement aux autres l'ensemble des abonnés.

4.2 La question du patriotisme économique

Le patriotisme économique est souvent moqué comme une sorte de chauvinisme d'arrière-garde, indigne d'une société moderne et de l'ouverture d'esprit des économistes sérieux. Les tenants de cette thèse ne se sont pas demandé une seule seconde pourquoi la première économie de marché de la planète entretient pourtant un patriotisme chevillé au corps. Aux Etats-Unis, même les contestataires se réclament *in fine de* l'attachement à leur pays et revendiquent d'être au fond ceux qui ont véritablement compris l'American dream. Même pour un Michael Moore ou un Noam Chomsky, il est exclu de contester l'attachement à la mère patrie et les critiques qu'ils lui adressent ne sont pas véritablement dirigées contre elle, mais contre ceux qui la détournent de ce qu'ils estiment être ses fondements.

Le patriotisme économique puise ses racines dans des mécanismes beaucoup plus profonds et pertinents qu'il n'y paraît.

Nous l'avons vu, celui qui ne retient pas seulement la moitié de l'enseignement de Ricardo, mais sa pleine compréhension qui suppose de se différencier sur un savoir-faire pérenne, commence à comprendre le bien-fondé d'une forme de patriotisme économique. Il ne s'agit pas bien entendu de verser dans un protectionnisme borné, de barrières uniquement tarifaires sur les biens marchands. Le patriotisme économique intelligent part du constat que ce qui différencie un peuple ou une culture puise dans un fonds ancien de plusieurs siècles, parfois de plusieurs millénaires, et que l'on ne raye pas cette mémoire d'un trait de crayon.

Derrière la rationalité économique, des faits culturels bien plus anciens modèlent la façon de penser et d'agir. On ne peut véritablement comprendre une organisation moderne en France sans savoir ce qu'a été le Grand Siècle puis les lumières, ainsi que le mode particulier de pensée que ses philosophes, écrivains et scientifiques ont engendré. Il ne s'agit pas de nostalgie mal placée : la mémoire séculaire de notre histoire est un atout économique dans ce qui permet de se différencier, de se démarquer des autres offres.

Le patriotisme économique n'est pas une fermeture autocentrée, seulement la juste prise en compte du poids de siècles de grande histoire. Il est inepte de tracer des lignes de démarcation entre les bons et les méchants sur ce point. Il est également inepte de séparer modernité et mémoire : les plus modernes et les meilleurs data scientists sont aussi bien héritiers de Turing, Minsky ou Von Neumann que d'Aristote, des logiciens médiévaux, de Leibniz et de Charles Sanders Peirce. Ils intègrent ces penseurs dans un même mouvement historique, et se sentent issus de cette lignée généalogique. L'on trouve chez les *geeks* tout l'un où tout l'autre : soit des brutes techniques incultes, soit des personnes surcultivées, pas seulement dans les domaines scientifiques, mais littéraires, historiques et artistiques.

La pointe de la science nécessite une grande culture historique et philosophique et ceux qui se pensent modernes, mais se coupent de l'héritage qui les a formés sont seulement creux et superficiels.

De même que le débat entre protectionnisme et libre-échange est une fausse discussion, le clivage entre patriotisme économique fermé et ouverture allant jusqu'à nier sa propre culture n'est qu'une pénible caricature voulue par les deux camps.

Nous devons donc à la fois entrer dans le monde moderne et ne pas céder un millimètre de ce qui constitue notre histoire propre, parce que ces deux pôles agissent en tension contradictoire et se nourrissent de leurs différences. L'attachement à une culture propre n'est en rien incompatible avec l'ouverture aux autres : mieux, il en est une condition, sans quoi il s'agit d'une ouverture de pure forme, un terme d'échange neutre et froid et non un avantage comparatif.

Une personnalité illustre à merveille cette dualité : le grand linguiste Claude Hagège, ouvert sur le monde et connaisseur de toutes les langues de chaque peuple, mais attaché à ce que chacun préserve son identité et sa richesse propres, à commencer par celle de la culture française qu'il chérit.

On ne bâtit un dialogue sincère et constructif avec autrui que s'il s'agit d'un rapport entre deux identités fortes. Ni bunker ni zone ouverte à tous vents, le creuset culturel auquel on appartient est une citadelle, accueillante, mais attachée au respect de ses règles et à sa cohérence intérieure, à l'instar d'Athènes.

Telle est aussi la cellule vivante : autarcique elle mourrait, mais sans membrane, filtrage sélectif et cohésion interne, elle se détruirait. Le patriotisme économique bien compris n'est rien d'autre que le maintien de cette dualité entre identité et ouverture qui ne devient pénible que si l'on hypertrophie l'un des deux termes et qu'on les place en opposition manichéenne.

Il y a des professionnels de ces deux sinistres simplismes, ouverts écervelés ou fermés sectaires. Ils ne savent raisonner qu'en clivages caricaturaux. Ils ne peuvent comprendre le Tao : maintenir en tension permanente deux pôles contradictoires pour une richesse créatrice, ne pas les couper l'un de l'autre.

Lorsqu'une contradiction dialectique apparaît - identité et ouverture - le travail de réflexion commence seulement.

Pour les spécimens des deux types précédents, c'est le moment où ils s'arrêtent de réfléchir et procèdent à une callosotomie des deux pôles qui devraient jouer dialectiquement, dans une mise en scène où ils représentent le bien contre le mal.

Il ne s'agit pas de tuer l'un pour magnifier l'autre, meilleur moyen de tout faire disparaître, mais de jouer de leurs complémentarités. Les grandes dualités – identité / ouverture, protectionnisme / libre-échange, conflit / paix, ne doivent jamais être définitivement résolues, mais maintenues dans une tension et un dialogue qui développent leur richesse.

Le simplisme des eurobéats à l'encontre des populismes qu'ils ont engendrés, résultante directe de leur sectarisme, ne lasse pas d'amuser. Préférons être attachés charnellement à la culture séculaire qui nous a nourris, afin d'être véritablement ouverts au monde, à la fois curieux, mais armés, aptes à proposer de bons termes de l'échange culturel, politique et économique aux autres identités fortes que nous rencontrerons.

4.3 Le test de vérité de la maintenance

Le soin apporté à ce qui va se passer après la vente d'un produit est un révélateur des plus sûrs de la culture d'une entreprise et des jeux d'acteurs qui ont lieu en son sein.

La maintenance n'est pas uniquement un problème terre à terre. Et ce n'est certainement pas un point secondaire, comme trop d'organisations ont tendance à l'y cantonner.

La maintenance consiste à penser et anticiper le vieillissement d'un produit comme on le ferait d'un être vivant. **A ce titre, la maintenance traduit la puissance de conception de celui qui est à l'origine du produit.**

Ceci est encore plus marqué lorsque le produit est un développement informatique. Un programme de plusieurs milliers de lignes de code est pareil à un être vivant. Il finit par avoir une vie propre, au-delà du contrôle immédiat de ses concepteurs. Tout l'art de ceux-ci est d'être capables d'en maîtriser l'évolution et le vieillissement, bien que dans l'informatique contemporaine, il soit impossible de contrôler le détail de chaque instruction.

Une maintenance bien pensée fait toute la différence entre une conception ad hoc, pensée pour résoudre un problème particulier à un moment donné, et celui qui pense son produit dans ses extensions, sa généralisation, ses variantes et sa fin de vie.

Les architectures modulaires d'un produit bien pensé ne peuvent avoir été conçues que par un certain type d'organisation : réticulaire, faite de petites équipes autonomes. A contrario, les organisations matricielles lourdes ne savent réaliser que des produits vieillissant mal, et ce pour plusieurs raisons :

- Passé un certain seuil, les jeux d'acteurs politiques et particulièrement ceux des trois Parques, obligent à des décisions de court terme. Les stratégies de récupération sont fondées sur l'apparence, la course de vitesse au dénigrement plus rapide que la réalisation, ainsi que la peur du risque de la part des dirigeants. Les conceptions bien pensées ont beaucoup de mal à survivre dans un tel environnement, qui agite les menaces plus qu'il ne construit. L'on finira par privilégier les conceptions ad hoc parce qu'elles sont démagogiquement simples et que lorsque le jeu politique prend trop de temps et d'énergie, il ne reste plus que très peu de temps pour le travail proprement dit.

- Le manque de confiance dans les équipes et la taylorisation qui en découlent empêchent une conception d'ensemble d'émerger. Les brillantes conceptions aptes à la maintenance ne peuvent provenir que d'un seul ou d'un nombre réduit de cerveaux. Le silotage des organisations aboutit à des choix précipités, parce que l'on passe son temps à échafauder une conception d'ensemble qui ne vient jamais, et que l'on finit par décider dans l'urgence.

- L'orientation client est généralement sacrifiée, si les jeux d'intérêt de l'organisation prennent le pas sur elle. On préférera alors faire subir au client les particularismes de l'organisation, qui n'ont rien à voir avec le produit et parasitent l'accompagnement de son cycle de vie.

Il existe une sorte de similarité entre le mode de vieillissement d'un produit et l'organisation qui lui a donné naissance. **La maintenance, parce qu'elle relève d'une problématique similaire au vivant, reflète la vivacité d'une organisation.** Les organisations réticulaires faites de petites business units sont le versant managérial d'un produit bien conçu, c'est-à-dire fait pour durer et évoluer.

4.4 Le cœur de métier et les fonctions support

Le lecteur aura remarqué que nous faisons fréquemment appel à la notion de « cœur de métier » pour distinguer les activités véritablement externalisables de celles qui nécessitent de garder des compétences internes de long terme dans l'entreprise.

Toute entreprise possède une « âme » qui est le projet pour lequel elle a été conçue à l'origine. Cela n'interdit bien sûr pas de faire évoluer ce projet (cf. La Redoute) voire de le changer radicalement. Mais dans ce cas, l'entreprise sera entièrement sous-tendue par cette nouvelle orientation.

Celui qui considère l'entreprise uniquement comme une machine financière indépendante de son métier et des produits qu'elle fabrique et commercialise peut se préparer à mettre la clé sous la porte. Aucune activité économique ne se ramène à des fonctions de production, à des taux de productivité, sur lesquels il suffirait d'appliquer des règles de trois, des actions simplistes de suppression quantitative ou de rajout. Toute entreprise possède un fonctionnement organique nécessitant d'être compris profondément, car le plus petit changement en modifiera l'équilibre d'ensemble, comme le ferait un organisme vivant. Tout changement quantitatif entrainera des réorganisations qualitatives qu'il est indispensable d'anticiper.

Tout ceci nous semble être des évidences triviales. Pourtant, lorsque l'on voit agir certains comités de direction ou certaines assemblées générales, l'on peut se demander si même ces trivialités sont visibles de décisionnaires supposés être intelligents.

Le cœur de métier est constitué par les forces de l'entreprise qui conçoivent, fabriquent et commercialisent le produit ou le service de l'entreprise. Une entreprise qui veut atteindre « les étoiles » doit choisir dans son comité de direction des opérationnels passionnés par ce produit, ayant une expérience interne ou externe approfondie dans celui-ci et dialoguant directement et sans intermédiaires avec les opérationnels de terrain qui en sont chargés.

Les autres fonctions de l'entreprise doivent être considérées comme support du cœur de métier. Ce qui ne signifie pas qu'elles sont d'une moindre importance : leur pilotage bien mené conditionne tout autant la survie de l'entreprise. En revanche, ces fonctions support peuvent être plus facilement dissociées du fonctionnement interne de l'entreprise et sont pour cette raison plus facilement externalisables. Certaines tâches du cœur de métier peuvent être externalisées, mais jamais totalement : le cœur de métier a pour caractéristique de nécessiter des forces internes pérennes assurant le maintien et la transition d'un savoir-faire, qui constitue l'avantage comparatif de la société.

Les fonctions support ne doivent pas interférer dans les décisions stratégiques qui réorientent l'activité de l'entreprise et appartiennent au cœur de métier. Elles doivent également considérer que les objectifs et enjeux des directions cœur de métier sont leurs propres objectifs : leur rôle est de soutenir ces dernières, non d'imposer un fonctionnement propre qui en ferait un état dans l'état, scénario hélas fréquent s'agissant des directions des achats ou directions financières.

Il peut être frustrant pour les membres des fonctions support d'avoir ce rôle d'auxiliaire. C'est pourquoi l'externalisation est souvent une bonne chose pour ces fonctions, car au sein de la société de prestation à laquelle ils appartiennent, leur activité devient du coup un cœur de métier reconnu comme tel.

Un point très particulier concerne le statut des directions informatiques. Il semble logique de les assigner aux fonctions support d'un métier donné. Cela peut être une grande erreur, mais c'est un point à examiner au cas par cas. Il faut savoir quel type d'informatique est requise dans le groupe, pour déterminer si elle appartient ou non au cœur de métier.

L'informatique est parfois une simple prise en charge de tâches routinières, parfois le prolongement très détaillé de l'activité cœur de métier dans toutes ses ramifications, au point de parvenir à exprimer la quintessence de celui-ci.

Lorsque l'informatique est de haut niveau, son but n'est pas de simplement automatiser, mais d'extraire les racines logiques d'une activité. Lorsque c'est le cas, les modèles informatiques, par exemple un MCD ou un modèle objet, renferment plus de connaissances profondes sur le métier que n'en ont les pratiquants du métier eux-mêmes.

Il faut dans ce cas éviter d'externaliser la direction informatique ou seulement celle qui accomplit les parties les plus routinières. Ceux qui sont à l'origine de l'analyse de l'activité et qui ont déterminé la représentation des connaissances à la base de la programmation doivent demeurer internes à l'entreprise, car détenant un savoir-faire rare.

L'erreur commune est de penser que l'informatique est la simple exécution d'une demande, alors qu'elle est une reformulation de celle-ci dans le domaine logique, où sa cohérence et son fonctionnement profond seront mieux connus.

L'informatique est en réalité une sorte de maïeutique des activités de l'entreprise : elle les révèle, les met face à leurs contradictions, mais aide à les résoudre, éclaire ses modes de fonctionnement cachés. Beaucoup de groupes ont pour cette raison freiné la mode de l'externalisation de leur fonction informatique et conservent une direction forte des activités numériques en leur sein, les estimant stratégiques à juste titre.

Distinguer le cœur de métier dans une entreprise est souvent une source d'équilibre et de bonne gestion de celle-ci. Cela oblige à rentrer dans le fonctionnement organique des activités, au lieu d'entretenir des étages directionnels coupés des réalités, enfermés dans une tour d'ivoire et ne prenant de décisions que sur les seules bases des leviers financiers et administratifs.

Comme nous l'avons vu dans le cas d'Airbus et de la direction de Fabrice Brégier, toute optimisation de coût doit correspondre à une optimisation réelle d'un processus industriel ou commercial, c'est-à-dire repenser le nouvel équilibre organique et non diminuer les coûts pour le seul principe de les diminuer, sans évaluation aucune des dégradations qui s'ensuivront.

5 Quelques solutions concrètes

5.1 La machine folle de la compétitivité

5.1.1 Un jeu économique bloqué dans un équilibre malsain ?

La course à la compétitivité aboutit aujourd'hui à privilégier des solutions simplistes, à savoir employer principalement le levier de la réduction des coûts. Les hauts niveaux de l'entreprise semblent pris d'une frénésie et d'une superficialité qui leur fait privilégier les solutions instantanées : une diminution drastique des coûts ou la mise à distance des actions qui devraient être au cœur de l'entreprise par l'achat de solutions toutes faites.

Ce court-termisme est pourtant le fait de décisionnaires ayant fait les meilleures études, dont on ne peut soupçonner le manque de finesse dans la pensée. Mais un autre facteur intervient. Les jeux d'acteurs à ce niveau de l'entreprise sont tels qu'ils abaissent les meilleures intelligences et les font se diriger vers les solutions les plus spectaculaires mises en œuvre en très peu de temps, l'argent facile étendu à l'ensemble de l'entrepreneuriat en quelque sorte.

Lorsque des jeux d'acteurs dignes de cours de maternelle surgissent, l'on est surpris de voir que chaque décisionnaire pris individuellement demeure très intelligent, fin, et déplore ce marasme. Mais bien vite, lorsqu'il se trouve pris lui-même dans le l'engrenage relationnel, un mécanisme bien connu de théorie des jeux fait surface : **« Si ce n'est pas moi qui le fais, un autre le fera. »** Collectivement, cela aboutira à des comportements d'une pauvreté affligeante, alors que chaque cadre individuel montre généralement une grande valeur.

Cette légèreté forcée des niveaux de décision aboutit à ce que les coûts salariaux s'alignent sans cesse vers le moins-disant. Sans la compétitivité qualité venant mettre cette tendance sous tension, la très grande majorité des décisionnaires n'appliquerait que des recettes simplistes de diminution des coûts de production. Le paysage final est celui d'une minorité toujours plus réduite de dirigeants écervelés et pris jusqu'au cou dans des jeux de pouvoir, et de l'autre côté des salariés, même parfois hautement qualifiés, s'enfonçant dans la paupérisation. L'engrenage ne provient pas du fait qu'il n'y a qu'une seule alternative possible, mais que les autres alternatives n'autorisent pas le simplisme et que pour cette raison elles ne sont pas choisies. La rationalité limitée de Simon en est arrivée à un point tel qu'elle doit être appelée rationalité obtuse.

L'on objectera que la machine économique ne pourrait rester longtemps dans un tel équilibre : le manque de compétitivité de décisions aussi superficielles les chasserait du jeu économique pour les remplacer naturellement par de meilleures actions. C'est là encore une vision naïve de l'optimisation économique. Un système de mauvais dirigeants peut perdurer extrêmement longtemps et rester compétitif lorsque les salariés et les responsables d'équipe de premier niveau amortissent et corrigent les aberrations de leurs directeurs.

C'est aujourd'hui ce qui se produit la plupart du temps, à tel point que les chefs d'équipes d'effectifs modestes possèdent souvent des qualités entrepreneuriales infiniment supérieures à celles de leurs hiérarchiques, qu'il s'agisse de la compétence pure, de la connaissance de l'entreprise ou de savoir-faire managérial dans la conduite des hommes. Nous retrouvons un mode d'organisation dans lequel les détenteurs du pouvoir de décision usurpent leur place et exploitent le travail de bien meilleurs qu'eux, sans que cela n'affecte – ou peu – la compétitivité économique de l'ensemble.

Cette réalité observable au sein de l'entreprise se répercute sur l'ensemble macro-économique, qui là encore ne peut se décrire et se prévoir que relativement aux types de jeux d'acteurs favorisés dans l'économie nationale.

Nous observons ainsi une classe de bénéficiaires de la machine économique de plus en plus réduite, mais en revanche de plus en plus prospère, et un nombre toujours croissant de personnes proches de la précarité, jusqu'à ce que celle-ci touche également l'encadrement intermédiaire, voire supérieur. Ajoutons que « l'hyperclasse » en question, en plus d'être en effectif de plus en plus réduit, se signale par son incompétence et sa superficialité croissantes : nous ne vivons même pas sous le règne d'une dure loi de l'excellence, mais dans celui des usurpateurs.

La combinaison d'actions stratégiques uniquement orientées vers la diminution des coûts et vers l'offshoring aveugle d'un nombre croissant d'activités nous précipite vers un modèle d'économie et de société bien connu : celui d'une précarité majoritaire, jusqu'à devenir la règle commune, dont rien ne viendrait arrêter l'abaissement.

Certains zélotes aveugles de la « concurrence pure et parfaite » opposent à ceci que la richesse mondiale ainsi que le niveau de vie moyen ont pourtant augmenté, les pays les plus pauvres voyant leur population améliorer au moins un peu leur sort. Là encore, ce raisonnement globalisant pêche par un grand simplisme. On présente comme un progrès que les habitants des pays les plus pauvres passent d'une grande précarité à une précarité un tout petit peu moindre, tandis que ceux des pays développés voient leur niveau de vie radicalement baisser, au prétexte que la moyenne globale est légèrement plus élevée.

C'est bien là le degré zéro de l'analyse : une telle évolution conduit à ce que la structure politique et sociale des pays développés se rapproche de plus en plus de celle de régimes totalitaires, tandis que le gain correspondant des pays pauvres sera loin d'être suffisant pour les faire changer de mode de gouvernement. L'effet d'entrainement des modes d'organisation démocratiques, toujours fondés sur des classes moyennes suffisamment nombreuses et assez prospères pour faire des plans à long terme, en subira des destructions irréversibles.

5.1.2 Entre chômage et précarité, l'alternative impossible

Le simplisme a gagné l'ensemble des politiques macro-économiques menées en Europe depuis 40 ans.

Quiconque prétend qu'une seule voie économique est possible s'enfonce dans le plus néfaste des mensonges, que cette prétention soit édictée au nom du libéralisme, du keynésianisme, du marxisme ou de tout autre soubassement théorique. Comme le rappelait Karl Popper, la certitude de détenir le sens de l'histoire est la voie la plus certaine vers le totalitarisme[71].

Les défenseurs actuels du « modernisme » ou de la « mondialisation » qui prétendent être les derniers remparts de la démocratie sont à ce titre la pire forme d'esprits totalitaires qui s'ignorent, sentiment narcissique aggravé par leur bonne conscience. La servitude vers laquelle ils nous entrainent doit être combattue avec fermeté.

Des slogans tels que « There is no alternative » (TINA) ou « Le marché a toujours raison », sont à ce titre la négation de ce qu'est le libéralisme véritable. Il y a de très nombreux points de fonctionnement possibles du capitalisme, bénéfiques comme dévastateurs.

Il semble qu'une sorte de « courant principal » ait gagné l'ensemble du monde politique ou de la presse économique, concernant la marche à suivre. Seul un modèle réformiste tel que celui que l'Allemagne a mis en œuvre sous l'impulsion de Gerhard Schröder et poursuivi par ses continuateurs semble trouver grâce aux yeux de nombre d'analystes. Il consiste principalement en baisses de charges pour les entreprises, allègement du Code du travail, fluidification extrême du marché du travail jusqu'à rendre tout nouvel emploi précaire, possibilités de délocalisation sans limites. Le modèle français lui est

[71] The Open society and its enemies

généralement opposé comme le mauvais élève face au vertueux, celui attaché à sa protection sociale, aux régimes étatiques, à ses particularités de statut.

Ce livre consiste en grande partie à renvoyer ces deux modèles dos à dos, l'allemand comme le français. Leur dualité consiste en effet à osciller sans cesse entre chômage et précarité. Les fins connaisseurs de la réalité économique allemande savent qu'elle n'a rien d'exemplaire. Elle fait porter le coût devenu intolérable de nos politiques économiques par d'autres catégories de la population.

Nous avons choisi en France de préserver à tout prix le niveau de vie d'une part de plus en plus réduite de la population (grossièrement les fonctionnaires et les salariés des grands groupes) au détriment des autres parties, jusqu'à les enfoncer à la limite du niveau de survie. Je suis le premier à m'attaquer aux dysfonctionnements très profonds du modèle français et à prôner son abandon ou au moins sa transformation profonde. Mais le remède ne vient pas du modèle allemand, qui ne fait que transférer la pénurie d'une autre façon et demeure une variante du management simpliste par la réduction des coûts, celui qui aboutit à un nivellement général par le bas.

Il n'y a pas à troquer le chômage contre la précarité. Ceux qui se réclament de l'héritage libéral pour demander des affaiblissements importants du statut de salarié devraient relire Hayek : l'une des pierres de touche du libéralisme politique comme économique est la capacité de chacun à engager des projets à long terme. Une population maintenue dans sa grande majorité à la limite du niveau de survie ne fera que subir et ne sera pas apte à prendre des initiatives. Elle sera tout entière absorbée par l'angoisse du lendemain.

5.2 Quels premiers remèdes ?

Nous allons développer trois axes de travail permettant de sortir de l'ornière qui vient d'être décrite. Un réassainissement de la situation passe par les trois pistes suivantes :

- La diminution de la dépense publique
- Encourager un modèle d'entreprise du troisième type
- Retrouver ce qui nous différencie : l'internationalisation contre la mondialisation

5.2.1 Comment diminuer la dépense publique

Il s'agit de la priorité en France, notre problème n°1, celui qui bloque tous les autres et l'ensemble de notre capacité de réforme.

Ce qui est remarquable dans la succession de tous les gouvernements français, y compris l'actuel, est l'impossibilité de parler de ce problème et de le promouvoir comme action prioritaire. Nos gouvernants ont conçu et essayé tous types de réformes, en éludant soigneusement toujours une seule, celle de la diminution des dépenses publiques. La récente réforme des retraites ne fait pas exception : elle n'est nullement une diminution de la dépense publique, mais le détournement d'un flux passant par la puissance publique. L'évitement de la question est tellement systématique qu'il en devient comique. A force de parler de tous les sujets sauf d'un seul, celui-ci finit par se dessiner en négatif, imposant son évidence comme une énormité.

Un signe venant confirmer la prépondérance de cette question est le comportement des hauts fonctionnaires et « experts » lorsqu'il est mis sur la table. Lorsque votre interlocuteur vous assène que « ce n'est absolument pas le problème » ou que « c'est un faux problème », accompagnant ses paroles d'une attitude méprisante, vous pouvez être certain qu'il s'agit précisément DU problème. L'empressement à éluder une question est proportionnel à l'importance de la question.

Les crises récentes que la France a vécues ont été l'occasion de reposer une question simple et pragmatique : où va l'argent ? Comment expliquer la divergence de plus en plus criante entre la masse de prélèvements ayant atteint la limite extrême du supportable et la dégradation croissante des services rendus ? La loi de Parkinson précédemment citée nous fournit une piste d'explication : si personne ne vient l'arrêter, toute administration croîtra indéfiniment. Et elle le fera en augmentant le nombre d'activités inutiles, jusqu'à obtenir un rendement déplorable.

L'activité qu'elle se sera créée artificiellement lui donnera à la fois l'illusion et le prétexte de se sentir débordée et d'être en pénurie de ressources qu'elle demandera d'augmenter toujours plus. Les jeux d'acteurs qui conduisent la loi de Parkinson sont connus : 1. La multiplication des effectifs et des nouveaux règlements par les directeurs et chefs de département pour affirmer leur importance, laisser leur marque. 2. La recherche des « planques » et postes de complaisance. 3. La croissance exponentielle des communications interpersonnelles qui prennent le pas sur le travail directement utile.

Pour prendre ce problème à bras le corps, il faut un peu d'intelligence et beaucoup de courage. Il passe notamment par un affrontement direct avec ce que le gouvernement Balladur appelait les « noyaux durs », les corps de hauts fonctionnaires qui emploieront tous les moyens pour empêcher toute réforme, surtout si celle-ci introduit de la transparence sur leur mode de fonctionnement. Voir à ce sujet l'excellent journalisme d'investigation mené par Sophie Coignard [72]. L'absence d'action politique sur le problème n°1 de fonctionnement de l'économie française s'explique par le fait que personne n'a eu le courage d'engager cet affrontement.

Voici quelques éléments de la réforme qui ne fut jamais menée. Si cet affrontement a lieu – ce que je souhaite de tout cœur – ce ne sont rien de moins que le destin et la survie de la France qui en seront l'enjeu. Si nul ne se résout à engager cette lutte, la France se déclassera inexorablement, jusqu'à disparaître totalement du club des puissances économiques significatives.

5.2.1.1 Enseigner la loi de Parkinson comme principe économique directeur

Les ouvrages de Zoé Shepard (par exemple [73]) devraient faire partie de tout cursus économique. Ils possèdent la valeur inestimable de l'expérience de terrain. Ce que Zoé Shepard décrit très bien est le détail du mécanisme de la loi de Parkinson. Son expérience vécue rend ce principe concret et factuel. Notamment, il permet de répliquer à la première réponse faite lorsqu'une réduction des effectifs publics doit être engagée : les départements concernés seraient déjà tous en limite de surcharge et manqueraient encore d'effectifs.

---

[72] https://fr.wikipedia.org/wiki/L%27Oligarchie_des_incapables

[73] https://www.amazon.fr/Absolument-d%C3%A9-bor-d%C3%A9e-paradoxe-fonctionnaire-Comment/dp/2226206027

L'inflation naturelle des effectifs et des règlements d'une administration est un principe directeur de l'économie, ainsi que la nécessité d'une action volontaire pour constamment poser une limite à ceux-ci. Les personnes répondant qu'elles sont en surcharge peuvent l'être de bonne foi, parce qu'elles sont prisonnières de la logique des relations interpersonnelles qu'elles doivent entretenir et qu'elles ne remettront pas en question.

L'utilité directe de chaque poste de la fonction publique, qu'il s'agisse des administrations d'Etat ou des collectivités territoriales, doit être questionnée. Les nuées de conseillers en communication, d'attachés culturels, de pilotes d'études sur des sujets vagues doivent être réduites à zéro. Leur rôle est de flatter l'importance du baron local qu'elles servent ou de placer des amis et connaissances dans des postes de complaisance. Chacune de ces frivolités se paie maintenant au prix du sang et au prix de la souffrance familiale pour les Français, qu'ils soient fonctionnaires ou non, accomplissant un travail utile.

La loi de Parkinson devrait être enseignée comme premier principe à tout responsable d'une administration, le préalable à chacune de ses actions. Pour chacune d'elles, il doit savoir comment les engager avec le même effectif ou à effectif réduit et s'il faut absolument le faire croître, prouver l'utilité de chaque poste.

5.2.1.2 Faire du ratio opérationnels / administratifs une règle d'or

Lorsqu'il est question de réduction des effectifs publics, il est opposé une constatation factuelle et immédiate : nous manquons de personnel soignant, de professeurs, de policiers, etc. L'expérience directe du terrain montre une insuffisance d'agents publics. Il faut le dire, ce contre-argument est parfaitement vrai. Les sureffectifs se situent partout où l'on ne le voit pas, dans les postes de « back-office », les actions administratives, paperassières, liées à l'inflation des règlements. Les opérationnels concrets, ceux qui accomplissent la tâche directement utile, sont en surcharge constante.

Pendant que les effectifs des agents opérationnels restaient à peu près constants, les postes d'encadrement et d'accompagnement administratif ont explosé au fur et à mesure des années, sans compter les postes au contour flou de « conseil », « études », censés apporter un éclairage, de la part de personnes n'ayant jamais eu d'expérience directe d'un poste opérationnel. Le métier de conseil s'est considérablement perverti : initialement, il était une activité de synthèse de la part de personnes ayant exercé des responsabilités opérationnelles pendant des décennies – ce qui est une très bonne chose – mais est devenu le fait de personnes riches de l'expérience des autres sans l'avoir eux-mêmes éprouvée.

Le problème de la fonction publique française ne provient pas des effectifs des fonctionnaires que nous voyons dans notre quotidien, tous utiles, de bonne volonté et généralement en surcharge de travail. Il provient du ratio entre opérationnels et fonctions administratives et de support, qui n'a cessé de se dégrader.

Il faut signaler une très grande perversion des décisions publiques à ce sujet. Certains gouvernements ont tenté de réduire les effectifs de la fonction publique, mais ont toujours commis une erreur classique et très néfaste en passant à l'action. Ils ont rogné encore un peu plus sur les effectifs des opérationnels de terrain, déjà exsangues, sans toucher aux fonctions administratives qui continuaient de grossir toujours plus. Ainsi des réductions d'effectifs de la police sous Nicolas Sarkozy, qui ont cruellement manqué lorsque la France a dû faire face à des vagues de terrorisme.

5.2.1.3 Valoriser la « vraie » fonction publique

Les premières victimes de l'expansion illimitée des postes de fonctionnaires sont … les fonctionnaires eux-mêmes, particulièrement ceux qui accomplissent un travail utile au service de la collectivité. Chaque poste de la fonction publique devrait être qualifié selon l'une des deux catégories suivantes : s'agit-il d'une activité opérationnelle de terrain ou non ? Les postes opérationnels – souvent déconsidérés comme « exécutants » selon un tropisme très français, devraient être valorisés, davantage payés si le budget le permet et offrir des perspectives d'évolution. Les postes de coordination, de management, d'études, de processus liés à des règlements doivent tous être remis à plat. Leur utilité est devenue de plus en plus hypothétique, à mesure que les effectifs augmentaient.

Les grilles salariales ainsi que les émoluments exceptionnels des hauts fonctionnaires doivent être consultables à tout moment, de façon totalement transparente et rendus publics. Bien entendu, des coupes drastiques seront réalisées à cette occasion, afin d'annuler des augmentations autodécernées de façon arbitraire. Lors de la redécouverte de ces pratiques, les abus caractérisés devront faire l'objet de sanctions.

Deux objections sont souvent avancées lorsqu'il est question d'un retour à la raison quant au traitement des hauts fonctionnaires français :

1. Bien qu'individuellement, les revenus perçus puissent être considérables (a contrario des idées reçues, souvent supérieurs à ceux du secteur privé), leur masse salariale totale ne représente qu'une petite partie du budget de l'Etat. Le gros des dépenses est davantage

dû aux gaspillages des sureffectifs sur des fonctions moyennes – mais très nombreuses – que sur de très hauts postes. Cet argument est on ne peut plus cynique : « oui, ce que nous faisons est un détournement en règle du bien public à des fins personnelles. Mais il ne représente qu'une petite partie de la masse totale. Aussi nous devrions continuer d'être autorisés à faire ces ponctions ».

Ce bel état d'esprit méconnaît la valeur indispensable de l'exemple. Au-delà du calcul financier brut, le préjudice causé par une « élite » ne se comportant plus selon aucune règle et pillant le bien public à son profit est immense. La démotivation de leurs équipes a aussi un coût financier. Une administration ou une entreprise dont le climat est délétère est également bien moins performante. Toute action sera faite à contrecœur, en traînant des pieds. Il a été prouvé que le stress au travail ne provient pas de la surcharge d'activité, mais de devoir servir des dirigeants pour lesquels l'on n'a aucune estime et dont il est évident qu'ils jouent un jeu de spoliation. Personne ne souhaite mettre son énergie et son engagement au service d'une caste corrompue. Il faut intégrer la charge symbolique de l'exemplarité du comportement dans les gains obtenus ou les pertes provoquées.

2. Des revenus trop limités risquent de décourager les meilleurs d'occuper ces postes. Ils partiront en grande partie dans le privé si les offres salariales sont trop modérées. Cet « argument » touche presque au comique. En premier lieu, parce que l'incompétence de la haute fonction publique, notamment son ignorance totale du monde de l'entreprise, a depuis longtemps effacé l'idée que « les meilleurs » occupent ces postes. **S'il y a effet de désincitation, on ne risque pas d'y perdre grand-chose**, tant le niveau de ceux qui sont aujourd'hui grassement payés est bas. Par ailleurs et comme déjà signalé, la dérive des autoaugmentations de hauts fonctionnaires et élus de la république est telle qu'ils dépassent même les grilles du secteur privé. L'effet de fuite vers les entreprises est donc exclu, celles-ci étant autrement plus exigeantes pour un niveau de salaire actuellement moindre.

Les salaires de la haute fonction publique présentent un paradoxe. Au-delà d'un certain seuil, la qualité des personnes qu'ils attirent est moindre. Lorsque des plafonds déraisonnables ont été crevés, il est certain que ceux qui postuleront ces positions n'auront aucun sens de l'intérêt public, même si dans le discours apparent ils ne cesseront de s'y référer. Les hauts fonctionnaires dévoyés savent reproduire à la perfection tous les codes et tous les éléments de langage de l'attachement au bien public et à la mission de service, bien qu'intérieurement ils n'en croient pas un mot. Leur compétence n'est plus que mondaine, de mimétisme d'un certain nombre de signes de reconnaissance que leur for intérieur tourne en dérision.

Il ne faut pas craindre de « vendre » des postes à rémunération élevée, mais dans des proportions raisonnables, accompagnés d'une exigence de service de la collectivité. Les véritables serviteurs de l'état, comme la France a pu en connaître il y a des décennies, s'y reconnaîtront. Ils se recrutent à des niveaux de salaire de hauts fonctionnaires véritables, pas de chefs mafieux.

5.2.1.4 Diminuer le nombre de règles et diminuer les effectifs doit devenir un objectif récompensé

La diminution du nombre de règles et la diminution des effectifs doivent devenir des indicateurs de performance, des objectifs valorisés et récompensés.

Naturellement, ce suivi d'objectifs ne doit pas tomber dans le piège du management par indicateurs susmentionné. Concernant la réduction des effectifs, le chiffre brut ne suffit pas, il doit avant tout porter sur le ratio opérationnels / administratifs, en vérifiant que pas un seul poste d'opérationnel ne sera touché.

Le « livrable » intermédiaire à contrôler ne doit pas être un tableau de chiffres bruts, mais une description organique de la nouvelle organisation, avec une description précise des rôles et activités de chacun.

Récompensez pécuniairement la diminution du nombre de règles et sanctionnez toute introduction d'une nouvelle, vous verrez que beaucoup s'apercevront que nombre de règles ne sont pas véritablement utiles.

Il faudra aussi rappeler en permanence aux personnes en charge du changement la finalité de leur travail : soulager les Français d'une pression fiscale qui les étouffe, simplifier leur vie au quotidien, ceci dans un esprit de service public. La fonction publique doit se penser comme une force de soutien constante au citoyen, non comme une entité coercitive, se servant au passage des contraintes qu'elle impose pour ponctionner toujours plus dans son seul intérêt.

La diminution du nombre de règles est bien plus qu'un simple confort face aux tracasseries, elle facilitera la création d'entreprises. Les pousses naissantes meurent beaucoup plus souvent d'une prolifération de règlements que d'un manque de trésorerie.

5.2.1.5 *Briser le mensonge « plus de dépenses = plus de services »*

La diminution de la dépense publique se heurte, dans les discours des politiques et des médias, à un raisonnement simpliste : si nous la diminuons, le service public se dégradera.

Un principe économique important, aussi bien valable pour la conduite de projet que pour la gestion d'une administration est que l'efficacité est une fonction « en cloche » de la dépense de ressources. Pour tout problème à résoudre, activité à accomplir, projet à réaliser, l'on peut établir la loi suivante :

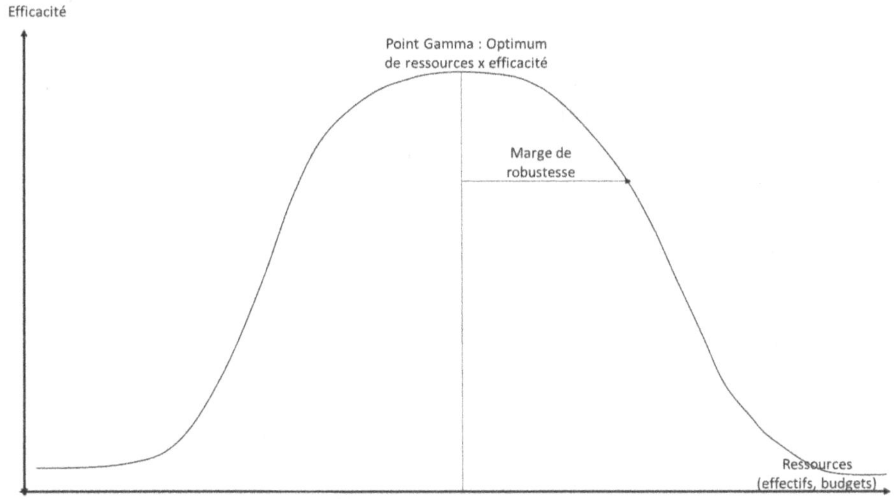

Pour tout dispositif opérationnel, il existe un point de fonctionnement limite d'effectifs et de budget qui en assure l'efficacité maximale (mesurée par exemple par son taux de service au client ou utilisateur). Nous l'appelons point gamma. Au-delà de ce point, des effectifs supplémentaires ou des budgets supplémentaires dégradent l'efficacité de service.

La raison en est simple et réside dans la loi de Parkinson : les effectifs font croître de façon exponentielle les communications interpersonnelles, c'est-à-dire le besoin de coordination des équipes. Le ratio de réunions / travail utile atteint des seuils intolérables.

Également, un budget surdimensionné crée des incitations à des activités inutiles, des « bullshit jobs ». C'est cette fois l'autre mécanisme fondamental qui est en jeu, la stratégie du charognard : abondance de budget attire les opportunistes qui monteront des dispositifs d'extorsion de la valeur produite par les actifs. Une course poursuite s'engage entre actifs et parasites, pour la maîtrise du budget. Lorsque celui-ci est pléthorique, les parasites l'emportent, car le gain marginal à des activités de communication dénigrantes devient très important. Les parasites ont une incitation très forte à investir dans ces activités de communication, car leur « payback » est très rentable.

Qu'il s'agisse donc des effectifs ou du budget, le premier par la loi de Parkinson et le second par la stratégie du charognard, la dégradation d'efficacité croîtra plus vite que l'utilité marginale obtenue par l'effectif supplémentaire ou le budget supplémentaire : mettre plus d'effectif ou de budget accroit le volume de service produit, mais au-delà du point gamma, cela dégrade le taux de service plus rapidement que la valeur produite.

Tout ceci est résumé par un aphorisme bien connu de tout directeur de projet, issu de l'expérience pratique : « doubler les effectifs du projet aboutit à doubler la durée du projet ».

L'obtention du point gamma est un art difficile. Sa recherche nécessite 4 précautions : tout d'abord parce qu'il dépend du dispositif opérationnel (structure du service, organisation du projet) qui a été adopté. Il n'existe pas de valeur dans l'absolu dépendant uniquement d'un taux de service et d'un volume de services à assurer. Par ailleurs, la complexité et la nature de ce service rentrent évidemment en ligne de compte.

Les quatre précautions à avoir en tête dans l'obtention du point gamma sont les suivantes :

- Il faut préserver une marge de robustesse (ou redondance), c'est-à-dire être en léger sureffectif et surbudget par rapport à l'optimum théorique. La raison est celle d'un arbitrage classique entre efficacité et robustesse : tout système doit comporter un peu de redondance pour résister à des chocs externes. Le point gamma ne doit donc pas être déterminé au plus juste. Il faut rajouter une marge raisonnable de budget et d'effectifs pour « être capacitaire », savoir encaisser des perturbations imprévues ou une extension soudaine de l'activité. Bien entendu, ce principe de robustesse ne doit pas être le prétexte à abuser une fois encore des ressources.
- L'obtention du point gamma suit une dynamique temporelle : avant qu'un projet n'arrive à sa « vitesse de croisière », avec un couple (budget, effectif) équilibré, il faut organiser sa montée en puissance. Ceci va nécessiter un temps de formation des nouveaux venus. La croissance d'un projet part d'une équipe noyau (Core team) qui grossit progressivement avec l'arrivée de nouveaux venus qui se forment petit à petit. Un léger sureffectif est donc nécessaire de façon à tenir compte de ce temps de formation. Il vient se rajouter à l'impératif de robustesse, qui lui est calculé au point d'équilibre optimal.

- De même, les sorties de personnel (turn-over) doivent être gérées, notamment s'il s'agit de départs de membres de la Core team. C'est un facteur supplémentaire de sureffectif prévisionnel à prendre en compte.
- On ne substitue pas des effectifs à du budget aussi simplement que la logique comptable voudrait le faire croire. Face à des impératifs de croissance d'un projet, des décisionnaires superficiels pensent souvent que l'on peut remplacer une embauche interne par de l'achat de prestation externe. Face à la croissance organique d'une équipe projet, ils répondent à la demande des pilotes par la question « de combien d'argent supplémentaire avez-vous besoin » ? Le malentendu est complet : les pilotes projet ont avant tout besoin d'un système d'action cohérent avec des personnes remplissant une fonction organique précise. Penser qu'une simple prestation fera toujours l'affaire est le leurre des dirigeants ne connaissant que la règle de trois : il faut pérenniser certains métiers et la prestation externe nécessitera un temps de formation beaucoup plus long. Budget et effectifs ne sont pas des biens parfaitement substituables, très loin de là. Il faut pour cela s'intéresser aux hommes, à leurs compétences, non les considérer comme une « masse » indistincte de production. L'emploi du terme « ressources » a été très néfaste à cet égard. Il suggère que la montée en production d'un projet nécessite un simple calcul de charge. En réalité, sa structure de fonctionnement, très dépendante de la distribution des compétences, des rôles et des jeux d'acteurs, nécessite des raisonnements qualitatifs extrêmement fins, que des dirigeants superficiels ne prendront pas la peine de tenir. On distingue le bon dirigeant du mauvais principalement par ce critère : le mauvais manipule des masses de ressources, le bon pense à un dispositif d'action, donc rentre qualitativement dans les capacités de chaque homme et s'intéresse à chacune d'elles.

En résumé, l'obtention du point gamma doit :

- Conserver une marge de robustesse par un léger sureffectif correspondant aux trois facteurs : Robustesse en vitesse de croisière + Croissance du projet + Turn-over.
- Décider précisément de ce qui relève du cœur de métier à pérenniser dans l'entreprise et de ce qui est une activité plus volatile. Ne jouer de la substitution budget / effectif que dans le deuxième cas.

A l'heure actuelle, les effectifs pléthoriques de la fonction publique la rendent inefficace, les parasites prenant largement le dessus sur les actifs. **Diminuer les effectifs de la fonction publique en dégraissant les postes de complaisance aboutirait à un bien meilleur service aux usagers. La**

crainte de toucher à la dépense publique selon le prétexte d'avoir un service dégradé est un discours mensonger, tenu par les bénéficiaires de ce système, afin de perpétuer leur ponction sur les autres fonctionnaires qui la subissent et sur l'ensemble des usagers.

Les administrations étant passées largement au-delà du point gamma, une diminution bien menée de la dépense publique, c'est-à-dire sans toucher à aucun poste opérationnel, redonnerait à la France un bien meilleur service public. Selon la formule de Michel Crozier, « un état court, mais fort ».

5.2.1.6 Licencier dans la fonction publique

Avec la baisse des dépenses publiques, voici un autre tabou qui doit tomber. Contrairement à une idée répandue, il est déjà possible de licencier dans la fonction publique de manière tout à fait légale, qu'il s'agisse de la fonction publique d'état ou de celle des collectivités territoriales[74].

Le motif « d'insuffisance professionnelle » est prévu dans le cadre légal. Dans le cas de postes de complaisance dont l'utilité est plus que douteuse, il faudra faire appel massivement à ce mécanisme.

L'on pourra faire évoluer la loi de façon à la rendre plus punitive dans les cas graves, par exemple si la complaisance de poste touche à la corruption ou au népotisme, auquel cas les indemnités doivent être réduites à leur plus simple expression, comme dans le cas d'une faute grave ou lourde dans le secteur privé.

Ceci peut sembler excessif, mais il faut être conscient que l'abus de « copinage » ou de « planques » constitue purement et simplement une forme d'organisation mafieuse, dont ceux qui travaillent d'arrache-pied et de manière utile sont les premières victimes.

L'on tolère et minimise avec complaisance ce type d'abus en France, sans considération aucune des conséquences dramatiques pour tous les autres, dont certains tombent en dessous du seuil de précarité. A chaque petit margoulin se trouvant un poste inutile et bien payé, des familles de personnes méritantes se retrouvent détruites, des vies fracassées : **le suicide de certaines catégories professionnelles est une réalité et son lien avec l'inflation des postes de complaisance dans l'administration est direct.** La lâche mansuétude vis-à-vis de tous les profiteurs ne peut et ne doit plus être tolérée.

[74] https://www.service-public.fr/particuliers/vosdroits/F514

En Chine, les cas graves de corruption sont passibles de la peine de mort (certaines ont été mises à exécution), car assimilés à de la haute trahison. Les personnes abusant du bien public trahissent leur pays, leurs pairs fonctionnaires utiles qui en font les frais. La petite planque personnelle n'est pas une plaisanterie exotique : à cause d'elle, l'ensemble des services publics se dégrade, l'économie du pays ne peut se redresser.

Sans aller jusqu'à la sanction chinoise, le dispositif légal doit devenir d'une extrême sévérité face à ceux qui abusent ainsi de la manne publique. En France, la situation est devenue plus grave que dans le cas d'une mafia pesant sur l'Etat, comme cela est le cas en Italie. La mafia, aussi nuisible soit-elle, demeure une organisation illégale et reconnue comme telle : ceux qui y prennent part comme ceux qui la combattent savent qu'il s'agit d'actions criminelles. En France, la mafia a été institutionnalisée et intégrée à l'organisation légale de l'Etat, permettant une extorsion des forces vives du pays en toute impunité. De tels agissements méritent les sanctions les plus lourdes.

5.2.1.7 Interdire toute réintroduction dans la fonction publique : pas de « recasage »

Après avoir été condamnée pour détournements de biens publics, l'ancienne directrice de l'INA Agnes Saal est nommée un an plus tard haut fonctionnaire à l'égalité au sein du ministère de la Culture, avec une rémunération supérieure à celle de son ancien poste. Après des dizaines (voire des centaines) de milliers d'euros employés pour des frais de taxi, pour elle-même et pour sa famille, une simple suspension de six mois et une peine avec sursis, une haute fonctionnaire détournant massivement des fonds publics se voit réintégrée et augmentée au sein d'un ministère.

Les fonctionnaires ayant fait l'objet de telles condamnations, ou en moins grave ayant choisi de « pantoufler » quelques années dans le secteur privé, ne devraient pas pouvoir occuper à nouveau un poste public. L'inflation des postes que décrit la loi de Parkinson est due en partie au « recasage » des amis et connaissances, débouchant sur des créations de postes aux appellations fantaisistes, à l'utilité plus que douteuse, rémunérés de façon exorbitante en regard du travail accompli.

L'identification biométrique ayant fait les progrès que l'on sait, il serait très aisé d'identifier les personnes ayant déjà occupé un poste de fonctionnaire et d'interdire à quiconque de l'être plus d'une fois dans sa vie. Les moyens de « recasage » pouvant être extrêmement détournés et retors, l'emploi d'une procédure simple attachée à l'identité de l'individu pour autoriser son recrutement dans la fonction publique éviterait tout abus, quels que soient les artifices déployés pour masquer ceux-ci.

5.2.1.8 Fermer l'ENA et Sciences Po

Je ne vais pas m'appesantir sur les dégâts considérables commis par les énarques, qu'il s'agisse de la gestion de sociétés publiques ou privées. Il ne s'agit pas là d'une opinion, mais d'un constat, étayé par des faits accablants et innombrables. De nombreux dossiers existent, auxquels je renvoie le lecteur. Par exemple [75] et [76].

Rappelons également la démonstration d'incompétence exécutée par la fine fleur de Bercy, dans un exemple déjà cité [77]: une erreur économique de débutant a été commise dans l'évaluation d'impact des taxes sur les carburants, et ce malgré des avertissements très clairs de la part de l'INSEE. Une mesure prétendument écologique dont les conséquences sur la vie au quotidien de milliers de Français auraient dû être quantifiées avec la plus grande rigueur a été traitée à l'aide de généralités sur le devenir de la planète. La suite est connue : cette frivolité donna naissance à la crise des gilets jaunes un an plus tard.

L'ENA et Sciences-Po : deux écoles qui n'apprennent que l'art des généralités, la capacité à minimiser et étouffer les problèmes plutôt que de les résoudre, à se positionner dans la course aux postes plutôt que de produire la valeur qui en accorderait le mérite.

Plutôt que de résoudre les problèmes de l'Etat français, l'on a créé une école spécialisée dans ses turpitudes, de façon à le prolonger sous assistance médicale le plus longtemps possible. Ces écoles du report infini ont atteint leurs limites. Elles portent au plus haut point l'incompétence habillée sous un complet trois-pièces destiné à donner une apparence de sérieux. Et si leurs pupilles pensent tirer une supériorité de par leurs connaissances historiques ou leur capacité à employer locutions grecques ou latines lors d'un dîner, qu'ils sachent que nombre de personnes sont capables d'en faire tout autant, la

---

[75] https://www.contrepoints.org/2014/09/30/182907-ena-promotion-titanic

[76] http://www.ifrap.org/fonction-publique-et-administration/le-dossier-noir-de-lena

[77] http://premium.lefigaro.fr/conjoncture/2018/12/18/20002-20181218ARTFIG00180-comment-bercy-a-refuse-de-voir-l-impact-desastreux-des-taxes-sur-le-pouvoir-d-achat-en-2018.php

profondeur en plus. Ces écoles apprennent à leurs élèves la seule et unique reproduction de signes de reconnaissance, sans qu'aucun domaine des sciences ou des lettres n'ait été véritablement approfondi.

Non contents de semer la dévastation dans des entreprises privées ou des organismes publics par une incompétence qui ne se dément jamais, leur impunité et leur fonctionnement en cercle fermé aboutissent à des réflexes généralisés de corruption, sans qu'ils se doutent une seule seconde de la monstruosité éthique de leurs agissements. Ils sont probablement sincères lorsqu'ils ne voient même plus le mal dans des augmentations faramineuses ou des usages nettement apparentés au détournement de fonds publics. Passé un certain seuil d'immoralité, le cap de l'amoralité est franchi, à partir duquel la corruption est considérée comme absolument normale et « conforme », selon le terme consacré.

A partir de ce seuil, toute institution académique est non réformable. Les deux écoles doivent être fermées, ce qui aura l'avantage d'envoyer un signal fort de détermination à enfin changer de mode de fonctionnement, en plus de mettre un terme aux dommages considérables qu'elles ont fait subir à la France. Il faudra également examiner au cas par cas la performance et l'utilité réelle de chaque haut fonctionnaire et le cas échéant, procéder au licenciement pour insuffisance professionnelle mentionné plus haut.

5.2.1.9 La lutte contre les hauts fonctionnaires entretenant leurs privilèges ne pourra être qu'une lutte à mort

Il pourrait m'être objecté qu'en tant que disciple de la pensée de Michel Crozier, une conduite du changement plus progressive devrait être mise en place dans la fonction publique. A la fin de « L'acteur et le système », le grand sociologue précise quelles sont les conditions d'une conduite du changement : si un changement de jeu d'acteur fait perdre des avantages à une partie de ceux qui sont à réformer, il faut leur ouvrir de nouvelles pistes et de nouveaux jeux d'acteur qui interviendront en compensation. Une conduite du changement ne peut être menée que si l'on peut troquer un avantage contre un autre dans les nouvelles règles du jeu.

Le problème est que la haute fonction publique française s'est tellement enkystée dans ses privilèges arbitraires et immérités que tout changement du système d'action se traduirait par une perte importante pour eux. Lorsqu'on laisse n'importe quelle organisation évoluer en autarcie complète, sans véritable évaluation, sans limites de rémunérations et avantages qu'elle se vote elle-même et que l'on se plie à son opacité totale, les perversions qui apparaissent franchissent un point de non-retour qui les rend non réformables.

Je n'ose imaginer le niveau de pourrissement que l'on découvrira le jour où cet autoclave de 50 ans sera ouvert, en termes de déviances financières, managériales, politiques, voire sexuelles. Le niveau de corruption est tel que même en étant étroitement fermé, ce système ne peut empêcher de laisser échapper des relents révélateurs (cf. l'ensemble des travaux de Sophie Coignard).

Le système d'extorsion est devenu d'une telle immoralité et dans une telle proportion que ceux qui le tiennent et en sont les bénéficiaires s'y accrocheront à mort, employant n'importe quel moyen et n'importe quel argument. Tout changement ne peut être pour eux qu'une perte, étant donné que le mode de fonctionnement actuel est fondé sur des avantages arbitraires entièrement à leur main.

Une stratégie que mène régulièrement la haute fonction publique est de faire croître les effectifs des fonctionnaires jusqu'à ce que ceux-ci constituent une grosse minorité en France [78]. Non seulement cette minorité forte (plus de 5,5 millions de personnes) constitue un poids électoral important, mais elle est dotée d'une cohérence et d'une puissance d'action dans la protestation et la défense de ses intérêts qui surpasse de très loin celles de toute autre catégorie.

Il y a parmi ces fonctionnaires – nous l'avons dit – un grand nombre de personnes dévouées, travailleuses et effectuant un travail très utile. Leur tâche est rendue de plus en plus difficile par le poids croissant des parasites issus des postes de complaisance. Lorsqu'il est question de réformes, une communication parfaitement malhonnête et bruyante est orchestrée par la haute fonction publique : l'on touche au service public à la française et l'on s'apprête à dégrader la qualité de nos hôpitaux, de notre police, de notre éducation, etc. Ils mobilisent avec suffisamment d'habileté toute la grosse minorité des fonctionnaires, y compris ceux qui font œuvre utile et méritée et qui sont les premiers à souffrir de cette situation, pour leur faire défendre leur propre servitude.

Les moyens de protestation de cette grosse minorité étant démultipliés, ils gagnent bientôt l'ensemble de la population française qui suit comme un seul homme. Et l'on se retrouve avec le paradoxe d'une société dénonçant le « turbo-libéralisme », dans un pays qui s'écroule chaque année un peu plus sous la dépense publique est qui est entièrement dirigé par une caste de hauts fonctionnaires plus que par son pouvoir exécutif.

Bien entendu, les ordonnateurs de ce type de manipulation sont parfaitement cyniques : ils savent parfaitement qu'une diminution des effectifs à des endroits bien placés ne menacerait pas la fonction publique et bien au contraire

---

[78] http://premium.lefigaro.fr/conjoncture/2018/12/13/20002-20181213ARTFIG00149-la-france-comptait-566-millions-de-fonctionnaires-en-2017.php

améliorerait grandement ses capacités de fonctionnement. Mais cela remettrait en cause l'ensemble de leur système clientéliste et les jeux d'acteur pervertis qu'ils pratiquent depuis des décennies, ainsi que les avantages personnels considérables qu'ils se votent en toute opacité. Les personnes masquant leur avidité et leur ego infini sous la défense du service public se rendent coupables de haute trahison. Il n'y a pas de mots assez forts pour qualifier le mépris qu'il faut ressentir, quant à leur avidité déguisée en défense de l'intérêt commun.

Un autre exemple de communication parfaitement malhonnête nous a été donné récemment, avec le tableau de ce que financent 1000 euros de dépenses publiques :

Tableau

Ce que financent 1000 euros de dépenses publiques

Dépenses	Sous-dépenses	Pour 1000€ en France
Protection sociale	dont retraites	268 €
	dont assurance maladie	196 €
	dont famille (ex : allocations familiales)	42 €
	dont chômage	35 €
	dont aide au logement (ex : APL)	17 €
	dont autre solidarité (ex : prime d'activité, RSA)	22 €
	Sous total protection sociale	**575 €**
Dépenses sectorielles	dont affaires économiques (ex : crédits d'impôts aux entreprises, soutien aux ENR, aides sectorielles, subventions et avances pour l'innovation)	53 €
	dont transport et équipements collectifs (ex : développement et entretien des réseaux routiers, ferroviaires et fluviaux)	43 €
	dont culture (ex : frais de fonctionnement des musées nationaux)	22 €
	dont environnement (ex : gestion de l'eau et des déchets)	16 €
	dont infrastructures (ex : éclairage public)	9 €
	Sous total dépenses sectorielles	**143 €**
Services publics régaliens	dont défense	31 €
	dont sécurité	25 €
	dont justice	4 €
	Sous total régalien	**60 €**
Education		**96 €**
Recherche		**23 €**
Administrations publiques (services des impôts, mairies et autres collectivités territoriales, préfectures, ambassades-consulats, caisses de sécurité sociale, etc.)		**66 €**
Charge de la dette		**37 €**

Source : Eurostat, calculs DG Trésor

Ce tableau semble pourtant exemplaire pour l'homme de la rue : il est clair et présente de façon transparente les flux de dépenses, répondant ainsi à la question « où va l'argent ? ».

Les deux « poids lourds » que constituent les retraites et l'assurance maladie, postes auxquels personne ne souhaite toucher en France, suggèrent que l'on ne fera pas de réelles économies ailleurs. Ainsi l'on peut clore définitivement le débat, ce qui est le but recherché, en disant : « vous voyez bien que nous employons au mieux l'argent public ». Il n'est évidemment pas précisé que d'autres pays que le nôtre obtiennent des services équivalents avec des dépenses bien moindres dans chaque poste.

La supercherie de ce tableau est évidente pour n'importe quel statisticien bien formé.

Il amalgame trois types de dépenses qui ne sont pas détaillées, et ce pour chaque poste :

- **Les flux de redistribution**
- **Les flux de prestations**
- **Les frais internes de fonctionnement**

Les flux de redistribution sont ceux qui sont prélevés et redonnés parce que l'Etat les **doit** contractuellement à ses contribuables, à commencer par le paiement des retraites. Il est fallacieux de présenter ces flux financiers comme appartenant à l'Etat : ils sont un crédit que lui fait la population pour que l'Etat les redistribue. L'Etat n'est – ou ne devrait être – qu'un simple réceptacle de leurs entrées et de leurs sorties.

Les flux de prestation sont des paiements supplémentaires que l'on a décidé d'octroyer par application d'une politique sociale et qui ne sont pas une simple redistribution à bilan nul comme précédemment. Il peut s'agir de flux tout à fait légitimes, comme l'aide à l'enfance défavorisée, ou plus discutables, comme les régimes spéciaux de retraite ou l'octroi de certaines subventions culturelles. Il existe aussi des prestations non contestables comme le paiement des salaires de professeurs ou de policiers de terrain. Il ne s'agit plus d'une simple redirection de flux pris et rendus à parts égales, mais bien d'un prélèvement demandé à la population pour financer des politiques publiques ou les fonctions régaliennes de l'Etat : l'Etat fournit un service en échange d'une contribution.

Enfin, les frais internes de fonctionnement sont le coût des organismes publics qui réalisent les deux opérations précédentes : il faut des fonctionnaires pour effectuer les missions de redistribution et de prestation. L'on y trouvera donc l'ensemble des activités administratives nécessaires aux services rendus de redistribution et de prestations. C'est évidemment sur ce troisième poste que les abus les plus importants peuvent être commis : postes de complaisance, « planques », missions de conseil ou d'étude sans contenu sur ce qu'il est pertinent de redistribuer ou financer.

Ainsi sur le poste le plus important des retraites, il est impossible de distinguer les trois flux : celui de pure redistribution, celui de prestation pour des régimes spéciaux que l'on a choisi de financer et celui des frais de fonctionnement, à savoir combien coûtent les organismes chargés de gérer les retraites, s'ils sont bien organisés, etc.

Bien entendu, ce tableau se garde bien de donner ces précisions et raisonne en flux globaux. Il est donc impossible de calculer un ratio des frais de fonctionnement vis-à-vis des flux de redistribution et prestation, donc de mesurer l'efficacité des dispositifs publics. Le dernier poste du tableau, intitulé « Administrations publiques », prétend peut-être y répondre. Mais il est tellement flou et peut masquer tant de dépenses cachées qu'il n'explique en rien les frais de fonctionnement de chaque administration. Il est également, de toute évidence, sous-évalué, eu égard au coût global de la dépense publique en France.

Il faudrait déjà – pour une présentation honnête – soustraire les flux de redistribution de chaque poste. Ils pèsent un poids financier très important et écrasent ainsi la visibilité sur les deux autres postes, mais pour autant ils doivent être considérés comme « neutres », car de pure entrée / sortie, **d'un argent qui n'appartient en réalité pas à l'Etat**. Ces flux neutres permettent de noyer les deux autres qui seraient pourtant les plus intéressants, car permettant de mesurer les véritables choix de politique publique ainsi que l'efficacité des dispositifs qui sont chargés de mettre ces choix en œuvre.

Ce tableau montre également à quel point la réforme des retraites est une tromperie : elle n'est nullement une réduction de la dépense publique, mais un siphonnage supplémentaire d'un argent appartenant aux Français et non à l'Etat, pour continuer de financer le puits sans fond des frais de fonctionnement : le premier flux de redistribution est détourné pour ne surtout pas toucher au troisième, celui des coûts de fonctionnement, siège de toutes les complaisances et de tous les abus. **La réforme des retraites est en réalité un « super impôt » à délai différé, permettant d'accentuer encore un peu plus une pression fiscale déjà insupportable, parce que la véritable réforme des coûts de fonctionnement des services de l'état n'est jamais entreprise.**

Ces deux exemples du chantage au démantèlement du service public lorsque l'on touche aux postes de complaisance et du tableau volontairement fallacieux des flux d'argent public illustrent la férocité de la lutte qui attend le gouvernant qui aura le courage de s'attaquer à la caste des hauts fonctionnaires.

L'enjeu est tel et les bénéficiaires ont tant à perdre d'une situation où ils bénéficient du contrôle et du pouvoir absolus, que la lutte sera nécessairement à mort. Les hauts fonctionnaires disposent de tous les leviers politiques, juridiques, syndicaux et médiatiques pour engager des attaques sans merci à l'encontre de quiconque touchera à leur position abusive. Le « deep state » de la haute fonction publique possède le véritable pouvoir en France, y compris celui de faire ou défaire les élections. Le dernier scrutin présidentiel a ainsi vu une collusion qu'aucun régime démocratique digne de ce nom n'aurait pu faire surgir, des pouvoirs politiques, judiciaires et médiatiques pour abattre l'un des principaux candidats à la faveur d'un autre.

Emmanuel Macron n'était ni le candidat du « turbo-libéralisme », ni celui de « Davos ou de Bilderberg » comme le veulent les fantasmes complotistes, mais celui de la haute fonction publique française, avec pour mission de proroger le gigantesque dispositif d'extorsion et d'impunité d'une fonction publique détournée à leur seul avantage. Toutes les réformes engagées ont pour seul but de ne surtout pas mettre en œuvre la seule qui serait véritablement utile.

Le dirigeant qui aura le courage d'engager ce combat doit être préparé à lutter pour sa vie, au sens propre du terme. Il faudra aller jusqu'à la sanction pénale et l'emprisonnement des hauts fonctionnaires les plus dévoyés pour envoyer un signal fort de changement des règles du jeu et d'une reprise de contrôle du pouvoir politique par l'exécutif. Nous parlons de gens diaboliquement intelligents, rompus à la manipulation et à la destruction pour la seule satisfaction de leur ego. A ce niveau de perversion que l'on a laissé filer par manque de courage, la lutte de pouvoir devient une lutte à mort. Si aucun gouvernant français n'a eu le courage de l'engager jusqu'à maintenant, c'est du fait de la menace de cette dureté absolue du combat.

5.2.2 Les entreprises pilotes

La seconde direction de travail après la diminution des dépenses publiques consiste à encourager et promouvoir des « entreprises du troisième type », afin de rompre avec le management des Trois Parques, particulièrement pernicieux en France.

Il ne s'agit bien sûr pas pour l'Etat d'être un acteur économique direct : toutes les tentatives à ce sujet ont échoué. En revanche, l'Etat peut être un excellent « business angel » lors de la fondation d'une entreprise.

Il s'agirait donc de sponsoriser et aider à la création d'entreprises selon un concours de talents, qui évaluera les jeunes entreprises candidates sur les points suivants de leur mode d'organisation et d'action :

- Favoriser les petites organisations dans la grande.

- Logique de Business units : autonomie budgétaire, de ressources humaines, de moyens et de méthodes. Mesure de la performance uniquement sur le résultat final et sur des prototypes intermédiaires.

- Surveillance des « stratégies du charognard ». Reconnaissance et communication du travail pour celui qui l'a réellement accompli. Suppression de toute organisation matricielle.

- Mesures d'évitement de la superficialité : dossiers de décision sous forme de rapports écrits et non de slides. Obligation par les décisionnaires de l'avoir lu.

- Mesurer l'avancement sur des prototypes, expériences pilotes, etc., et non sur des KPIs.

- Surveillance de la loi de Parkinson et des comportements de grosses équipes ou nouvelles règles pour se sentir exister.

- Revaloriser les « doers ». Supprimer le clivage entre ceux qui font et ceux qui font faire.

- Valoriser les cœurs de métier. Les pérenniser.

- Pratiquer le patriotisme économique intelligent, en défendant le cœur de métier qui nous différencie.

Ces entreprises pourront servir de modèle de management, aidant les plus anciennes entreprises historiques à amorcer leur propre changement, selon la valeur de l'exemple. Les bénéficiaires de l'organisation matricielle ont un grand talent pour convaincre que toute organisation autre que la leur n'est pas viable. Par une extraordinaire coïncidence, cette unique possibilité correspond à leur intérêt personnel.

Les entreprises pilotes seront une réfutation et une épine dans leur pied, de par leur existence même : plutôt que de se perdre en arguties avec eux, il faut se développer selon sa propre voie. Le modèle matriciel finira par tomber de lui-même, le fonctionnement des entreprises pilotes attirant les véritables talents de l'entreprise.

Nous ne nous attarderons pas sur ce deuxième axe d'action et ne laisserons qu'un chapitre court : il faut faire confiance à l'autonomie et à l'indépendance des hommes à partir de cette seule feuille de route et les laisser tracer cette voie par eux-mêmes.

5.2.3 Retrouver une différenciation dans le commerce mondial

Toutes les prescriptions dont nous allons parler ici proviennent de la compréhension pleine et entière de David Ricardo, c'est-à-dire d'un maintien des avantages comparatifs qui abolit le clivage entre protectionnisme et libre-échange, puisque les transactions économiques bénéfiques relèvent d'un protectionnisme sur les savoirs et les savoir-faire et d'un libre-échange sur les biens et services.

Le principe économique premier n'est ni la concurrence, ni le libre-échange, mais la différenciation. **Tout entrepreneur doit avoir comme première et principale interrogation « qu'est-ce qui me différencie des autres ? ».** L'ensemble du moteur économique ne tourne que parce que suffisamment d'entrepreneurs sont acharnés à y répondre et à le démontrer.

5.2.3.1 Mettre fin à l'UE

Nous ne nous étendrons pas sur ce que nous pensons de l'UE, de ses thuriféraires, de l'incompétence générale et de la corruption qui y règnent : nous nous sommes largement exprimés dessus. Les tenants de l'UE sont les fossoyeurs de l'Europe et non ses défenseurs, Commission européenne en tête. Les pratiques d'opacité, d'impunité et de méconnaissance totale des fondamentaux de l'économie par cette dernière sont l'équivalent de ce que fait la haute fonction publique française, étendu au niveau européen.

L'UE est une machine à empêcher les entrepreneurs européens de se différencier et à faire valoir leurs avantages comparatifs. Son dogmatisme la pousse à ne s'intéresser qu'aux trois centimes sur un bien que gagnera le consommateur en application de la « concurrence pure et parfaite », au prix d'une mise en vulnérabilité bien plus grave et bien plus préjudiciable à tous des intérêts européens.

La Commission européenne tombe dans le travers bien connu de celui qui ayant un marteau en main ne voit plus les problèmes qu'en forme de clous. Elle agit fanatiquement sur le seul levier pour lequel elle dispose d'une marge de manœuvre, à savoir la concurrence interne à l'Europe. Elle part du principe qu'il est peine perdue de s'armer contre les concurrences des blocs extraeuropéens, Etats-Unis et Chine en tête.

Non seulement l'UE n'est pas protectrice, mais elle accélère les raclées économiques que lui infligeront ses concurrents. Tout ceci résulte d'une ignorance complète du premier des mécanismes de l'économie qu'est l'avantage comparatif de Ricardo, lorsque l'on sait en regarder les deux facettes et non sa version hémiplégique. Il provient aussi pour une grande part du réflexe de fonctionnaires surpayés souhaitant justifier aussi longtemps que possible leur existence.

Il est indispensable de mettre fin à l'UE si nous voulons sauver l'Europe.

Les zélotes de l'UE devraient prendre garde. Leur morgue et leur autosatisfaction infinies leur donnent encore le beau rôle face à des forces populistes. Ils peuvent toujours jouer la comédie du sérieux et de la mise en garde contre la démagogie avec de tels adversaires.

Mais ils vont devoir faire face à des opposants d'une tout autre facture, qui ne cessent de monter en puissance : les vrais entrepreneurs, puissants, profonds, beaucoup plus forts dans l'action et dans la pensée que ces petits hommes, car ayant gagné leurs galons sur le vrai terrain économique, non dans des manœuvres d'appareil. La force d'un Carlos Tavares en témoigne et d'autres viendront bientôt le rejoindre.

Nous ne présentons pas notre lutte contre l'UE comme la revendication de faibles contre les forts, de déclassés de la mondialisation contre ses supposés vainqueurs : cette présentation geignarde serait faire trop d'honneur aux responsables de l'UE, comme si nous avions quelque chose à leur quémander ou une quelconque force à leur reconnaître.

Nous la présentons comme l'assaut des véritables forts contre les imposteurs, celle des généraux de l'économie, disciplinés, rigoureux, ayant réalisé des prouesses dans l'action à des niveaux de travail et d'engagement que les intrigants de l'UE ne sont pas même capables de concevoir.

Qu'ils prennent donc garde, car cet assaut sera d'une tout autre trempe que les cris désordonnés du peuple. Les hommes qui le mèneront sont ceux qui remportent les véritables victoires économiques, surintelligents, acharnés au travail, engagés à fond dans l'action entrepreneuriale.

Le jour où de tels hommes auront décidé de s'unir pour balayer le ramassis d'intrigants, de médiocres et d'incompétents qui dirige l'UE, une nouvelle force irrésistible émergera. Lorsque ces hommes engagent le combat, c'est dans le seul but de la victoire, et ils s'y montreront implacables. Ce jour est proche, tant ceux qui connaissent l'économie parce qu'ils sont rompus à sa pratique, voient clair dans le rôle d'éteignoir de l'UE.

Les couinements et l'angoisse de plus en plus perceptible des dirigeants de l'UE sont à cet égard révélateurs : il ne s'agit pas de l'autorité naturelle conférée à ceux qui maîtrisent leur sujet, mais des glapissements de l'imposteur qui sent que sa supercherie est sur le point de s'effondrer.

5.2.3.2 Développer nos cœurs de métier spécifiques, redéfinir les filières du XXIe siècle

Jouons le jeu de la surprise, puisque c'est à un ancien ministre socialiste que nous allons adresser des compliments. Avec la « Nouvelle France Industrielle », Arnaud Montebourg faisait revivre l'ancienne idée des filières industrielles, actualisées par les nouvelles technologies.

On pourra moquer certaines postures de poseur de l'ancien ministre, et je ne me suis pas privé de le penser, mais depuis son départ de la vie politique il a cherché à faire ses armes dans le monde réel de l'entreprise. Ce retour au terrain est tout à son honneur. Et l'initiative de la NFI montre qu'il était sans doute l'un des plus lucides acteurs politiques, quoi que l'on pense de son style communicationnel ou d'autres prises de position plus socialistes que je ne partage pas.

La NFI aborde la question de la mise en concurrence et de la mondialisation par la bonne porte : **commençons par nous différencier et par développer ce que nous faisons de mieux, nous parlerons ensuite de la confrontation à la concurrence et des jeux de la mondialisation**. Les approches funestes de l'UE ont inversé l'ordre de ces termes.

Les initiatives prises par la NFI n'ont jamais été dirigistes, mais ont fait jouer à l'Etat un rôle de business angel beaucoup plus que d'acteur direct. Citons également la « mission Villani », extension naturelle de cette politique de filières, appliquée à l'une d'elles bien spécifique : l'IA.

En définitive, l'objectif est de créer un écosystème similaire à celui de la Valley, où initiatives privées et encouragements publics se croisent, tous jouant un rôle bien défini dans le développement de chaque filière.

Les filières technologiques ont un dernier avantage : elles sont transverses aux entreprises. Elles obligent à l'ouverture d'esprit et à ne pas se laisser enfermer dans les jeux d'acteurs internes d'une entreprise donnée, en étant pilotées par des instituts ou des consortiums regroupant plusieurs entreprises. Des structures agiles, de petites business units sont naturellement appelées à travailler dans ce cadre, aucun grand groupe ne pouvant imposer sa logique. Il faut donc continuer l'impulsion donnée par la NFI, dans le même esprit, pour arriver armés de nos avantages comparatifs.

5.2.3.3 *Suivre une ligne de dureté extrême vis-à-vis des lois extraterritoriales américaines*

La haute fonction publique française est devenue l'une des coteries les plus haïssables dans le monde. Mais une autre est en train de lui disputer cette première place dans les jeux d'acteur détestables : celle des juristes américains et du Department of Justice de l'état Fédéral. J'ai toujours du mal à écrire de nos jours le titre de « Department of Justice », car il serait bien plus exact de parler de « So-called department of Justice », ou même de « So-called department of the so-called justice ».

La France périra de ses énarques et les USA périront de leurs *lawyers*. Puisque nous parlions plus haut de la puissance imaginaire d'Hollywood, en bien comme en mal, rappelons-nous que dans le premier « Jurassic Park » le pire des personnages abandonne lâchement les enfants au T-Rex et part en courant se réfugier dans les toilettes, avant d'être puni comme le veut la tradition hollywoodienne, en étant avalé tout cru par le même T-Rex. Quel est le métier de ce personnage ? Juriste, dans les pires travers de mauvaise foi que peut prendre cette profession aux Etats-Unis. Quoi que l'on pense de Steven Spielberg, il est toujours une fenêtre éclairante sur l'imaginaire américain.

Compte tenu de ce que j'ai écrit plus haut, il sera difficile de me reprocher un quelconque anti-américanisme, ma position étant nuancée et souvent admirative vis-à-vis de ce pays. **Mais ce que les USA ont mis en place à travers le DOJ est la plus grande menace pour la démocratie et les libertés que nous ayons connue depuis des décennies, terrorisme compris. Je pèse mes mots.**

Lorsqu'une entreprise européenne se montre plus compétitive que ses concurrents américains, ou lorsqu'elle démontre un savoir-faire rare et différenciant, il est découvert très peu de temps après par le DOJ et par une extraordinaire coïncidence que cette entreprise se serait rendue coupable de malversations.

Ces entorses juridiques sont plus que discutables, car elles concernent les interdictions de commercer avec tel ou tel pays édictées par les Etats-Unis et qu'ils ont décidé d'appliquer arbitrairement hors de leur territoire : les USA estiment ainsi qu'ils ont un droit à surclasser les décisions juridiques de n'importe quel Etat souverain dans le monde.

Le DOJ clame qu'il agit de façon neutre, mais toujours par une extraordinaire coïncidence, la grande majorité des condamnations vise des entreprises européennes et parfois chinoises (cf. le cas Huawei qui répète le même scénario) encore que ce dernier cas soit moins fréquent, le pays visé réagissant de façon beaucoup moins lâche et timorée à cette violation directe de souveraineté.

La neutralité du DOJ est évidemment à l'usage des seuls imbéciles, et toute discussion avec l'institution judiciaire américaine devrait avoir comme préambule que nous n'accepterons jamais d'être pris pour tels. Tout discours moralisateur de la part du DOJ doit non seulement être considéré comme la pire des hypocrisies, mais comme le fait d'un voyou totalement dénué d'éthique reprochant aux autres ce qu'il fait en dix fois pire.

La panoplie de l'arsenal légal américain permettant de biaiser le jeu économique en leur faveur et de fausser le marché est bien résumée par cet article de La Tribune, recensant 7 armes juridiques toutes plus effrayantes les unes que les autres : [79]

Le CFIUS rend par exemple quasiment impossible le rachat de sociétés américaines dans des secteurs clés, sachant que le périmètre de ces derniers ne cesse de s'étendre.

Entre la législation qui permet aux Etats-Unis des poursuites extraterritoriales pour toute transaction en dollars et ITAR dans le secteur de la défense, le moindre paiement dans la devise américaine ou l'utilisation de la moindre puce américaine dans un système d'armes permettent aux USA de bloquer des négociations commerciales, voire de poursuivre, arrêter et incarcérer toute personne physique d'une entreprise concurrente.

Le « Cloud Act » est peut-être le plus inquiétant de tous, permettant au gouvernement fédéral de piller toute donnée personnelle stockée partout dans le monde, à partir du moment où le serveur de cloud est celui d'une entreprise américaine, sans en informer quiconque et sans aucune autorisation juridique. Cette législation américaine va directement à l'encontre du RGPD, exemple supplémentaire où les USA édictent un droit qu'ils estiment supérieur au droit européen dans des pays européens. Naturellement, le risque devient fort d'un boycott des clouds de Microsoft ou Amazon par des entreprises européennes, non par la faute de ces entreprises, mais parce qu'elles seraient les premières victimes d'une législation qui ne garantit plus aucune sécurité dans la protection des données personnelles.

Cette agression juridique travestie par une hypocrisie morale ne date pas de Trump : les premiers articles légaux datent de plus de 20 ans et toutes les

---

[79] https://www.latribune.fr/economie/international/les-sept-armes-imparables-qui-permettent-aux-etats-unis-de-dominer-le-monde-789141.html

administrations américaines y ont fait appel massivement. Trump a accentué le phénomène et emploie ces méthodes plus profondément encore, nous signale l'article de La Tribune, mais cette tentation de la toute-puissance absolue a traversé l'Etat fédéral depuis bien plus longtemps. Elle fut par exemple largement employée par l'administration Obama.

L'arme juridique comme moyen de pression international fut codifiée en 2001 par le Général Charles Dunlap et fut désignée sous le terme général de « Lawfare ». Il n'est pas du tout certain que le Général Dunlap cautionne l'usage qui est maintenant fait de son invention. Conçue au départ comme arme géopolitique pour de légitimes questions de sécurité, celle-ci a été détournée progressivement vers l'intelligence économique, jusqu'à devenir une véritable prise d'otage de personnes morales et physiques de l'entrepreneuriat non américain. Le même type de détournement fut à l'œuvre avec les programmes ECHELON puis PRISM, ayant débouché sur l'affaire Snowden.

L'impérialisme juridique des Etats-Unis ne signifie pas seulement des mesures de rétorsion manipulant des chiffres, des procédures judiciaires entre personnes morales, des amendes et arguments entre cols blancs. Cela peut signifier aussi des vies brisées, des personnes physiques incarcérées dans les pires conditions, au point que cette pratique confine à la prise d'otage et au terrorisme [80].

L'Europe s'est distinguée par sa lâcheté, sa complaisance voire sa complicité à ce type de pratique. L'une des faillites les plus patentes de l'UE est d'avoir été incapable de taper du poing sur la table sur ce sujet ou bien par des contre-mesures risibles en regard de la gravité de l'agression.[81], [82]

Les gouvernements fédéraux américains ont-ils la plus petite conscience de la gravité de ce qu'ils sont en train de faire ? Toute l'équité du commerce, du libre marché et de la libre entreprise dont les USA se veulent les hérauts est intégralement détruite par ces législations. La compétition économique ne se fait plus sur l'excellence et sur la qualité, mais uniquement sur des manipulations géopolitiques. Tous les pays hors USA s'enfonceront dans la désespérance et la servitude si nous acceptons cela : il deviendra inutile de se

---

80 https://www.francetvinfo.fr/economie/entreprises/alstom/comment-un-patron-a-fini-en-prison-aux-etats-unis-sur-fond-de-guerre-commerciale_3155977.html

81 http://premium.lefigaro.fr/vox/monde/2018/05/17/31002-20180517ARTFIG00187-nucleaire-iranien-le-nouvel-imperialisme-americain-est-juridique.php

82 http://premium.lefigaro.fr/medias/2019/02/21/20004-20190221ARTFIG00194-guerre-economique-la-france-et-l-ue-completement-desemparees.php

montrer compétitif et entreprenant, car cela signifiera être pris en otage par l'administration américaine si l'on se montre trop brillant.

Il n'y a pas de définition plus précise d'un état totalitaire que celle de décider à l'avance de tout résultat, d'étouffer toute velléité de pouvoir prouver sa valeur. C'est exactement ce que le DOJ, armé par le gouvernement fédéral, est en train de faire.

Si nous acceptons ceci, nous vivrons dans un monde de servitude, où les USA dicteront à jamais qu'ils sont toujours les meilleurs dans tous les domaines clés ou encore – suprême hypocrisie – qu'ils laisseront de temps en temps des entreprises autres que les leurs émerger sans le couperet du DOJ, mais uniquement quand eux l'auront décidé, afin de faire croire en un restant d'équité commerciale.

Il faut refuser le réflexe pavlovien qu'ont certains libéraux de considérer que si une initiative est prise par les USA, elle est nécessairement bonne économiquement, car d'inspiration libérale. Qui est la seule et unique personnalité qui s'est opposée avec courage au début des lois extraterritoriales américaines ? : Margaret Thatcher, comme le rappelle l'interview d'Ali Laïdi précédemment citée. Si nous n'avons pas aimé le « TINA » de la dame de fer, comme contraire aux principes historiques du libéralisme, nous saluons sa lucidité quant à la préservation du monde libre sur ce sujet.

Les USA ont-ils conscience qu'ils cèdent au fantasme du pouvoir absolu et totalitaire ? Qu'ils ne méritent plus le titre de chef de file du monde libre en agissant ainsi ? Qu'ils trahissent de façon abjecte l'idéal des pères fondateurs de Philadelphie, ajoutant à l'avidité une immense hypocrisie morale ? Qu'ils donnent prise aux portraits des pires complotistes à leur égard, quant à leur tentation de l'Empire ?

Que les gouvernements américains sachent que si la totalité des peuples du monde autres que le leur se révolte contre eux sur ce sujet, ce sera sous la bannière de la liberté et de l'esprit de la constitution américaine qu'ils piétinent, trahissent et détruisent par volonté de puissance absolue. Si une telle révolte se produit, ce sera une nouvelle Tea Party des peuples dans laquelle ce sont les Américains qui joueront le rôle de la monarchie anglaise d'alors, cherchant à faire ployer la liberté sous son joug.

Il ne faut jamais plaisanter avec l'aspiration des hommes à la liberté : c'est ce qui les fera se battre avec le plus d'acharnement, jusqu'à la mort s'il le faut. A quoi sert la vie si l'on est maintenu en permanence dans la servitude ?

Les pays européens doivent - en court-circuitant l'UE et sa servilité – former un bloc avec a minima la Chine et la Russie pour s'unir commercialement. Il s'agira de boycotter l'ensemble des produits américains tombant sous le Cloud act et sous la législation ITAR. Il faudra exercer une pression quotidienne contre le DOJ en n'hésitant pas à le qualifier de menteur et manipulateur, afin qu'il ne soit pas toléré de nous prendre pour des imbéciles.

Il faudra bien sûr se préparer à l'offensive communicationnelle d'une grande partie de la machine médiatique américaine, caricaturant et déformant les faits et les hommes, cherchant à avilir et salir ceux qui osent s'opposer aux Etats-Unis, que la raison soit légitime ou non. Il faudra s'apprêter à boycotter les productions de films ou de contenu médiatique venant servir une propagande manichéenne comme une partie de la machine hollywoodienne en a le secret. Il faudra encourager les véritables artistes indépendants qui savent prendre du recul et se questionner sur ce qu'est un conflit d'intérêts, et dire aux autres que nous attendons avec impatience leurs productions où ils feront ce à quoi ils sont habitués : ramper aux pieds de leurs maîtres.

Si nécessaire, il faudra aller jusqu'à la menace militaire et l'appel à la dissuasion nucléaire. Venant de la part des trois blocs européens, chinois et russe, la menace sera crédible. Cette lutte doit être placée sous la bannière de la liberté, afin de bien faire comprendre que c'est le principe même qui guide tout homme libre et indépendant de refuser d'être avili sous un tel joug, de vivre une existence où il ne lui sera jamais donné l'occasion de prouver sa valeur, dans un jeu biaisé et défini à l'avance.

Lors des pires moments de la guerre froide et de la menace soviétique, il fut dit avec raison : « plutôt mort que rouge ». A celui qui cherche à tenir en laisse un homme libre, nous devons répondre que nous préférons mourir les armes à la main s'il le faut, sous la bannière de la liberté. Il faut comprendre que les armes employées par le DOJ sont aussi dangereuses, voire davantage pour le monde libre, que l'étaient les SS-20 soviétiques.

Je déplore que les USA - pays que j'admire pour bien des réalisations par ailleurs - se soient engagés dans cette voie. Mais c'est aujourd'hui un fait que les agissements du DOJ et de l'administration américaine cherchent à tenir le monde entier dans une laisse courte leur permettant un contrôle absolu, faussant toutes les possibilités du marché libre. C'est au nom d'Hayek et de « La route de la servitude » que j'affirme avec force mon indignation et alerte sur ce danger extrême.

Tout homme véritablement indépendant et attaché de façon inaliénable à la liberté aura compris que les lois extraterritoriales américaines sont la plus grave menace totalitaire que le monde ait connue depuis des décennies. Puissent les forces qui restent libres et indépendantes aux Etats-Unis reprendre le dessus, dans l'esprit de leurs pères fondateurs.

Quittons maintenant cette peinture contrastée et haute en couleur des premières mesures à prendre : le lecteur l'aura compris, la voie du milieu n'est nullement celle des tièdes, mais de ceux qui savent maintenir en permanence les tensions du monde dans un équilibre, sans se départir d'une sagacité de chaque instant.

Abordons en dernière partie une perspective plus apaisée pour le futur, avec un projet qui nous plongera dans le cœur de ce qu'est une économie libre.

5.3 La renaissance de l'autogestion

A partir de l'ensemble des analyses des chapitres précédents sur les travers de l'économie – matérialisés par les stratégies des Trois Parques - nous pouvons dessiner une porte de sortie des dysfonctionnements de l'économie actuelle :

- Elle doit être suffisamment radicale pour sortir des faibles aménagements oscillant entre chômage et précarité.
- Elle doit rester réaliste concernant les fondamentaux de l'économie de marché, à savoir ne pas remettre en question les principes d'organisation spontanée, résister à toute tentation de retour au planisme.
- Elle doit promouvoir le principe de différenciation, fondamental de l'économie qui échappe aux paradoxes de la mise en concurrence ou de la dérégulation sauvage.
- Elle doit éviter toute forme d'assistanat, mais donner à chacun les moyens de construire ses propres moyens de préservation, s'il y met la bonne volonté et le travail nécessaires.
- De par sa structure, elle doit rétablir des principes méritocratiques échappant aux effets pervers des grandes organisations. Ses critères de valorisation et de récompense sociale doivent être beaucoup plus proches de réalisations concrètes non contestables.

Une forme d'organisation remplit l'ensemble de ces critères : les sociétés autogérées. Il y a longtemps qu'elles ne sont plus cantonnées aux communautés utopiques des années hippies, encore que l'un de nos paradoxes est qu'une certaine dose d'utopie s'avère indispensable au réalisme des situations que nous devons affronter.

Nous l'avons vu, nombre d'entreprises dont le management est le plus avancé flirtent avec la vie communautaire, plus ou moins mixée avec l'organisation classique. La biographie de Steve Jobs, ses expériences au sein de l'All One Farm ou d'un Ashram montrent que cette thématique revient de façon récurrente. Nombre de petites entreprises de la Silicon Valley sont installées dans des maisons qui font davantage penser à une grande famille qu'à une entreprise. Enfin les Business units indépendantes, installées sur des plateaux projet autonomes, parfois hors les murs de la grande entreprise, cultivent une ambiance communautaire qui laisse les organigrammes au vestiaire.

Le modèle peut prendre des tournures très réalistes et être inscrit dans la structure capitalistique de l'entreprise. Les SCOP sont des entités ancrées dans la réalité économique, permettant de donner une structure stable aux sociétés autogérées. Elles représentent maintenant des parts non négligeables du chiffre d'affaires et des effectifs mondiaux des entreprises[83].

Sans aller jusqu'à l'organisation des SCOP, il est de plus en plus fréquent d'intéresser la totalité des salariés au capital via des fonds de placement, ce qui constitue le premier pas. Ce fut l'un des leviers du changement réussi de La Redoute et l'une des idées de réhabilitation de l'économie de marché par Margaret Thatcher, à travers le capitalisme populaire. De manière amusante, ces idées sont à la fois libérales et marxistes, dans la façon dont elles répondent à la question de la propriété des moyens de production. Ceci ne doit pas nous surprendre : les grandes idées se moquent des étiquettes. Schumpeter aimait beaucoup tourner en dérision les classifications idéologiques pour montrer son indépendance d'esprit.

Le développement de fonctionnements autogestionnaires représente l'avenir du capitalisme. Il faut immédiatement préciser que le piège serait de réclamer que toute la société et toute la vie économique basculent dans ce modèle : ce serait une erreur fatale. Les sociétés autogérées doivent cohabiter avec le monde de l'entreprise actuel, dans un mode d'économie mixte.

Sociétés autogérées et sociétés capitalistes classiques se complètent et s'équilibrent en faisant mutuellement pression l'une sur l'autre. Une société composée uniquement de SCOP manquerait de l'aiguillon permettant à certains de se surpasser, de créer des étoiles de l'économie de marché faisant franchir des pas décisifs. Une société ne comportant pas le complément d'entités autogérées revient à la situation actuelle : elle conduit à privilégier l'apparence au contenu, à récompenser usurpateurs et manipulateurs en lieu et place des entrepreneurs.

Les sociétés autogérées permettront d'équilibrer cette perversion du capitalisme qui le fait dériver vers une mafia des esprits superficiels. En effet, ceux dotés de véritables qualités entrepreneuriales fuiront rapidement vers les sociétés autogérées, plus petites et fondées sur une reconnaissance selon des critères plus objectifs, si les sociétés classiques poussent trop loin la direction par les usurpateurs comme c'est le cas aujourd'hui.

Privées de leur carburant principal, l'énergie et le sens de l'initiative des chefs d'équipe de premier et deuxième échelon, elles se verront obligées de rééquilibrer leur système de reconnaissance du mérite ou disparaîtront. Le meilleur aspect de ce dispositif est qu'il est lui-même un système

---

83 https://fr.wikipedia.org/wiki/Soci%C3%A9t%C3%A9_coop%C3%A9rative_et_participative

d'organisation spontanée, ne nécessitant aucune coercition directe, mais exerçant une pression constante sur ses deux composantes. Nous jouons pleinement des paradoxes du marché, mettant en quelque sorte en concurrence la mise en concurrence elle-même.

Il ne faut surtout pas idéaliser les sociétés communautaires. Nous connaissons leurs travers : la plus grande proximité et chaleur humaine peuvent n'être que de façade, même lorsqu'elles recèlent une part d'authenticité. Trop fermées sur elles-mêmes, elles peuvent dériver vers une forme de secte et leurs leaders devenir semblables à des gourous. Il ne faut surtout pas croire qu'elles sont dénuées de jeux de pouvoir, ce ne sont simplement pas les mêmes. Leur fonctionnement en démocratie directe peut rendre les décisions difficiles si le processus de décision est mal défini et mal mené.

Ce que nous proposons ne fonctionne que parce que qualités et défauts des deux modèles se complètent. Les kibboutzim israéliens reconvertis dans les hautes technologies ont pu ainsi doper les entreprises classiques du même domaine.

Si l'une des deux sociétés abuse trop de ses travers, sa population se déplacera d'elle-même dans l'autre société. La menace de perdre sa ressource humaine obligera l'une comme l'autre à se réguler et à corriger ses propres défauts, non par des ordres dirigistes, mais par une autorégulation naturelle.

5.3.1 L'ultime paradoxe de la gratuité

En dehors de complémentarités d'organisation, la présence de sociétés autogérées répondrait à un besoin plus fondamental de l'homme.

Dans les paradoxes de la concurrence, il a été rappelé qu'être entrepreneur, c'était avant tout affirmer son univers intérieur avant que celui-ci n'affronte la concurrence.

Nous l'avons vu dans la biographie de nombre d'entrepreneurs modèles : il est frappant de constater combien la compétition économique ou l'argent gagné passent au second plan derrière leur désir brûlant de faire les choses comme ils l'entendent, de réaliser l'idée précise qu'ils ont conçue parce qu'elle fait partie de leur univers propre. Le succès, la place de n°1 et l'argent gagné sont importants, mais passent toujours au second plan derrière le but qu'ils poursuivent de façon obsessionnelle, parce qu'il est un morceau d'eux-mêmes et de leurs rêves.

Les deux temps de la compétitivité et de la concurrence nécessitent ce moment personnel où l'entrepreneur se concentre sur son univers intérieur, où les comparaisons et les jeux sociaux ne sont pas de mise, où une rencontre intime a lieu avec lui-même. Les paroles de Jobs en deviennent presque philosophiques et ont fourni leur lot d'aphorismes, sur la nécessité de ne pas manquer le rendez-vous avec soi-même.

Lors de cet instant intime, seul le plaisir gratuit de créer compte : l'entrepreneur se fait démiurge. Il n'y a plus aucun calcul, seulement du désir. C'est l'ultime paradoxe qui vient compléter et clôturer les autres paradoxes du premier chapitre : **il faut avoir un sens de l'acte gratuit pour être profitable**. Il ne faut pas rechercher le gain en premier lieu pour engranger d'importants bénéfices.

Dans le parcours professionnel de toute personne surviennent des moments d'interrogation, des nécessités de se réorienter, de se redéployer ou de rebondir. Ces phases de transition peuvent être dangereuses et mal vécues, car tout le monde ne possède pas le budget ou les aides pour accomplir de telles reconversions. La prise de recul et le retour au long terme sont un luxe.

Les sociétés autogérées permettraient à chacun de se retirer du jeu trépidant de l'entreprise pendant un temps, pour rentrer dans un univers qui a aussi de fortes exigences, mais qui n'est pas soumis à l'obligation de rentabilité permanente : un léger surplus budgétaire suffit à ce que ces structures perdurent indéfiniment.

Ceci revient à faire assumer à chacun le coût de sa propre reconversion, exigence forte, mais également gage d'indépendance, car la personne n'est plus suspendue à l'octroi d'aides ou de subventions. Chacun peut à nouveau mener intégralement sa vie par lui-même, retrouver dignité, responsabilité, ainsi que le temps nécessaire pour mûrir de nouveaux projets.

Les récentes revendications des gilets jaunes, quels que soient les dérapages auxquels ce mouvement a donné lieu par la suite, sont toutes parties du constat qu'un travail à temps plein ne suffisait plus à piloter sa vie de façon indépendante et ne laissait le choix qu'entre la survie et l'aide humiliante.

Tout le monde n'a pas les moyens ni les qualités pour être entrepreneur, mais chacun a besoin de construire sa propre indépendance. Les sociétés autogérées sont le point neutre qui manque au capitalisme, la case dans laquelle on peut se replier aussi longtemps que nécessaire, car correspondant aux seuls impératifs d'autosuffisance. Libérée de la pression du temps et de la survie immédiate, la personne qui en ressent le besoin peut organiser son retournement comme elle le souhaite, sans que cela coûte à la collectivité et sans rien céder de sa dignité personnelle.

Il faut un point de retournement pour chaque personne et la garantie que quiconque fournit le travail et la bonne volonté suffisants sera assuré qu'il ne tombera pas en dessous du seuil de la précarité. En quelque sorte, l'idée est la même que celle du revenu minimum ou d'un plancher de moyens vitaux garantis, mais que chaque personne générera par elle-même et pour elle-même au lieu de vivre aux crochets des autres.

5.3.2 Le premier moteur à deux temps de toute l'histoire économique

L'erreur de toutes nos sociétés et tous nos systèmes économiques jusqu'à maintenant a été de ne fonctionner que sur un seul mode, de n'appliquer qu'un seul principe et une seule forme d'organisation à la fois.

Ce que nous proposons revient à pratiquer deux modes d'organisation volontairement contradictoires au sein de la même société et à les placer en tension réciproque.

Nous réalisons par ce simple constat combien nos organisations économiques qui paraissent sophistiquées peuvent être primaires : elles utilisent l'énergie des hommes par la combustion simple et brute, comme l'on brûlerait du bois ou un morceau de charbon.

Les sociétés mixtes d'entreprises classiques et d'entreprises autogérées constitueraient le premier moteur à deux temps de l'économie. Nous n'avons pas même franchi ce premier stade simple, celui des tous débuts de la thermodynamique, faute de penser que **deux modes d'organisation contradictoires peuvent coexister et <u>doivent</u> coexister** pour que leur mise en tension crée de la richesse.

Ceci donne la vraie mesure de ce qu'est l'aventure économique : très loin de la fin de l'histoire prônée par ceux qui manquent d'imagination, nous ne sommes qu'au tout début de celle-ci. Nous sommes des primitifs : nos descendants nous regarderont avec un brin de commisération, comme l'on considère aujourd'hui les sociétés préhistoriques.

Les grandes sociétés en organisation matricielle avec leurs hiérarchies sclérosées, leurs chefs mesquins, leurs lourdeurs bureaucratiques nous paraîtront similaires au fouet et au gourdin comme moyen de motiver les hommes.

L'océan des jeux est inexploré sur d'immenses parties. **Nous n'avons pas même tenté une seule fois dans l'histoire d'appliquer volontairement deux principes économiques contradictoires et de les faire interagir pour s'autoréguler.**

Plus tard, nous pouvons très bien imaginer que des sociétés à trois temps, à quatre temps ou plus puissent voir le jour, comme des moteurs ne cessant de se sophistiquer. Il ne faut pas craindre de mettre en présence plusieurs univers contradictoires et de compter sur leur régulation réciproque.

« Nous ne sommes pas d'aujourd'hui ni d'hier ; nous sommes d'un âge immense », disait Carl Gustav Jung. C'est le sentiment de cette immensité que nous devons ressentir pour sortir des jeux étroits dans lesquels nous nous sommes enfermés.

L'océan économique n'est pas affaire de simple appât du gain comme l'étroite vision de l'homo economicus voudrait le faire croire. Il place l'homme à la croisée des chemins de l'exercice de son libre arbitre.

Ni maître de chaque mouvement de l'océan, ni balloté par celui-ci dans des jeux qu'il ne comprend plus, il apprend à naviguer, à savoir et décider quand changer de vague ou se laisser porter volontairement par elles, en un mot à être un homme libre.

6 Bibliographie

Ahmed, Ajaz. Olander, Stefan. 2012. *Velocity*. Vermilion.

Axelrod, Robert. Hamilton, William D. 1984. *The Evolution of Cooperation*. Basic Books.

Axelrod, Robert. 1992. *Donnant Donnant, Théorie du comportement coopératif*. Odile Jacob.

Babiak, Paul. Hare, Robert. 2007. *Snakes in Suits*. ReganBooks.

Crozier, Michel. Friedberg, Erhard. 2014. *L'acteur et le système*. Points - Seuil.

Crozier, Michel. 1971. *Le phénomène bureaucratique*. Points – Seuil.

Delahaye, Jean-Paul. Mathieu, Ph. 1996. *Le monde agité de la coopération*. Pour la Science n°227.

Deneault, Alain. 2015. *La Médiocratie*. Lux.

Friedberg, Erhard. 1997. *Le pouvoir et la règle*. Points – Seuil.

Getz, Isaac. Carney, Brian. 2016. *Liberté & Cie*. Flammarion.

Getz, Isaac. 2017. *L'entreprise libérée*. Fayard.

Hamel, Gary. Breen, Bill. 2008. *La fin du management*. Vuibert.

Hayek Friedrich A. 2013. *La route de la servitude*. PUF – Quadrige.

Machiavel, Nicolas. 2007. *Le Prince*. Folio.

Machiavel, Nicolas. 2004. *Discours sur la première décade de Tite Live*. Gallimard

Ricardo, David. 1999. *Des principes de l'économie politique et de l'impôt*. Flammarion.

Saviano, Roberto. 2007. *Gomorra*. Gallimard.

Schumpeter, Joseph. 1999 (1935). *Théorie de l'évolution économique*. Dalloz – Sirey.

Volle, Michel. 2011. *Le Parador*. Inlibroveritas.

Volle, Michel. 2008. *Prédation et Prédateurs*. Economica.

Revue « Marché et Organisations »
L'Harmattan

Cahiers d'économie et de gestion thématiques dont le but est de promouvoir la recherche originale sur les relations de plus en plus étroites qui se tissent entre le marché et les organisations. Les acteurs économiques de taille, de puissance et de pouvoir différents dont les intérêts peuvent être convergents, complémentaires ou, le plus souvent, antagoniques, ont tendance à organiser les marchés. La raison du marché, pourtant, est la référence stratégique pour l'entreprise ainsi que pour les institutions publiques de décision économique.

Numéros parus :

N°1 : Artisanat. La modernité réinventée, 2006
N°2 : La petite entreprise, elle a tout d'une grande. De l'accompagnement aux choix stratégiques, 2006
N°3 : Tourisme et Innovation. La force créative des loisirs, 2007
N°4 : Le travail. Formes récentes et nouvelles questions, 2007
N°5 : Les universités et l'innovation. L'enseignement et la recherche dans l'économie des connaissances, 2007
N°6 : Entrepreneuriat et accompagnement. Outils, actions et paradigmes nouveaux, 2008
N°7 : Développement durable des territoires. Economie sociale, environnement et innovations, 2008
N°8 : Développement durable et responsabilité sociale des acteurs, 2009
N°9 : Gouvernance : exercices de pouvoir, 2009
N°10 : Le travail collaboratif. Une innovation générique, 2009
N°11 : Economie sociale et solidaire. Nouvelles trajectoires d'innovations, 2010
N°12 : Relations à la marque et marques de la relation. Regards croisés sur le management relationnel de la marque, 2010
N°13 : Les contrats au service de la recherche ?, 2011
N°14 : Le potentiel économique de l'Afrique subsaharienne, 2011
N°15 : Management de la distribution, 2012
N°16 : Territoire Vert. Entreprises, Institutions, Innovations, 2012
N°17 : Eco-conception, conception et innovation. Les nouveaux défis de l'entreprise, 2013
N°18 : Intelligence économique : entreprises et territoires, 2013
N°19 : La finance globale. Un monde fini, 2013
N°20 : La crise du « développement », 2014
N°21 : La Chine innove. Politiques publiques et stratégies d'entreprise, 2014
N°22 : Go East! Nouvelles Economies de Marché, 2015
N°23 : L'économie du changement, 2015
N°24 : Le temps des artisans. Permanences et mutations, 2015
N°25 : Innovations de proximité et esprit d'entreprise, 2016
N°26 : L'avenir des économies du Maghreb : entre inertie structurelle et envie de rupture, 2016/3 (n° 27)
N°27 : Le sport aux frontières du marché du travail, 2016
N°28 : Dynamiques internationales des entreprises, 2017
N°29 : L'univers du risque, 2017
N°30 : Les petites entreprises dans l'histoire industrielle, 2017
N°31 : Economie sociale et *social business* ? Au défi d'entreprendre et se financer, 2018
N°32 : Éducation et fertilisation des économies africaines, 2018
N°33 : L'entrepreneuriat innovant dans les pays du Maghreb, 2018
N°34 : L'entrepreneuriat scientifique : institutions et innovation, 2019
N°35 : Le champ économique de la culture, 2019
N°36 : Economie sociale et solidaire ? Modèles d'innovation et modes de gouvernance, 2019
N°37 : Rethinking Luxury Business, 2020

Collection « L'esprit économique »

fondée par Sophie Boutillier et Dimitri Uzunidis en 1996

Dernières parutions

► ***Série Economie et Innovation***

B. CHRISTOPHE, *La décroissance écologique transforme l'entreprise*, 2017.
G. ACHERMANN, *Territoires d'innovation en Russie, Ambitions et contraintes d'une politique de clusterisation*, 2018.
C. ABDOU LAHAD THIAW, *Innovation localisée pour le développement économique du Sénégal*, 2018.
N. ANIDO FREIRE, *Tradition et innovation : de l'opposition à la complémentarité*, 2018.
C. BERGHMANS (dir.), *Intelligence et compétences émotionnelles en entreprise : perspectives multiples*, 2018.
T. MICHAUD, *La réalité virtuelle : de la science-fiction à l'innovation*, 2018.
B. LAPERCHE, M. LIMA, E. SEULLIET, B. TROUSSE (dir.), *Les écosystèmes d'innovation. Regards croisés des acteurs clés*, 2019.
S. MONNERIE, *L'économie digitale révolutionne le monde. Innovation et total design*, 2019.

► ***Série Le Monde en Question***

C. BASTIDON, O. GBAGUIDI A. GHOUFRANE, A. SILEM (dir.), *Commerce, investissement et développement durable en Afrique*, 2017.
L. BOURQUIN, *Europe 3.0 : le grand réveil*, 2017.
A. ROSOWSKY, *De l'économie de pillage a la société désagrégée, un essai sur la révolution thatchérienne*, tomes 1 & 2, 2017.
M. AMAN, *Currency board* (caisse d'émission) à Djibouti. Quelles implications économiques ?, 2018.

► ***Série Krisis***

M. LAUDET, *Aux origines de l'économie politique : Antoine de Montchrestien et son « traicte de l'oeconomie politique »*, 2016.
J. HUERTA DE SOTO, *La théorie de l'efficience dynamique*, 2017.
Y. LEVANT, S. TREBUCQ, *Théorie comptable et sciences économiques du XVe au XXIe siècle, mélanges en l'honneur du professeur Jean-Guy Degos*, 2018.
M. WIELEZYNSKI, *Retour sur l'origine du profit : et si l'économie changeait de paradigme…*, 2018.
G. MINART, *Benjamin Constant, économiste*, 2019.

► **Série *Clichés***

S. BOUTILLIER, D. UZUNIDIS (dir.), *La Russie européenne. Du passé composé au futur antérieur*, 2008.
R. VOLPI, *La négociation. Pain, paix, liberté*, 2009.

► ***Série Cours Principaux***

P.-Y. CARASCO, Prix de transfert et stratégies d'optimisation fiscale de la firme multinationale, 2017.
O. ESNEU, *Fondements de droit. Manuel d'initiation*, 2018.
B. LANDAIS, *Les fluctuations économiques, une synthèse nouvelle*, 2017.
S. FREZAL, *Quand les statistiques minent la finance et la société. Risque, responsabilité et décision*, 2018.
O. ESNEU, *Le droit du transport routier de marchandises (TRM)*, 2018.
G. DUTHIL, *Economie publique et métamorphoses sociales*, 2019.

► ***Série L'économie formelle***

F. BISMANS, *La grande récession : un autre regard sur des temps troubles (2007-2013)*, 2016.
B. SCHWENGLER, *De l'inflation à la dette publique : analyse des discours politiques*, 2016.
S. PARK, *Les abus de puissance économique dans les relations commerciales déséquilibrées*, 2018.
C. JADEAU, *La Finance inclusive. Manuel du post-capitalisme financier*, 2019.
A. BELMADANI, *Monnaie et systèmes de paiement. Mutations, enjeux et risques*, 2019.
É. CHAUMETON, *Pour une économie au service de la personne. Pistes d'avenir pour l'économie, la monnaie et la fiscalité*, 2019.
K. B. KOUASSI, *Pauvreté des Nations. Une critique de l'économie politique*, 2019.

Structures éditoriales du groupe L'Harmattan

L'Harmattan Italie
Via degli Artisti, 15
10124 Torino
harmattan.italia@gmail.com

L'Harmattan Hongrie
Kossuth l. u. 14-16.
1053 Budapest
harmattan@harmattan.hu

L'Harmattan Sénégal
10 VDN en face Mermoz
BP 45034 Dakar-Fann
senharmattan@gmail.com

L'Harmattan Cameroun
TSINGA/FECAFOOT
BP 11486 Yaoundé
inkoukam@gmail.com

L'Harmattan Burkina Faso
Achille Somé – tengnule@hotmail.fr

L'Harmattan Guinée
Almamya, rue KA 028 OKB Agency
BP 3470 Conakry
harmattanguinee@yahoo.fr

L'Harmattan RDC
185, avenue Nyangwe
Commune de Lingwala – Kinshasa
matangilamusadila@yahoo.fr

L'Harmattan Congo
67, boulevard Denis-Sassou-N'Guesso
BP 2874 Brazzaville
harmattan.congo@yahoo.fr

L'Harmattan Mali
Sirakoro-Meguetana V31
Bamako
syllaka@yahoo.fr

L'Harmattan Togo
Djidjole – Lomé
Maison Amela
face EPP BATOME
ddamela@aol.com

L'Harmattan Côte d'Ivoire
Résidence Karl – Cité des Arts
Abidjan-Cocody
03 BP 1588 Abidjan
espace_harmattan.ci@hotmail.fr

L'Harmattan Algérie
22, rue Moulay-Mohamed
31000 Oran
info2@harmattan-algerie.com

L'Harmattan Maroc
5, rue Ferrane-Kouicha, Talaâ-Elkbira
Chrableyine, Fès-Médine
30000 Fès
harmattan.maroc@gmail.com

Nos librairies en France

Librairie internationale
16, rue des Écoles – 75005 Paris
librairie.internationale@harmattan.fr
01 40 46 79 11
www.librairieharmattan.com

Lib. sciences humaines & histoire
21, rue des Écoles – 75005 Paris
librairie.sh@harmattan.fr
01 46 34 13 71
www.librairieharmattansh.com

Librairie l'Espace Harmattan
21 bis, rue des Écoles – 75005 Paris
librairie.espace@harmattan.fr
01 43 29 49 42

Lib. Méditerranée & Moyen-Orient
7, rue des Carmes – 75005 Paris
librairie.mediterranee@harmattan.fr
01 43 29 71 15

Librairie Le Lucernaire
53, rue Notre-Dame-des-Champs – 75006 Paris
librairie@lucernaire.fr
01 42 22 67 13

www.ingramcontent.com/pod-product-compliance
Lightning Source LLC
LaVergne TN
LVHW011023061026
849535LV00006B/2036
* 9 7 8 2 3 4 3 1 9 4 5 9 2 *